Requirements Engineering

Modellierung von Anwendungssystemen

von
Prof. Dr. Hans Schwinn

Oldenbourg Verlag München

Prof. Dr. Hans Schwinn ist seit 1987 Hochschullehrer für die Gebiete Datenbanken und Software Engineering – zunächst an der Georg-Simon-Ohm-Fachhochschule – in Nürnberg und seit 1990 an der FH Worms.

Bibliografische Information der Deutschen Nationalbibliothek

Die Deutsche Nationalbibliothek verzeichnet diese Publikation in der Deutschen Nationalbibliografie; detaillierte bibliografische Daten sind im Internet über http://dnb.d-nb.de abrufbar.

© 2011 Oldenbourg Wissenschaftsverlag GmbH
Rosenheimer Straße 145, D-81671 München
Telefon: (089) 45051-0
www.oldenbourg-verlag.de

Lektorat: Kathrin Mönch
Herstellung: Constanze Müller
Einbandgestaltung: hauser lacour
Gesamtherstellung: Grafik + Druck GmbH, München

Dieses Papier ist alterungsbeständig nach DIN/ISO 9706.

ISBN 978-3-486-58893-4

Vorwort

Technik, die den Menschen nicht in den Mittelpunkt stellt, muss sich nicht wundern, wenn Menschen ihr nicht die gebührende Wertschätzung entgegen bringen. Lange Zeit sind betriebliche Anwendungssysteme als Rationalisierungsinstrumente verstanden worden, ohne dass die Belange der Nutzerinnen und Nutzer hinreichend berücksichtigt wurden. Wobei zu klären wäre, in welcher Weise sich solche Belange adäquat erfassen lassen.

Dieses Buch legt eine Perspektive mit dem Fluchtpunkt „Mensch" zu Grunde, wobei den Anwendungssystemen grundsätzlich eine nachgeordnete dienende Funktion zugedacht wird, was die schlichte Frage nach sich zieht, wozu sie eigentlich dienen. Erst wenn man weiß, was Anwendungssysteme allgemein leisten können und welche Rolle sie im betrieblichen Alltag spielen, sind Anforderungen an neu zu entwickelnde Systeme mit einer gewissen Tiefe präzise formulierbar. Das Buch versucht deshalb eine explizite Klarstellung dieser Aspekte, als Einladung zur Reflexion anstelle von Empfehlungen und Anleitungen zum Abfassen von Anforderungen. In einem hektischen, unter ständigem Termindruck stehenden Gebiet wie der Software-Entwicklung könnte dieses Angebot als Antagonismus anmuten; beabsichtigt wird damit jedoch die Klärung einer Verständnisbasis mit Einsichten in oft übersehene Zusammenhänge, deren Ignoranz sich schnell als Stolperstein erweisen könnte.

Im Unterschied zur Standardliteratur über Requirements Engineering schränkt sich der Themenbereich auf die Entwicklung von betrieblichen Anwendungssystemen und allgemeinen Datenbankanwendungen ein. Es wird davon ausgegangen, dass die hier zugewiesene Rollenperspektive der Systeme kaum auf andere Bereiche übertragbar ist, weshalb ein einheitlicher, übergreifender Zugang des Requirements Engineerings für alle Systemarten mit Skepsis betrachtet wird.

Immer wieder wird die Forderung erhoben, Nutzerinnen und Nutzer intensiver in den Entwicklungsprozess einzubinden, oft ohne Hinweis darauf, wie sich eine solche Nutzerbeteiligung konkret niederschlagen könnte. Der hier beschrittene Weg möchte einen Beitrag zur Lösung dieses Problems leisten, indem die Situationen, in denen Nutzerinnen und Nutzer auf die System-Unterstützung angewiesen sind, präzise ausgelotet werden. Die zentralen Anforderungen an die Leistungen des zukünftigen Systems sind dann weniger als planerische Entscheidungen zu verstehen – die Systemleistungen werden vielmehr von den Gegebenheiten des Einsatzgebietes bestimmt. Der vorgestellte Ansatz konzentriert sich deshalb darauf, vorrangig die Struktur des Einsatzgebietes eines Anwendungssystems aufzuarbeiten und darzustellen, um daraus wesentliche Züge der Systemstruktur, nämlich die exakt benötigten Systemleistungen und ihre Abhängigkeiten, abzuleiten. Zur Darstellung von Strukturen wird bis auf minimale Abwandlungen ausschließlich auf die Unified Modeling Language (UML) zurückgegriffen, allerdings mit einer pragmatischen Interpretation der Modellelemente. Der Ansatz führt zu einem Verfahren, mit dem sich die Informationsstrukturen in der Form von UML-Klassendiagrammen systematisch, Schritt für Schritt und nachvollziehbar entwickeln lassen. Insgesamt wird ein „rationales" Verfahren verfolgt, das seine Schritte einer Rechtfertigung und der Nachvollziehbarkeit unterziehen kann. Ziel ist das optimale System für ein vorgegebenes Einsatzgebiet, das sich präzise planen und danach auf geradem Wege entwickeln lässt.

Keine Arbeit entsteht isoliert für sich; immer spiegelt sie auch die Auseinandersetzung mit anderen Werken, teilweise auch aus anderen Fachgebieten, wider, als Anregung, Vorbereitung oder als kritische Reaktion. Ohne dass im Text explizit darauf Bezug genommen wird, räumt der Verfasser gern den wichtigen Impuls ein, den das Buch von Ausführungen über das Bauhaus in Weimar und Dessau, seine Idee, die intellektuellen Auseinandersetzungen und vielschichtigen Konzeptionen, empfangen hat. In der Hoffnung, dass es nicht als unangemessen bewertet wird, sind die drei Grundsymbole in ihren Elementarfarben auf dem Cover als Referenz aufgeführt. Ähnlich fußt der hier vorgestellte Ansatz auf drei elementaren Strukturtypen, die sich durch die drei geometrischen Grundsymbole repräsentieren ließen.

Die Seiten zwischen dem Cover eines Buches enthalten über die Quellen hinausgehend immer auch unsichtbare Spuren vieler Mitmenschen, deren wohlwollende Unterstützung für das Gelingen eines solchen Projektes unabdingbar ist. Hier ist der Verfasser zuerst seinem Wormser Kollegen Prof. Dr. Hans Rück zu großem Dank verpflichtet für den freundlichen Austausch, der dem Verfasser das Verständnis des Dienstleistungsbegriffs nahe gebracht hat; diese Einsichten haben die Ausgestaltung des Buches stark beeinflusst. Wertvolle Diskussionen, Hinweise, Anregungen und Korrekturen verdanke ich der kritischen Durchsicht unseres Wissenschaftlichen Mitarbeiters, Herrn Normen Haas (M.Sc.). Herzlich bedanken möchte ich mich bei meiner Familie für die Geduld und ermutigende Unterstützung, auch für Hinweise und Korrekturen von meiner Frau Christine und von unserem Sohn Leonhard. Schließlich darf ich mich beim Oldenbourg Verlag für die hervorragende Zusammenarbeit bedanken, namentlich bei Frau Dr. Margit Roth und bei Frau Kathrin Mönch für ihre konstruktive Begleitung.

Hans Schwinn

Inhalt

Vorwort   **V**

1   Einführung – Methodische Vorgehensweise   **1**

2   Betriebliche Anwendungssysteme und ihr Einsatzgebiet   **5**
2.1   Das Einsatzgebiet 6
2.2   Anwendungssysteme 15
2.3   Anforderungen, Anforderungsanalyse, Requirements Engineering 20
2.4   Anmerkungen 27
2.5   Zusammenfassung 28

3   Erhebungstechniken   **31**
3.1   Erschließung 31
3.2   Erhebungs- und Abstimmungstechniken 34
3.2.1   Dokumentenanalyse 34
3.2.2   Brainstorming 36
3.2.3   Interviews 37
3.2.4   Workshops 39
3.2.5   Fragebogen 40
3.3   Empfehlungen – Studienergebnisse 41
3.4   Anmerkungen 44
3.5   Zusammenfassung 45

4   UML   **47**
4.1   Objekt-Orientierte Software-Entwicklung 47
4.2   UML-Überblick (Auswahl) 51
4.3   Use Case-Diagramme, Anwendungsfalldiagramme 53
4.4   Klassendiagramme 55
4.4.1   Klassendarstellung 56

4.4.2   Beziehungen zwischen Objekten 57

4.4.3   Beziehungen zwischen Klassen: Generalisierung/Spezialisierung 64

4.5   Aktivitätsdiagramme 67

4.6   Zustandsdiagramme 70

4.7   Modellieren, Modelle, Anforderungen 77

5   Strukturanalyse des Anwendungsfeldes   81

5.1   Kategorien im Überblick 81

5.2   Elementardienste 83

5.3   Produktionsprozesse und komplexe Dienste 87

5.4   Dienstleistungseinheit 96

5.5   Struktur-Management 112

5.6   Reports 117

5.7   Anmerkungen 117

5.8   Zusammenfassung 121

6   Informationsstrukturen   123

6.1   Perspektive 123

6.2   Objekt-Beziehungen 126

6.3   Systematisches Vorgehen und Design-Aspekte 133

6.4   Strukturoptimierung 145

6.5   Formale Aspekte 151

6.6   Graphische Nutzeroberflächen 157

6.7   Anmerkungen 159

6.8   Zusammenfassung 163

7   Requirements Management   165

7.1   Lastenheft, Pflichtenheft 165

7.2   Qualitätskriterien 166

7.3   Verwaltung von Anforderungen 168

8   Wissenschaftliches und methodisches Selbstverständnis   175

8.1   Standortbestimmung 175

8.2   Grundeinstellung 177

9   Anmerkungen zur Literatur   181

9.1   Literatur der Wirtschaftswissenschaften 181

9.2   Literatur über Requirements Engineering 183

Anhang Erhebungstechniken – Überblick   187

Literaturverzeichnis   191

Personenverzeichnis   194

Stichwortverzeichnis   195

1 Einführung – Methodische Vorgehensweise

Kein anspruchsvolles Entwicklungsprojekt wird ohne genaue Vorgaben oder Plan „einfach so" erfolgreich realisierbar sein. Um komplexe Projekte effizient und erfolgreich bewältigen zu können, bedarf es einer nachvollziehbaren, rationalen Vorgehensweise, die ihren Nutzen – zumindest in gewissem Rahmen – legitimieren kann. Nicht immer, so scheint es, kann in der Software-Entwicklung von einem Vorgehen mit einer sicheren, Erfolg versprechenden Strategie gesprochen werden. Dies gilt auch für den Bereich betrieblicher Anwendungssysteme (auch: Business Software, Informationssysteme), auf den sich dieses Buch beschränkt. Zur Erschließung einer Strategie für eine systematische, in allen Schritten nachvollziehbare Anwendungsentwicklung scheint es deshalb lohnenswert, folgenden Grundsatzfragen nachzugehen: Wie steht es um die Rolle solcher Systeme in den Unternehmen? Wie kann man sie gestalterisch möglichst zielgenau entwerfen? Was ist als Fundament für ihren sicheren Bau anzusehen? Mit welchen – vielleicht inhärenten – Schwierigkeiten muss bei der Entwicklungsarbeit gerechnet werden und wie kann man ihnen begegnen? Womit notgedrungen das Requirements Engineering, also die Analyse, Bestimmung, Formulierung und allgemein das Management von Anforderungen, sich als erste große Herausforderung entgegenstellt. Es ist leicht einsichtig und empirisch nachweisbar, dass fehlerhafte oder allgemein unzureichende Anforderungen mit großer Wahrscheinlichkeit mit kostenintensiven System-Nachbesserungen behaftet sind.

Alle Anstrengungen in der Anforderungsanalyse sind kaum etwas wert, wenn ihr Ergebnis, die Anforderungsspezifikation, nicht so festgehalten wird, dass die betroffenen Entwicklerinnen und Entwickler damit effizient und zielgerichtet das avisierte System bauen können – und wenn später nicht eindeutig entscheidbar ist, ob das System seinen Anforderungen tatsächlich auch genügt. Requirements Engineering darf nicht losgelöst vom gesamten Entwicklungsprozess behandelt werden, schließlich gewinnt es erst im Horizont der gesamten Entwicklung – als Requirements Engineering für den Bau eines Anwendungssystems – seinen Wert. Wir verstehen diesen Aufgabenbereich daher als umfassendes *Planen von Systemen,* speziell als Modellieren, wozu allerdings der Modellbegriff noch präzise zu klären ist (vgl. Abschnitt 2.3, Unterabschnitt *Anforderungsanalyse – wozu genau?*).

Wissenschaftliches Selbstverständnis versteht sich traditionell als eine kritische – also ungeprüfte Aussagen bezweifelnde – Einstellung. Solange nicht gesichert ist, welche methodischen Schritte oder Verfahren tatsächlich eine effiziente und zielstrebige Software-Entwicklung garantieren, wird ein Klärungsprozess nicht zu vermeiden sein; dabei ist ein Kern zu bestimmen, der offensichtlich und nicht weiter zu hinterfragen ist. Der identifizierte Kern muss sich dann für die Fragen, wie, auf welche Weise und mit welchen Mitteln man ein zu bauendes System präzise beschreibt, als tragfähiges Fundament bewähren. Ohne jegliche Voraussetzungen beginnen wir an der Basis selbst, dem Einsatzgebiet der Systeme (vgl. Kapitel 2). Unser Verfahren beginnt zunächst als kritische Reflexion; konstruktive Vorschläge und Empfehlungen sollen später nicht nur postuliert, sondern auch legitimiert werden, wozu es einer explizit bestimmten Grundlage bedarf. Damit wird der Einsatz formaler Mittel keineswegs ausgeschlossen, allerdings muss ihr Nutzen evident sein.

Diese Einstellung zum Thema ‚effiziente Software-Entwicklung – rationales Requirements Engineering' zieht mit Blick auf die Gewinnung und Formulierung von Anforderungen folgende Fragestellungen nach sich, auf in den folgenden Kapiteln einzugehen ist:

- *Welches sind allgemeine Randbedingungen, so dass Einsatzgebiet und Anwendungssystem zusammenpassen?* Zunächst ist es notwendig zu untersuchen, in welchen Bereichen der Einsatz von Anwendungssystemen erfolgreich sein kann. Ist ihre Rolle dort über die konkrete Situation hinausgehend allgemein charakterisierbar? Lässt sich eine Leitidee formulieren, die für die Konzeption neuer Anwendungen oder Anpassungen von Standardsystemen als Orientierungshilfe verwendbar ist (Kapitel 2)?
- *Wie erkennt man, was ein Anwendungssystem im konkreten Fall leisten soll?* Wenn die Rolle dieser Systeme allgemein geklärt ist, bleibt immer noch offen, was unter ‚Anforderungen' als Anforderungen an ein bestimmtes Produkt tatsächlich zu verstehen ist und wie sie zu erschließen sind. Es werden unterschiedliche Anforderungsarten vorgestellt und beleuchtet, welche Wege sich für die Anforderungserschließung anbieten und welche Besonderheiten zu berücksichtigen sind (Kapitel 3).
- *Wie, in welcher Form, hält man Anforderungen fest?* Anforderungen verstehen, Anforderungen darstellen und ein genaues Verständnis ihres Nutzens zu haben, entsprechen sich gegenseitig: Anforderungen, die nicht dokumentiert sind, sind nutzlos. Zunächst werden bekannte Darstellungsmittel, die UML, neutral, ohne Ausrichtung an unserer Perspektive, vorgestellt (Kapitel 4); anschließend wird ausgeführt, wie sie – auch im Sinne einer ‚Stilbildung' – als Planungsmittel einzusetzen sind (Kapitel 5 und 6).
- In welche Zusammenhänge sind Anforderungen eingebunden, wie lässt sich nachvollziehen, wo und wie sie später im Systembau umgesetzt werden? Zielstrebige Systementwicklung ist dann am besten möglich, wenn die Projekterzeugnisse systematisch und erkennbar aufeinander aufbauen und die Zusammenhänge nachvollziehbar sind. Es muss der konkrete Nutzen der Anforderungsdokumentation für die folgenden Entwicklungsarbeiten einsichtig sein, was hier allerdings nur kurz skizziert werden kann.
- Wie geht man mit Anforderungen im Alltag um? Anforderungen werden von mehreren Personen gestellt, spezifiziert und genutzt und sind während ihrer Aufarbeitung gelegentlichen Modifikationen unterworfen. Hier wollen wir Anregungen geben, wie sich Anforderungen ‚organisieren' lassen. Diese beiden letzten Fragen werden in Kapitel 7 kurz behandelt.
- Welche anderen Vorschläge gibt es zum Thema Requirements Engineering? Die Ausführungen widmen sich einem Abgleich mit anderen Publikationen (Kapitel 9).

Ganzheitliches Verständnis des Problembereichs ‚Requirements Engineering' setzt Einsichten in die Verflechtungen und Zusammenhänge voraus, in denen die Tätigkeiten dort und ihre Ergebnisse stehen und ihre Bedeutung gewinnen. So wie man die Entwicklung oder Anpassung von Software-Systemen insgesamt betreibt, so wird man auch das Requirements Engineering betreiben. Eine souveräne, vom Erfolg begleitete Arbeitsweise wird sich stets bewusst sein (und nachweisen können), in welchem Zusammenhang die jeweiligen Handlungen stehen und welchen Nutzen man aus ihnen für spätere Maßnahmen ziehen kann. In diesem Sinne ist Software-Entwicklung oder -Anpassung als ein Tätigkeitsfeld zu verstehen, das man von seinem Ziel, dem gebauten Produkt, her betreibt. Dass dabei die sichere Handhabung der technologischen Entwicklungswerkzeuge oder zumindest die Fähigkeit zur sicheren Bewertung ihrer Möglichkeiten vorausgesetzt wird, ist als selbstverständliche Basis anzunehmen.

Das ‚innere Band', das die einzelnen Aktivitäten zusammenhält, lässt sich in der Entwicklungspraxis aber auch in Publikationen nicht immer leicht ausmachen. Dem gedanklichen Muster ‚Analyse, Entwurfsaktivität, Implementierung', in iterativen Zirkeln inkrementell ausgeführt, ist kaum zu entnehmen, in welcher Weise es zielgerichtet sein soll. Unsere idealisierte Vorstellung entspricht eher einer „Reise" durch den Entwicklungsprozess, wo wir, stets den Überblick über das Woher und Wohin behaltend, genau wissen, welche Zwischenziele sich mit welchen Hilfsmitteln sicher erreichen lassen. Software-Entwicklung ist ein gestalterischer Prozess, in dem selbstverständlich gelegentliche Anpassungen und Verbesserungen nicht zu vermeiden sind. Dennoch: Bevor gewisse Entwicklungsschritte, wie z.B. das Codieren, erfolgen, sollten die dafür notwendigen Zwischenergebnisse, wie etwa die Dokumentation der Anforderungen, zuvor bestmöglich gefestigt sein. Zielgerichtetes Vorgehen – ohne iteratives Vorgehen als unterlegtes Grundmuster – ist nach unserer Überzeugung möglich und wirtschaftlich am vernünftigsten. Kein Architekt wird im Hochbau den Start für den Bau eines Gebäudes freigeben, wenn nicht die Planung einen gewissen Reifegrad erreicht hat. Zielgerichtetes Vorgehen hat zur Folge, dass Auswirkungen von Änderungen lokal begrenzt bleiben; eine Voraussetzung dafür ist, dass die Zusammenhänge zwischen den Entwicklungsergebnissen tatsächlich transparent, überschaubar und beherrschbar sind.

Anforderungen

Auch wenn bereits über Anforderungen gesprochen wurde, eine präzise Bedeutung war damit noch nicht verbunden. Ziel des Buches ist es u.a., eine Klärung dieses Begriffs herbeizuführen.

Nun lassen sich allgemein Anforderungen an einen zu entwickelnden ‚Gegenstand' – wie etwa an ein Informationssystem – nur dann formulieren, wenn der Gegenstand vorstellbar, also hinreichend gut verstanden ist. Deshalb muss als Basis für die späteren konstruktiven Vorschläge im nächsten Kapitel erst einmal der Frage nachgegangen werden: Was tun Informationssysteme im Allgemeinen, wozu werden sie konkret genutzt? Auf diesem Grundverständnis, das *die* primäre Basis für die Entwicklung von Informationssystemen abgeben wird, aufbauend, soll es gelingen, die präzise Bedeutung des Anforderungsbegriffs zu erhellen und ihren immensen Wert für die gesamte Software-Entwicklung deutlich zu machen.

Sie können an eine Sache nur dann Anforderungen stellen, wenn Sie mit deren ‚Natur' vertraut sind. Wenn Sie noch niemals etwas über Hybridantrieb gehört haben, wie könnten Sie beim nächsten Autokauf daran denken? Und wenn Sie etwas fordern, was es überhaupt nicht gibt oder geben kann, nimmt man Sie nicht mehr als seriösen Gesprächspartner ernst – bei Software-Systemen als immateriellen ‚Gegenständen' gewiss ein nicht einfach zu lösendes Problem. Das nächste Kapitel will beschreiben, wozu Anwendungssysteme allgemein benutzt werden. Die explizite Offenlegung dieser Verständnisbasis ist für uns unverzichtbar. Was nutzt eine formale Definition des Anforderungsbegriffs, etwa als ‚Merkmal' oder ‚Bedingung' oder ‚Fähigkeit' des zu realisierenden Systems, wenn es an einer klaren Vorstellung von dem mangelt, worauf sich das ‚Merkmal', die ‚Bedingung' oder die ‚Fähigkeit' eigentlich beziehen soll? Nach unserer Bobachtung ist der Systembegriff keineswegs als geklärt oder gar als selbstverständlich anzusehen.

Zur besseren Veranschaulichung unseres Anliegens wollen wir uns die Aufgabe stellen, ein Anwendungssystem für eine **Konzertagentur** zu entwickeln. Unser Auftrag soll sein, alle Aktivitäten optimal und umfassend zu unterstützen, die sich mit der Planung und Vermarktung der Konzerte, als Abonnement oder im Einzelverkauf, befassen.

2 Betriebliche Anwendungssysteme und ihr Einsatzgebiet

Zum besseren Verständnis der Anwendungssysteme geht dieses Kapitel den schlichten Fragen nach: *Wozu sind solche Systeme gut?* Was ist ihre ‚Natur', ihr ‚Sinn'? Unter welchen Randbedingungen funktioniert ihr Einsatz? Dazu ist zunächst eine Perspektive zu finden, unter der das Einsatzgebiet und die Systeme dort zu betrachten sind. Diese Einsichten sollen die (einzige) Grundlage bilden für alle weiteren Überlegungen und Empfehlungen, also dafür, wie Anwendungssysteme so festzulegen sind, dass sie zielsicher und effizient gebaut werden können.

Dies ist ein Kapitel der Reflexion. Es will Ihnen Einblicke, Sinnzusammenhänge liefern. Damit wird dasjenige Fundament freigelegt, auf dem sich die späteren Entwicklungsaktivitäten als Schritte eines rationalen – beherrschbaren – Entwicklungsverfahrens gründen lassen. Was nicht als Dogma zu verstehen ist; Sie können die Perspektive teilen oder auch nicht. Schließlich dreht sich alles nur um ein Ziel: das erfolgreiche Entwickeln von Anwendungssystemen, wo die exakt benötigte optimale Funktionalität möglichst wenig Entwicklungsaufwand erfordert.

Wozu die Frage nach dem Sinn in einem Buch, das Anleitungen für die Praxis der Software-Herstellung geben will? Selbstverständlichkeiten hinterfragt man nicht – solange ihr Erfolg nicht in Frage steht. Aber genau diese Sicherheit ist nach unserer Ansicht nicht gegeben. Irgendetwas läuft manchmal schief, trotz exzellenter IT-Kompetenzen und bester Absichten. Es ist durchaus nicht selbstverständlich, dass Projekte stets zu einem guten Ende gebracht und die Produkte später als Erfolg bewertet werden; deshalb die Suche nach einem ‚festen' Grund.

Einer gewissen Richtung verpflichtet, auf die am Ende des Kapitels hingewiesen wird, sind die gängigen Selbstverständlichkeiten vorübergehend in Frage zu stellen – bis auf jene explizit zu benennenden Sachverhalte, die als sichere Bezugsbasis gelten. Alle folgenden Überlegungen, Anleitungen und Empfehlungen müssen sich später darauf explizit beziehen.

2.1   Das Einsatzgebiet

Unternehmen bieten ihre Leistungen Dritten auf der Basis von Gegenleistungen an. Alle Anstrengungen einschließlich der Investitionen in Anwendungssysteme haben in unserem Betrachtungsfeld den einzigen Sinn, das Leistungsangebot zu bestimmen und die Erstellung von Leistungen für unternehmensexterne Kunden sowie den externen Leistungsaustausch bzw. internen Leistungstransfer in effizientester Weise zu unterstützen – eine Selbstverständlichkeit, die keiner weiteren Erläuterung bedarf. Wir gehen sogar soweit, dass dieser Leistungskontext, in welchen alle Unternehmen gleichermaßen eingebunden sind, *die zentrale Bezugsbasis* abgeben soll: Unternehmensaktivitäten – die Nutzung der Informationstechnologie eingeschlossen – sind für uns nur in dem Maße von Bedeutung, wie sie in den genannten Leistungskontext eingegliedert sind.

Als *Leistung* ist das Ergebnis einer ggf. sehr umfangreichen, mehrere Schritte umfassenden Handlung (oder Verrichtung) zu charakterisieren, das für andere unternehmensinterne oder externe Beteiligte von Nutzen bzw. von Wert ist. Damit soll eine verobjektivierende Festlegung des Leistungsbegriffs vermieden werden. Leistungen sind stets als subjektive Wertungen zu betrachten; sofern sich niemand für das Ergebnis einer Handlung aktuell oder in Zukunft interessiert, macht es keinen Sinn, von einer Leistung zu sprechen. Selbst wenn gewisse Handlungen durch Automatenaktivitäten substituiert sein können, so wird primär von menschlichen Handlungen ausgegangen und vor allem von einer grundsätzlichen Verantwortung des Komplexes durch Personen.

Auch Anwendungssysteme und ihre Herstellung müssen sich konsequenterweise fragen lassen, wie es um ihren Leistungsbezug steht und welchen nützlichen Beitrag sie leisten. **In dieser Hinsicht ist es unumgänglich zu untersuchen, wie Leistungen entstehen bzw. der Leistungsaustausch und -transfer vollzogen wird und welche Rolle die Software-Produkte dabei spielen.** Anwendungssysteme sind in dieser Perspektive als Hilfsmittel zu verstehen, die sich ihren Einsatzgebieten vollständig unterzuordnen haben; ihre Rolle wird in Abschnitt 2.2 genauer untersucht. Die Entwicklung solcher Systeme kann und wird gelingen, wenn sie sich an die Struktur ihrer Einsatzgebiete anpassen. Das Problem hierbei: Diese Strukturen, deren genauer Begriff unten noch zu klären ist, sind nicht offen zugänglich, sie lassen sich erst durch intensive und aufwändige Analysearbeit erschließen. Daher sprechen wir von dem *Anwendungsfeld* (auch: Domäne, Domain) eines Systems, um auf den nicht zu unterschätzenden Erschließungsaufwand hinzuweisen.

Vielleicht nehmen Sie Anstoß an der subjektiven Auslegung des Leistungsbegriffs, weil er sich auf keine verobjektivierend-wissenschaftliche Unterfütterung stützt. Wir geben jedoch zu bedenken, dass alle Bemühungen und Erörterungen immer auf uns selbst, die Subjekte, als letzte Instanz zurückgeworfen werden. Dazu passt, die Anwendungsentwicklung als eine herausfordernde, kreative und verantwortungsvolle Gestaltungsaufgabe aufzufassen.

Produktionsprozesse, Dienstleistungseinheiten und Struktur-Management

Industrielle Sachgüter werden in der Regel nach arbeitsteiligen Verfahren hergestellt. Ein bestimmtes Leistungsergebnis wird nicht an einem Stück als Ganzes erarbeitet, seine Herstellung zerfällt vielmehr in mehrere Schritte, meistens ausgeführt von unterschiedlichen Personen; Schritt für Schritt wird ein Produkt in seinem Entstehungsprozess vervollständigt. Dabei ist oft eine Vielzahl von Leistungen aus anderen Unternehmensbereichen in Anspruch zu nehmen. Solches Arbeiten mit einem weiter verwertbaren (Zwischen-) Ergebnis oder (Teil-) Nutzen wird als ein *Dienst* verstanden. Ein Dienst entspricht allgemein einer (komplexen oder einfachen, ggf. automatisierten) Handlung, die eine materielle oder immaterielle (Teil-) Leistung erbringt bzw. einen bestimmten Stand einer zu erbringenden Leistung erarbeitet. Dazu zählen produzierende Handlungen, ebenso aber auch organisatorische Maßnahmen oder Handlungen zur Vermeidung von Schäden. Wichtig ist die Annahme, dass das Ergebnis einer Dienstausführung direkt oder indirekt für Andere von Wert ist. Manche Dienste werden auf Veranlassung unternehmensinterner oder externer Kunden durchgeführt; im Gegensatz dazu erlauben andere Dienste, die als interne Schritte organisiert sind, keine Zugriffsmöglichkeit durch Kunden.

Ein Dienst kann bei der Herstellung eines Produktes einem *Arbeitsgang* (auch: Arbeitsschritt, Vorgang) entsprechen, einer Handlung, die eine bestimmte Aufgabe zu lösen hat und ohne zeitlich organisierte Unterbrechung ein eindeutiges Zwischenergebnis erzeugt; er kann sich aber auch aus mehreren Arbeitsgängen oder aus untergeordneten Diensten zusammensetzen (vgl. unten den Unterabschnitt *Arbeitsteilung*). Im ersten Fall, bei einem Arbeitsgang, sprechen wir von einem *Elementardienst* oder *elementaren Dienst*, im zweiten Fall liegt ein *komplexer* (auch: *nicht-elementarer*) Dienst vor. Untergeordnete Dienste liefern Teilleistungen, die in den übergeordneten zur Erzeugung einer höherwertigen Leistung benutzt werden. Allgemein ist davon auszugehen, dass die Abwicklung eines komplexen Dienstes bereichsübergreifend erfolgen kann; ein solcher Fall geht von dem Ideal aus, dass eine bestimmte Organisationseinheit für die Durchführung verantwortlich ist bzw. sie überwacht[1]. Ausschlaggebend für die weitere Analyse der Dienste ist die Art der Steuerung: ob ihre Ausführung auf interne Veranlassung hin unter der ausschließlichen Kontrolle der involvierten Organisationseinheit(en) erfolgt oder ob (interne oder externe) Kunden sie beauftragen können. Im letzten Fall ist die Unterscheidung zwischen unternehmensinternen und externen Kunden unwesentlich und wird im Folgenden nicht weiter berücksichtigt. Innerhalb eines Unternehmens stehen Organisationseinheiten beim Leistungstransfer oder -austausch in einer Kunden-Lieferanten-Beziehung, falls sie organisatorisch unabhängig sind.

Dienste, die im internen Auftrag ein (materielles oder immaterielles) Produkt, z.B. Sachgut, nach einem festen Verfahren herstellen, wo vorgegebene Verarbeitungsalternativen in gewissen Fällen nicht ausgeschlossen sind, werden als *Produktionsprozess* (auch: *Herstellungsprozess*) kategorisiert. Formal: Ein Leistungsbereich der Kategorie Produktionsprozess lässt sich im übertragenen Sinn als (terminierende) Transformation, die einen Output liefert, ver-

---

[1] Zur Problematik von Dienst- bzw. Prozessverantwortlichen bei einer bereichsübergreifenden Abwicklung vgl. R. Wilhelm [2007], S. 68.

anschaulichen. *Leistungsbereich* zielt ausschließlich auf die Begriffsebene ab (vgl. auch unten den Unterabschnitt *Begriffliche Abklärung*) und bezeichnet allgemein ein Bündel von Diensten, die in ihrem aufeinander abgestimmten Zusammenspiel ein bestimmtes Leistungsangebot oder -potenzial aufrecht erhalten; die Inanspruchnahme von Diensten aus anderen Einheiten soll dabei nicht ausgeschlossen sein.

Jedem Produktionsprozess ist eine Verarbeitungsstruktur unterlegt, die beschreibt, wie sein Ergebnis schrittweise unter interner Steuerung herzustellen ist. Dieser Innenansicht des Leistungsaspektes ist bei anderen Leistungsbereichen die Außenansicht entgegengesetzt, wie Kunden das Leistungsangebot in Anspruch nehmen bzw. wie sie mit ihm umgehen können. Leistungsbereiche, die ein bestimmtes *externes* Leistungsangebot erarbeiten und an Kunden übertragen, ordnen wir der Kategorie *Dienstleistungseinheit* zu[2]. H.R.G. Rück folgend, sind „Dienstleistungen … Arbeitsleistungen, die für andere Wirtschaftseinheiten erbracht und von diesen als Prozesse in Anspruch genommen werden" (vgl. Rück, H.R.G. [1995] S. 22; ‚Prozess' ist in unserer Diktion als *Dienstleistungsprozess* zu verstehen; s.u.). Insbesondere zeichnen sich Dienstleistungseinheiten durch gewisse Dienste mit einer ‚Schnittstelle' zu Kunden aus, wie die Vermittlung, Beauftragung, Bereitstellung oder Übertragung von Leistungen. Unter die Kategorie Dienstleistungseinheit fallen z.B. Leistungsbereiche, die Ressourcen verwalten, pflegen und bereitstellen, wo trotz zeitlicher Abhängigkeiten der Dienste kaum von einem Produktionsprozess oder von einem Output die Rede sein kann; andere Beispiele: Vermittlungsdienste, Beratungen, die Personalverwaltung, Konzertveranstaltungen etc. Während die Herstellung von Serienprodukten einem Produktionsprozess entspricht, ist ihr Vertrieb als Dienstleistung aufzufassen.

Produktionsprozesse unterliegen einer internen Beauftragung und liefern ein nach einer Ablaufstruktur (oder: Ablaufschema) hergestelltes materielles oder immaterielles Produkt. Die Steuerung der Handlungen erfolgt intern im Unternehmen, entweder innerhalb und unter der Regie einer Organisationseinheit oder im bereichsübergreifenden Fall durch einen Prozessverantwortlichen, der zur Steuerung der Schritte autorisiert ist, bzw. durch Abstimmung der beteiligten Einheiten. Externe Kommunikation ist nicht ausgeschlossen, sie erfolgt jedoch auf Veranlassung des Produktionsprozesses. Dem festen Ablaufschema eines Produktionsprozesses steht in der Kategorie Dienstleistungseinheit die vom Kunden initiierte und deshalb freie, nicht planbare Inanspruchnahme gewisser Dienste entgegen. Unter diese Kategorie fallen etwa Bibliotheken, Services wie Autowaschstraßen, Reparaturdienste, Heilbehandlungen, juristische Vertretungen etc. Dienstleistungen können die Übergabe eines Produktes zum Inhalt haben; wird die Herstellung intern und eigenständig organisiert, entspricht sie einem Produktionsprozess. Jede Dienstleistungseinheit umfasst *externe Dienste*, die von Kunden aktivierbar sind und worunter in einer Konzertagentur z.B. die Reservierung oder der Kauf von Karten fallen, ergänzt um *interne Dienste* für Maßnahmen zur Aufrechterhal-

---

[2] Meinem geschätzten Kollegen Prof. Dr. Hans R. G. Rück bin ich zu Dank verpflichtet, dass er mich auf die wirtschaftswissenschaftliche Perspektive aufmerksam gemacht hat: Leistungen sind entweder *Eigenleistungen* oder es sind *Dienstleistungen,* wenn sie von externer Seite bezogen bzw. für die externe Seite angeboten werden (vgl. auch H.R.G. Rück [1995]). In unserem Kontext wird allerdings auch der organisierte Leistungsaustausch oder -transfer zwischen *unabhängigen* Organisationseinheiten eines Unternehmens als Dienstleistung aufgefasst (vgl. dazu Abschnitt 9.1).

tung der Leistungsfähigkeit wie z.B. die Generierung von Konzertkarten. Die Abfolge von (externen und ggf. internen) Diensten, die für die Inanspruchnahme einer Dienstleistung durch einen Kunden auszuführen sind, wird als *Dienstleistungsprozess* (vgl. auch Rück, H.R.G. [1995], S. 24) charakterisiert; ein Dienstleistungsprozess stiftet im umfassenden Sinne den Nutzen für seinen Kunden. Beispiel 3 in Abschnitt 5.4 etwa stellt den Dienstleistungsprozess *‚Telefonischer Kartenverkauf'* mit den Diensten *‚telefonische Bestellannahme'*, *‚Zahlungsaufforderung versenden'*, *‚Zahlungseingang erfassen'*, *‚Karte(n) versenden'* sowie mit den Stornierungsdiensten vor.

Anmerkung: Wegen seiner festen Ablaufstruktur und den daraus bedingten eingeschränkten externen Einflussmöglichkeiten ließe sich ein Produktionsprozess auch als Spezialfall eines Dienstleistungsprozesses interpretieren.

Integrierte Anwendungssysteme unterstützen im Normalfall das Zusammenspiel von Leistungsbereichen aus beiden Kategorien. Aufgabe der Anforderungsanalyse ist es, das Anwendungsfeld in kategorisierte Leistungsbereiche aufzugliedern und deren Zusammenhang aufzuzeigen. Mögliche Zusammenhänge: Produktionsprozesse können Leistungen einer Dienstleistungseinheit oder die Ergebnisse anderer Produktionsprozesse nutzen so wie eine Dienstleistungseinheit auf Ergebnisse von Produktionsprozessen oder auf externe Dienste von anderen Dienstleistungseinheiten zurückgreifen kann. Während für Produktionsprozesse die *interne* Sicht auf den Ablauf der Arbeitsgänge im Vordergrund steht, wird für die Kategorie Dienstleistungseinheit die *externe* Sicht mit der Frage untersucht, unter welchen Bedingungen Kunden auf das Leistungsangebot zugreifen können. Für beide Kategorien werden unterschiedliche Darstellungsmittel verwendet (vgl. Kapitel 5).

Die Begriffe ‚Dienst' und ‚Leistung' sind unmittelbar aufeinander bezogen und sehr allgemein gehalten; ein Dienst ist als Erstellung einer (Teil-) Leistung aufzufassen – wie eine (Teil-) Leistung erst durch eine Handlung (d.h. Dienst) möglich wird. Eine präzisere oder formale Definition bringt nach unserer Auffassung keine Hilfe; wenn die Handlungen im Anwendungsfeld, ihr Zweck und ihre organisatorische Aufgliederung nicht verstanden sind, lassen sich kaum Anforderungen an ein unterstützendes System formulieren. Die Herausforderungen, denen man sich dabei zu stellen hat, sollte man bei mittleren bis umfangreichen Projekten nicht unterschätzen.

Im Auf und Ab größerer Projekte werden Sie im Verständnis der Leistungen eine zuverlässige Basis finden, die Ihnen immer wieder Halt geben wird. Es wird dringend empfohlen, den Blick weg von der Informationstechnologie, hin zur Sache zu lenken – zu den Handlungen im Anwendungsfeld, ihrem Zusammenhang und ihrem Sinn. Der Sinn erschließt sich über die naive Frage: Was tun die Beteiligten wozu? Schließlich ist der Nutzen niemals isoliert, sondern nur aus dem Zusammenhang mit anderen Handlungen heraus zu verstehen. Damit behalten Sie das Ganze im Blickfeld, ohne dass Sie sich in Details zu verlieren drohen.

Natürlich zielen wir auf keine zweckfreie ‚Beschauung' ab; auch diese von der IT zunächst abgewandten Analyseaktivitäten sind Leistungen, deren Nutzen für die Systementwicklung noch nachzuweisen ist, denn Leistungen sind niemals zweckfrei. Der folgende Abschnitt 2.2 will die Rolle der Systeme bestimmen und zeigen, wie wichtig die

Dienste und ihre Zusammenhänge für die Systemauslegung sind. Die Kapitel 5 und 6 zeigen später, wie sich Anwendungssysteme auf der (noch zu präzisierenden) Struktur ihres Anwendungsfeldes und deren Leistungsbereiche gründen lassen.

Dienste zur Herstellung von Leistungen oder zur Aufrechterhaltung eines Leistungsangebots sind im Normalfall auf eine vorhandene Infrastruktur angewiesen. Derartige Organisationsstrukturen, in denen (materielle oder immaterielle) Gegenstände in einem gelegentlich komplexen Ordnungsgefüge zueinander in Beziehung stehen, bilden die Voraussetzung für geordnet durchführbare, planbare Handlungen. Sie bilden den festen Rahmen, in dem sich die Handlungen der eigentlichen Leistungserbringung abspielen. *Beispiele für Organisationsstrukturen*: Gebäudestrukturen mit der hierarchischen Gliederung in Ebenen (Stockwerke) und Räume oder die Organisationsstruktur eines Unternehmens (Aufbaustruktur, Stellenplan, Organigramm), aber auch Verzeichnisse etc. Eine Einheit von organisatorischen *Verwaltungsdiensten*, welche die Dokumentation einer (statischen) Organisationsstruktur zur Aufgabe hat, wird als *Struktur-Management* kategorisiert. Das Dokumentationsergebnis ist stets als *Plan* (der Organisationsstruktur) interpretierbar. Solche Strukturen, auf die i.d.R. bereichsübergreifend bzw. unternehmensweit zugegriffen wird, können auf Dauer *unbefristet* oder für ein festgelegtes Zeitintervall *befristet* angelegt sein. Befristete Organisationsstrukturen sind z.B. Netzpläne für Projekte oder Stundenpläne in Hochschulen, während Organigramme oder Gebäudestrukturen als unbefristet anzusehen sind.

Während Dienste im Struktur-Management lediglich Informationen über Elemente und deren Zusammenhang in einem Organisationsgefüge führen, wird die Verwendung dieser Gegenstände im konkreten Leistungsgeschehen einem separaten Bereich von der Kategorie Dienstleistungseinheit zugerechnet. Struktur-Management und die dynamischen Leistungskategorien Produktionsprozess und Dienstleistungseinheit verhalten sich zueinander ähnlich wie der Bau eines Gebäudes zu dessen späterer Nutzung. Das Struktur-Management – als *statische* Leistungskategorie – leistet als administrativer Bereich mit der zu dokumentierenden Organisationsstruktur einen ausschließlich unterstützenden, indirekten Beitrag zur Leistungserbringung. Verzeichnisse oder Pläne können für sich allein stehend oft eine wertvolle Hilfe sein, wie aus den genannten Beispielen ersichtlich ist (vgl. auch die Abschnitte 5.5. und 6.3). Es ist offensichtlich, dass Informationssysteme in diesen Leistungsbereichen das primäre Arbeitsmittel sind; liegt eine komplexere Organisationsstruktur zugrunde, wird ein solches System auch als *Tool* bezeichnet.

Leistungsbereiche, deren Dienste im operativen Alltagsgeschäft ständig auszuführen sind um das Leistungsangebot immer wieder zu erzeugen, rechnen wir den *dynamischen* Kategorien Produktionsprozess bzw. Dienstleistungseinheit zu[3]. Bei statischen Leistungsbereichen ist die Struktur dagegen nur einmal zu entwickeln, ergänzt durch spätere (oft eher seltene) Anpassungen.

---

[3] Die Differenzierung zwischen statischen und dynamischen Kategorien steht in Einklang mit Gaitanides [1983], S.2, wo die Aufbauorganisation als *statisch* und die Ablauforganisation als *dynamisch* klassifiziert werden.

Die Leistungskategorien im Überblick:

- **Produktionsprozesse:** *Ein Produktionsprozess stellt ein bestimmtes (materielles oder immaterielles) Produkt her.* Produkt und Produktionsprozess (Herstellung) sind aufeinander bezogen. Die Arbeitsgänge (als Elementardienste) werden nach einem bestimmten Abfolgemuster (Ablaufstruktur) auf ein Ziel hin, das Produkt am Prozessende, abgearbeitet. Ein Produktionsprozess entspricht einem (übergeordneten komplexen) Dienst, der mit der Übergabe seiner Leistung terminiert. Produktionsprozesse können untergeordnete Produktionsprozesse als Subprozesse einbeziehen oder in komplexe Dienste aufgegliedert sein. Im Unterschied zu einem Produktionsprozess liefert ein Dienst lediglich einen Beitrag zur Herstellung des Produktes bzw. führt zu einem bestimmten Entwicklungsstand. Ein Produktionsprozess wird auf interne Anweisung hin aktiviert und läuft ohne externe Zugriffe ab, weshalb hier von einer *internen Steuerung* der Dienste gesprochen wird.
- **Dienstleistungseinheiten:** *Eine Dienstleistungseinheit ist ein Bündel von Diensten, die zusammen ein bestimmtes Leistungsangebot für Kunden aufrecht halten.* Im Unterschied zu Produktionsprozessen verfügen hier Kunden über Zugriffsmöglichkeiten auf gewisse Dienste, was eine zumindest partielle externe Steuerung der Dienste zur Folge hat. Externe Dienste sind durch Kunden aktivierbar wie z.B. die Reservierung, Belegung oder Rücknahme einer Ressource. Ein Dienstleistungsprozess fasst die Abfolge aller Dienste zusammen, die bei der Inanspruchnahme einer Dienstleistung durch einen Kunden ausgeführt werden.

  Auch für Dienstleistungen ist der Aspekt des sukzessiven Herstellens, ggf. als komplexe interne Dienste aufgefasst, zu berücksichtigen (s.o.; vgl. Rück, H.R.G. [2000] sowie Abschnitt 5.4), er steht aber nicht im Mittelpunkt. Alle Aspekte lassen sich einheitlich unter einer Zustandsperspektive für die zu erstellenden Leistungen zusammenfassen (vgl. Abschnitt 5.4).
- Ein **Geschäftsprozess** entspricht entweder einem Produktionsprozess oder einem Dienstleistungsprozess; beide Prozesstypen werden jedoch unter verschiedenen Perspektiven getrennt voneinander behandelt.
- **Struktur-Management**: *Dienste im Struktur-Management bauen die Dokumentation einer Organisatorsstruktur nach einem Organisationskonzept auf und stellen sie als Verzeichnis oder Plan zur Verfügung.* Das Struktur-Management richtet ein, was von Produktionsprozess oder Dienstleistungseinheit benutzt wird.

Die Differenzierung nach diesen Kategorien ist wichtig für unser Ziel: einen Plan des Anwendungssystems mit Hilfe der Anforderungserschließung zu entwickeln. Ein solcher Plan sollte sich auf der **Struktur des Anwendungsfeldes** gründen, was in Kapitel 5 und 6 noch zu legitimieren ist. Darunter ist die Untergliederung eines zu unterstützenden Leistungsbereichs in Einheiten der Kategorie Produktionsprozess, Dienstleistungseinheit und Struktur-Management zu verstehen; die Struktur der Leistungsbereiche selbst entspricht der sukzessiven, ggf. hierarchischen Untergliederung in Dienste sowie deren zeitlichen Abhängigkeiten.

Man muss den Überblick behalten, um sicher handeln und entscheiden zu können. Wenn Ihnen der Gesamtzusammenhang über eine längere Strecke verloren geht, bedarf es größerer Anstrengungen um ihn wieder zu rekonstruieren. Unser Vorschlag gliedert das Anwendungsfeld in höhere Leistungsbereiche auf, die für ein bestimmtes

Leistungsangebot bzw. für die Einrichtung einer Infrastrukturdokumentation stehen. Die Dienste dieser Einheiten stehen in einem engeren Zusammenhang untereinander, weil sie wissen müssen, ob andere zuvor durchgeführt wurden bzw. was sie bewirkt haben. Konsequenz: Sie sind auf einen engeren Informationsaustausch angewiesen – ein entscheidendes Kriterium auch für die Auszeichnung von höheren Systemkomponenten. Wie oben erwähnt, wird das Verständnis der Leistungserstellung eine solide Basis abgeben, auf der sich das System zielsicher planen lässt und die Entwicklungstätigkeiten nachvollziehbar werden. Die Frage nach der Art des Nutzens von Leistungen – als Herstellen eines Produktes oder allgemeiner als Aufrechterhalten eines Leistungsangebots bzw. als Einrichten eines Organisationsgefüges – hilft dabei, eine sinnvolle Grobeinteilung des Anwendungsfeldes und des Systems in Systemkomponenten vorzunehmen. Offensichtlich verfolgt unser Verfahren ein reines Top Down-Vorgehen, was nicht im aktuellen Trend liegt. ,Top' hat dabei nichts mit ,abstrakten Schichten' zu tun; ,Top' bedeutet die Gesamtleistungen des Anwendungsfeldes, deren Herstellung und Verwaltung.

Auftraggeber erwarten am Projektanfang gelegentlich schnelle Ergebnisse. Software-Entwicklung ist aber keine Fleißarbeit, sondern setzt Einsichten in die Unternehmensgegebenheiten, was eher passiv anmutet, voraus – ein durchaus anstrengender Erkenntnis- und Nachgestaltungsprozess, der nicht immer seine Wertschätzung findet. Allerdings sind Erkenntnisse kaum etwas wert, wenn sie nicht in geeigneter Weise für die nachfolgenden Entwicklungsschritte festgehalten werden. Kapitel 5 geht auf diese Frage näher ein.

Beispiel 1. Konzertagentur – Dienste

Im ersten Zugriff lassen sich – ohne Anspruch auf Vollständigkeit – folgende **Dienste** bzw. **Dienstbündel** ausmachen:

- Planung der Konzerte (mit Künstlerverpflichtung, Saalmiete etc.)
- Erzeugen der Konzertkarten
- Kartenverkauf,
- Abonnementverkauf (neu),
- Abonnementverlängerung
- Programmversand,
- Personaleinsatzplanung für die Veranstaltungen

Wie ist etwa *Kartenverkauf* zu kategorisieren? Wir können kaum von einem intern gesteuerten Abfolgemuster mit einem Produkt als Ergebnis sprechen; eher passend ist der Strukturtyp einer *Dienstleistungseinheit* – zu verwalten sind *Konzerte und deren Sitzplätze* (als Leistungsangebot) mit den Diensten ,*direkt verkaufen'*, ,*telefonische Bestellannahme'*, ,*Zahlungsaufforderung versenden'*, ,*Zahlungseingang erfassen'*, ,*stornieren'*, und ,*Karten versenden'*. Diese Dienste sind aufeinander abgestimmt, denn ein verkaufter Sitzplatz z.B. darf nicht noch einmal verkauft oder reserviert werden.

Hingegen ist die *Planung der Konzerte* mit den Arbeitsgängen ‚*Verpflichtung der Künstler*‘, ‚*Saalmiete*‘ etc. als Produktionsprozess aufzufassen, wo die Veranstaltung als Ergebnis ‚hergestellt‘ wird. Allerdings ist dabei eine Einschränkung zu beachten: Nach Angaben der Konzertagentur-Mitarbeiter ist die ‚*Verpflichtung der Künstler*‘ nicht nach einem festen Verfahren durchführbar.

Der ‚*Abonnementverkauf (neu)*‘ ist als Dienstleistungsprozess kategorisierbar, ebenso die ‚*Abonnementverlängerung*‘; alternativ lässt sich ‚*Abonnementverlängerung*‘ ggf. auch als Produktionsprozess interpretieren mit dem Resultat ‚Verlängerung‘ im Erfolgsfall.

Begriffliche Abklärung

Begriffliche Missverständnisse können leicht zu Fehlentwicklungen in Projekten führen. Dieselben Begriffe, die in dem einen Kontext eindeutig Verwendung finden, können in einem anderen eine zwar verwandte, aber dennoch unterschiedliche Bedeutung haben. Ein Teil der Anforderungsanalyse besteht darin, die verschiedenen Bedeutungsebenen aufzudecken und die Eindeutigkeit von begrifflichen Festlegungen sicher zu stellen (was manchmal zu neuen Wortschöpfungen zwingt). Dieser Unterabschnitt widmet sich den unterschiedlichen Bezugsebenen der bisher eingeführten Begriffe.

Beispiel 2. Konzertagentur – Bedeutungsebenen

Wenn wir von einem ‚*Platz*‘ sprechen, können unterschiedliche Vorstellungen damit verbunden sein: Ist es jener (konkrete physische) *Sitzplatz* im Konzertsaal, den wir abmontieren oder immer wieder belegen können – oder ist es die *Belegung* eines (konkreten) Sitzplatzes in einem bestimmten Konzert? Zielt ‚*Konzert*‘ auf eine konkrete Veranstaltung an einem bestimmten Ort zu einem bestimmten Termin ab oder ist damit der allgemeine *Konzertbegriff* gemeint; im ersten Fall ist der Kontext durch das Geschehen in der Konzertagentur gegeben, im zweiten Fall geht es um die Fassung des Begriffs, etwa um die allgemeine Dokumentationsstruktur für alle unter den Begriff ‚*Konzert*‘ fallenden Veranstaltungen festzulegen. In der Anforderungsanalyse ist es wichtig, eindeutige Begriffe für die Gegenstände, mit denen das Anwendungssystem etwas zu tun hat, zu bestimmen. Um die Bedeutungsebenen voneinander zu trennen, sind gelegentlich künstliche Wortschöpfungen nicht zu umgehen. Ein *Glossar* ist in Projekten eine große Hilfe, um die genaue Bedeutung und Zusammenhänge der Bezeichnungen festzuhalten.

Die Begriffe Leistung, Produkt und Produktionsprozess bzw. Dienst sind in ihrer Bedeutung nicht eindeutig festgelegt. *Leistung* bedeutet auf der einen Seite die Fähigkeit, ein bestimmtes Arbeitsergebnis nach einem bestimmten Verfahren in einem bestimmten Zeitrahmen herstellen zu können; andererseits werden als Leistung auch durchgeführte Handlungen mit ihrem konkreten Ergebnis bzw. nur ihr Ergebnis verstanden. Entsprechend verhält es sich mit den Begriffen Produktionsprozess und Dienst. Ein Produktionsprozess kann einerseits die Abfolge bestimmter Handlungen, mit denen ein Produkt hergestellt wird, also die Prozessstruktur, bezeichnen; ein Produktionsprozess kann aber andererseits die konkrete Ausführung von Handlungen (nach einer vorgeschriebenen Weise) durch bestimmte Personen zu einer bestimmten Zeit und mit einem nutzbaren Arbeitsergebnis bedeuten. Im letzen Fall ist die Prozessdurchführung als Instanz der Prozessstruktur zu verstehen. Ähnlich ist *Leistungsangebot* einerseits als (abstrakter) allgemeiner Begriff, andererseits aber auch als konkrete erwerbbare Leistung aufzufassen.

Die Mehrdeutigkeit gewisser Begriffe und die Unschärfen in unserer natürlichen Umgangssprache kann man als Mangel kritisieren, was in der Literatur bisweilen mit leicht unzufriedenem Unterton anzuklingen scheint. Was so nicht gesehen werden muss: In ihrem jeweiligen Kontext lassen sich die in diesem Unterabschnitt beleuchteten Begriffe mit ihren unterschiedlichen Bezugsebenen im Alltagsgeschehen durchaus eindeutig verwenden. Gerade deshalb, weil sie mehrere Bedeutungen in sich bergen, sind sie eine Hilfe für den Zugang zum Verständnis des Anwendungsfeldes: Sie weisen, wie im Folgenden ausgeführt wird, auf ihre inhärenten Bezugsebenen hin, die in einem engen Zusammenhang untereinander stehen. Diese Bezugsebenen und ihren Sinn einmal durchschaut, wird man in ähnlichen Situationen immer wieder zu den abzubildenden Zusammenhängen im Informationsgefüge hingeführt. Um das Ausleuchten solcher Zusammenhänge kommt man ehedem nicht herum, und die Reflexion der verschiedenen Kontexte, in denen ein Begriff stehen kann, gibt eine hervorragende Orientierungshilfe dazu ab. Eine Kommunikation mit eindeutigen Begriffen müsste solche Zusammenhänge explizit aufführen, was erheblich voluminöser und unübersichtlicher ausfallen muss. Bei Inputs für intelligenzlose Automaten ist dies notwendig und sinnvoll – für uns Menschen aber grausam.

Allgemeine und konkrete Bedeutungsebene hängen, wie die Beispiele nahe legen, eng miteinander zusammen und bedingen sich gegenseitig. Während sich die zuletzt angesprochene auf konkrete Vorkommnisse, auf den *Inhalt*, bezieht, zielt die erste auf die (allgemeine) begriffliche Fassung von Vorkommnissen, auf die *Form*, ab. Allerdings: Die letztere Bezugsebene macht das Verstehen, das Bewusstmachen, und die Vorstellung der Begriffe sowie die Kommunikation über konkrete Vorkommnisse überhaupt erst möglich. Und umgekehrt müsste es den Begriffen an einer Anschauung mangeln, würden sie nicht durch konkrete Erfahrungen in der ‚Realität' gestützt. Es wird davon ausgegangen, dass die Verwendungsart der Begriffe im Text sich stets aus dem Zusammenhang ergibt. Für einzelne (beispielhaft als gedanklich vorgestellte) Begebenheiten und betriebliche Vorkommnisse werden gelegentlich die Wendungen Leistungserbringung oder Durchführung verwendet.

Analog lässt sich ein *Dienst* einerseits als konkrete Durchführung einer Tätigkeit und andererseits als allgemeine Weise, wie eine Tätigkeit zu erfolgen hat, auffassen. Ebenso führt der Begriff *Produkt* beide Bedeutungsebenen mit sich: Mit einem Produkt kann ein konkreter Gegenstand gemeint sein, Produkt kann aber auch einen allgemeinen Gegenstand bezeichnen, mit dem die Art, die allgemeine Form oder die Vorstellung von konkreten Gegenständen verbunden ist.

Die Konzeption von Anwendungssystemen zielt hauptsächlich auf den allgemeinen begrifflichen Aspekt ab, also auf das, was allen Konkretisierungen, die unter den jeweiligen Begriff fallen, gemeinsam ist. Mit der Analyse des Anwendungsfeldes sind die relevanten Leistungen, die Art ihrer Erzeugung und ihres Umgangs, ihre Form, zu identifizieren, zu benennen und ihre Sinnzusammenhänge aufzudecken. *Sinnzusammenhang* verstehen wir in diesem Buch einerseits als Nutzungszusammenhang, der aufzeigt, welcher Dienst welche andere Leistung einbezieht, und andererseits als Zusammenhang von Handlungen, die durch ihr Zusammenspiel einen Beitrag zur Leistungserstellung liefern.

Arbeitsteilung

Ein kategorisierter Leistungsbereich ist als Zusammenspiel von Diensten, die ggf. in untergeordnete Dienste aufgegliedert sein können, eingeführt worden. Im Rahmen der arbeitsteiligen Leistungserbringung sind Elementardienste (bei Produktionsprozessen: Arbeitsgänge) betrachtet worden, die in der Regel von verschiedenen jeweils spezialisierten Personen ausgeführt werden. Eine Zergliederung in (elementare) Dienste an sich ist jedoch keine Garantie für mehr Effizienz; denn jede Aufgliederung zieht mit Blick auf das reibungslose Zusammenspiel notgedrungen die Koordination der Teilaufgaben nach sich. Reduzierter Koordinationsaufwand an den Übergabestellen, eine einfache Abstimmung zwischen den Elementardiensten, ist so zu verstehen, dass ein nachfolgender Dienst davon ausgehen kann, auf einem für ihn selbstverständlichen, eindeutig verständlichen Zwischenergebnis oder Stand aufzusetzen, um wieder einen einfach interpretierbaren Leistungsstand nach einer festgelegten Verfahrensweise zu erarbeiten. Unter diesen Randbedingungen helfen Anwendungssysteme, das Zusammenspiel optimal zu unterstützen, was im nächsten Abschnitt ausführlicher zu behandeln ist.

Vielleicht sind Sie enttäuscht, dass die Informationstechnologie bisher kaum zum Zuge gekommen ist – fast schon ein geschäftsschädigendes Verhalten. In unseren Überlegungen nimmt die Informationstechnologie allerdings niemals eine eigenständige, bestimmende Rolle ein, sehr im Unterschied zu den Unternehmensleistungen. Anwendungssysteme haben einen Nutzen für die Unternehmensleistungen zu erbringen. Die Mittel der Informationstechnologie sind auf den Bedarf hin auszurichten, im Gegensatz zu einer entgegen gerichteten Strategie, die nach dem bestmöglichen Einsatz für das Technologie-Potenzial sucht. Ein Vergleich: Software-Entwicklung verhält sich nach unserer Auffassung ähnlich wie die Arbeit eines Maßschneiders oder einer Maßschneiderin. Bei der Aufnahme der Maße an den ,richtigen' Stellen darf man nicht an Schnittmuster oder Stoffe denken; das könnte ablenken und zu fehlerhaften Angaben führen. Die Freiheit, sich der Sache, dem Anwendungsfeld, vollständig zuwenden zu können, setzt jedoch die sichere Handhabung der Entwicklungsmittel voraus – und das Wissen, welche Funktion die Systeme im Unternehmensalltag haben und wie sie systematisch zu entwickeln sind. Funktion und Nutzen transparent zu machen, ist Anliegen des nächsten Abschnitts.

2.2 Anwendungssysteme

Anwendungssysteme liefern nachgeordnete Hilfsdienste für die Leistungserbringung in den Unternehmen. Sie sind nur in dem Maße von Bedeutung, wie sie die alltäglichen Unternehmenstätigkeiten entlasten; optimale Anwendungssysteme ordnen sich deshalb vollständig ihrem Einsatzgebiet, dem *Anwendungsfeld*, unter.

Sicher eine triviale Selbstverständlichkeit – aber findet sie als Grundsatz in der Entwicklungsbranche auch ständig Beachtung? Die Zweitrangigkeit der Software-Systeme wird in den Methodenansätzen kaum betont. Es gibt keinen ‚guten' Grund, jedoch einige nachvollziehbare Gründe dafür, dass eine solche an sich selbstverständliche Orientierung während der Projektdurchführung aus dem Blickfeld geraten kann – mit unschönen Folgen. Manche Systeme blieben ungenutzt, wohl kaum wegen der technischen Unfähigkeit der Entwicklungsteams. Eher ist davon auszugehen, dass das Anwendungsgebiet nicht hinreichend getroffen wurde. Die historische Entwicklung der Disziplin Software Engineering zeigt sehr deutlich, wie das Anwendungsfeld immer mehr in den Mittelpunkt rückt und zum zentralen Untersuchungsgegenstand wird, nachdem ihm anfangs eher eine beiläufige Begleitrolle zugedacht war. Wenn das Anwendungsfeld als das alleinige Fundament der Software-Systeme gilt, ist am Anfang volle Konzentration erforderlich, um dort die Leistungen und ihr Zusammenspiel zu erkennen. Das Ergebnis ist in einer Form festzuhalten (vgl. Kapitel 4 bis 6), so dass sich die nachfolgenden Entwicklungsschritte darauf aufbauen lassen. Die Systemfunktionen selbst sind deshalb zunächst kein allzu spannendes Thema – sie können später relativ leicht und schnell aus der Struktur der Leistungserbringung hergeleitet werden.

Was können Anwendungssysteme leisten?

Die Hilfsdienste betrieblicher Anwendungssysteme (IT-Dienste) zeichnen sich aus technischer Sicht durch wenige Charakteristika aus: Sie verwalten im Wesentlichen (nur) Informationen als codierte Daten in einem permanenten (Extern-) Speicher; die Daten können sie nach vorgeschriebenen Verfahren verarbeiten bzw. miteinander verknüpfen, über die Eingabe an der Benutzeroberfläche (oder anderweitig) aufnehmen bzw. wieder darstellen. Damit wird ihre Rolle genau eingegrenzt: Anwendungssysteme bieten kostengünstig Dokumentationsdienste an, ergänzt um algorithmische Bearbeitungen der Daten und Zugriffskontrollen auf diese Dienste anhand von implementierten Regeln bzw. Bedingungen. Dass Anwendungssysteme selbst als Ressourcen zu behandeln sind, wo Zugriffsberechtigungen mit Hilfe von systeminternen Diensten zu steuern sind, betrachten wir als separaten, nachgeordneten Aspekt.

Die Attraktivität der automatisierten Informationsverarbeitung liegt vor allem an der immensen Geschwindigkeit und Zuverlässigkeit der Systemleistungen sowie an den relativ geringen Kosten. Im Bereich der betrieblichen Anwendungssysteme sind die Systemleistungen primär **als Dokumentationsdienste über Personen, (materielle oder immaterielle) Gegenstände, Sachverhalte, Geschäftsvorfälle und Planungen** im Kontext der Leistungserbringung des Anwendungsfeldes zu verstehen.

Software-Systeme übernehmen im Unternehmensalltag so die Rolle von nicht selbständig handelnden Dokumentationsgehilfen, was wir als die **Hilfssekretärs-Perspektive** bezeichnen wollen. *Ein Anwendungssystem unterstützt die Erledigung der eigentlichen Aufgaben,* *indem es* **optimale Dokumentationsdienste** *anbietet: Für die einzelnen Arbeitssituationen stellt es die benötigten Informationen (und nur diese) bereit, legt die Dokumentation der ausgeführten Handlungen im Speicher ab und bietet Dokumentationsdienste zu genau jenen Handlungen an, die aufgrund des aktuellen Sachstandes sinnvoll sind; solche Systeme sind außerdem befähigt, organisatorische Strukturen zu dokumentieren und dabei die Einhaltung fest vereinbarter Organisationsregeln zu überwachen, nach genau vorgeschriebenen Verfahren Berechnungen durchzuführen oder Verknüpfungen von abgespeicherten Daten vorzunehmen.* Ein gutes Anwendungssystem ist wie ein idealer sachkundiger Datendiener, der mit Kenntnis der (programmierten) Verarbeitungsvorschriften die (eigentliche) Aufgabenerledigung unterstützt und steuernd nur Dokumentationsdienste zu sachlich zulässigen Handlungen erlaubt. Mit Blick auf die Struktur der Einsatzgebiete stellen Anwendungssysteme primär Dokumentationsdienste für die Elementardienste zur Verfügung (denen jeweils eine *Transaktion* aus Datenbank-technischer Sicht entspricht).

Effiziente Software-Entwicklung setzt gute Fähigkeiten im Umgang mit der Entwicklungs-, Datenbank- oder Kommunikationstechnologie voraus. Für die Anforderungsanalyse werden Sie jedoch vor Schwierigkeiten gestellt, die auf einer anderen als der technologischen Ebene liegen; Sie müssen herausfinden, welche Informationen in welcher Form und mit welchen Zusammenhängen (Beziehungen) das System später aufnehmen soll. Dazu ein allgemeiner **Grundsatz***, der den Entwicklungsaktivitäten Halt gibt:* **Informationen** *sind immer als Informationen* **über** *bestimmte (materielle oder immaterielle)* **Gegenstände** *oder* **Sachverhalte für** *mögliche* **Interessierte** *zu verstehen. Ohne den Objektbezug und die Wertschätzung der Empfänger droht die Rede über Informationen generell, vor allem aber auch für unseren Themenbereich, ihren Sinn zu verlieren. Fragen Sie am Anfang nicht, wie man die Informationstechnologie einsetzen kann – fragen Sie danach, wo man IT-Dienste in den Unternehmenshandlungen braucht und wozu; denn Informationen werden nur im Zusammenhang mit Handlungen benötigt bzw. fallen dort an – also in Diensten des Anwendungsfeldes. Konsequenz: Vor den Entwicklungstätigkeiten ist zu klären, welche Leistungen – in der Form von Diensten – mit welchen Zusammenhängen erstellt werden. Informationstechnische Aspekte dürfen Sie dabei ignorieren, es sind später lediglich die 'richtigen' Dokumentationsdienste zu konzipieren. Wir bauen genau genommen (nur) das passende* **D***okumenten**e**rfassungs- und* **P***räsentations**p**rogramm (kurz:* **DEPP++***), das auch noch etwas rechnen kann und die Verarbeitungsregeln kontrolliert.*

Auch wenn die Dokumentation des Unternehmensgeschehens in unserer Sicht den wesentlichen Kern eines Anwendungssystems ausmacht, so umfassen sie oft einen erheblichen Teil an statistische Auswertungsroutinen. Derartige Funktionen sind als nachgeordnet und eher unproblematisch zu bewerten, da letztlich Auswertungen nur Auswertungen von zuvor erhobenen Daten aus dem Unternehmensalltag sein können. Spezifikation und Implementierung dieser Routinen lassen sich mit einer soliden Struktur der operativen Datenbasis problemlos bewältigen. Dazu ist zu erschließen, was über die Handlungen festzuhalten ist und welche Gegenstände dabei einbezogen werden und zu dokumentieren sind. Allgemein formuliert: Es ist zu klären, *was* zum Gegenstand der Dokumentation zu machen ist und welche Zusammenhänge zu beachten sind. Ein systematischer Weg dazu wird in Abschnitt 6.3 vorgestellt.

Beispiel 3. Konzertagentur – IT-Dienste

Oben haben wir die Dienste Künstlerverpflichtung, Kartenverkauf etc. erwähnt. Als IT-Dienste fallen an: Verwaltung der Informationen über Künstler, Räumlichkeiten, Erzeugen der elektronischen Konzertkarten, Veranstaltungstermine, Saalbelegungen, Suche und Verkauf freier Plätze etc.

Jedes Anwendungssystem ist ein Automat. Sein Einsatz setzt voraus, dass die unterlegten Leistungen zum Automaten passend erbracht werden, was im Fall der dynamischen Leistungskategorien gleichförmige, nach einem festen Schema zu erbringende Handlungen voraussetzt. Nur für solche Fälle sind effiziente Dokumentationstechniken nutzbar, worauf im folgenden Unterabschnitt noch eingegangen wird. Für Handlungen, die einen großen Freiraum an kreativer Entfaltung benötigen, dort wo die Handlungen nicht in ein festes Organisationsschema passen, ist das Sammeln fest strukturierter Informationen kaum möglich – hier können klassische Anwendungssysteme nur eingeschränkt eine sinnvolle Unterstützung leisten. Allerdings ist der Übergang zwischen vollständig reglementierten und frei gestalteten Handlungen fließend: In dem Maße, wie der Handlungsvollzug nach einer festen Form erfolgt, ist auch eine einheitliche Dokumentationsform dafür möglich; Informationen über den kreativen Anteil sind in freier Form, z.B. als Erläuterungen oder angefügte Textdokumente, zu ergänzen. Dieser Bereich spielt für die weiteren Betrachtungen keine wesentliche Rolle.

Systemdienste und Formulare

Für die identifizierten Dokumentationsgegenstände bleibt anschließend zu entscheiden, was in welcher Form darüber festzuhalten ist. Für die maschinelle Verarbeitung bietet sich im Bereich der dynamischen Leistungskategorien eine strukturierte Dokumentationsform an, die *Formularen* entspricht. In einem Formular – als *Form* – sind die relevanten Aspekte als Merkmale aufgeführt; im konkreten Einsatzfall finden wir den *Inhalt eines Formulars* als Ausprägungen von Merkmalen, die als Informationen über einen dahinter liegenden Gegenstand aufzufassen sind. Ein ausgefülltes Formular zielt generell auf *einen* bestimmten Gegenstand ab, sein Inhalt ist als Zusammenfassung von Aussagen darüber zu verstehen. Für den Maschineneinsatz liegt der Vorteil derart strukturierter Informationen auf der Hand: Die Dateneingaben sind knapp, die Ausgaben sind in ihrer Bedeutung unmittelbar erschließbar (bei hinreichend guter Gestaltung der graphischen Oberfläche) und die Formularinhalte, die Daten, benötigen kaum Speicherplatz, was eine kostengünstige Massendatenhaltung ermöglicht. Außerdem lassen sich die Datenwerte algorithmisch gut verarbeiten, vielfältige Suchzugriffe können sofort realisiert und statistische Auswertungen auf bequeme Art durchgeführt werden. Auch wenn Formulare die Grundlage der Benutzeroberflächen bilden, so sind sie allerdings keine Erfindungen des Computer-Zeitalters; sie begegnen uns in Papierform schon seit alters her in der manuellen Informationsverarbeitung.

Formulare geben eine feste Form für die Dokumentation von Gegenständen und Handlungen vor. Als Konsequenz muss das zu dokumentierende Geschehen im Anwendungsfeld in einer stets gleichförmigen Weise verlaufen, so dass mit der vorgegebenen Informationsstruktur alles, was darüber festzuhalten ist, in allen Fällen vollständig erfassbar ist. Die Abläufe, die Abfolge von Diensten und generell alle Verrichtungen der Mitarbeiterinnen und Mitarbeiter

müssen genau festgelegt und in einer festen Form organisiert – berechenbar – sein, wo Über-
raschungen keinen Platz haben. Für den effizienten Einsatz der Anwendungssysteme brauchen Produktionsprozesse und Dienstleistungseinheiten deshalb eine feste Struktur, nach der
die Verarbeitungsschritte nach stets gleichen Verfahren abgearbeitet werden. Eine verwende-
te *Formularstruktur*, die den Aufbau des Formulars mit der Anordnung und Bedeutung der
Aspekte vorgibt, ist jedoch kein zweckfreies Beschreibungsmuster; sie markiert vielmehr alle
Aspekte, die man sich über die betreffende Handlung oder den Gegenstand merken muss,
weil dieses Wissen später (unbedingt) in den (Folge-) Handlungen gebraucht wird.

Die Interpretation gespeicherter Daten ist untrennbar mit ihrem Nutzen für andere Tätigkeiten verbunden – was letztlich ihre Bedeutung und ihren Sinn ausmacht. Softwaresysteme
können in Formularen lediglich durch Stichpunkte oder erläuternde Texte helfen, die Rekonstruktion von Bedeutungen, die allein Personen vorbehalten bleiben, zu ermöglichen. Informationen sind dabei, wie in der Bemerkung oben angedeutet, immer zielgerichtete *Informationen über* bestimmte Gegenstände, über Dinge, Handlungen oder Pläne etc., und gleichzeitig *Informationen für* Interessierte – hier Anwenderinnen und Anwender. So wie die einzelnen Dienste (bzw. Arbeitsgänge) erst in einem umfassenden Leistungskontext ihre Bedeutung erlangen, so gewinnen auch Informationen über die Durchführungen von Diensten erst
im Zuge ihrer Verwendung in anderen Handlungen ihren Sinn. Die Formularstruktur zu
einem Elementardienst (bzw. Arbeitsgang) und die Struktur des umfassenden Leistungskontextes sind untrennbar miteinander verschränkt. Allerdings liegt die Leistungsstruktur nicht
offen, obwohl sie tagtäglich umgesetzt wird; sie ist für die Systemgestaltung erst einmal
systematisch zu erschließen (vgl. auch Abschnitt 3.1).

*Dinge, Pläne, Geschäftsvorfälle oder sonstige Begebenheiten, über die etwas festzu-
halten ist, könnten Sie gewiss auch als fließenden Text beschreiben. Im Unterschied
dazu lenken Formulare den Blick direkt auf alle wichtigen Aspekte: um die Informationen effizient zu erfassen und um sie mit ihrer Bedeutung übersichtlich zu präsentieren. Mit dem Zusammenführen von Informationen aus unterschiedlichen Dokumenten
dürften Sie bei freien Formulierungen gewisse Verfahrensschwierigkeiten bekommen;
anders sieht die Situation dagegen bei der Verwendung von Formularen aus, wo Verknüpfungen von Informationen mit Hilfe von Verweisen leicht zu realisieren sind, ermöglicht durch passende Datenbankstrukturen. Allerdings: Alles, was zu dokumentieren ist, muss in dieser einförmigen Weise vollständig darstellbar sein!*

Elementare Dienste in Leistungsbereichen der Kategorien Produktionsprozess oder Dienstleistungseinheit sind optimal mit Hilfe von Formularen dokumentierbar, was leicht in relationale Datenbankstrukturen übertragbar ist (vgl. Abschnitt 6.5). In der Kategorie *Struktur-
Management* ist manches Organisationsgefüge dagegen günstiger in graphischer Form darzustellen.

Beispiel: Zwar sind Netzpläne für Projekte oder die Bestuhlung eines Konzertsaals auch mit
Hilfe von Formularen darstellbar, wesentlich übersichtlicher ist aber eine graphische Darstellungsform.

Die Absicht dieses Buches ist es, einen transparenten, nachvollziehbaren und klar um-
rissenen Weg aufzuzeigen, wie Anwendungssysteme, auf der Struktur ihres Anwendungsfel-

des aufbauend, sich eindeutig konzipieren und implementieren lassen. Aus Sicht der Software-Entwicklung bedarf es dazu einer genauen Spezifikation dessen, was das System leisten soll. Solche Spezifikationen, die auch als Basis für die Beschaffung von Standardsoftware dienen können, werden im nächsten Abschnitt 2.3 näher beleuchtet.

2.3 Anforderungen, Anforderungsanalyse, Requirements Engineering

Anforderungen halten die Vorgaben und Erwartungen an das zukünftige System fest: *Was* es tun soll bzw. muss, *wie* und *womit* es dies tun soll und *in welcher Weise* es zu gestalten und zu bauen ist. Ihre Aufarbeitung und Spezifikation ist Aufgabe der *Anforderungsanalyse* (engl.: *Requirements Analysis*). Sieht man von Vorstudien, Marktanalysen etc. ab, ist die Anforderungsanalyse die erste Phase bei der Einführung von Standardsoftware bzw. im eigentlichen Entwicklungsprozess, gefolgt von der Phase *Design*, wo es um die technologische Konzeption geht, also die Aufgliederung des Systems in seine Software-Bauteile, und der Phase *Codieren und Testen*.

Dieser Abschnitt beschäftigt sich mit allgemeinen Aspekten von Anforderungen. Wer könnte an Anforderungen interessiert sein oder darauf Einfluss nehmen wollen? Gibt es eine Klassifikation von Anforderungen? Welchen Nutzen erwarten bzw. fordern wir von der Erhebung und Spezifikation von Anforderungen für den Entwicklungsprozess?

Stakeholder

Anforderungen sind besser zu verstehen, wenn man den Grund ihrer Forderung kennt. Unterschiedliche Personen werden durch ihre Funktion im Unternehmen von der Systemeinführung betroffen bzw. mit der Entwicklung befasst sein und daher eine gewisse Haltung dazu einnehmen. Alle, die im weitesten Sinne mit dem System befasst sind wie z.B. mit der Beauftragung, Finanzierung, ggf. Entwicklung, Nutzung oder mit der Pflege, werden allgemein als *Stakeholder* bezeichnet. Die folgende (nicht notwendigerweise vollständige) Übersicht führt Stakeholder-Gruppen und deren mögliche Erwartungen und Forderungen stichpunktartig auf. Zu unterscheiden bleibt, ob es sich um die Entwicklung eines avisierten Standardproduktes für den Markt handelt oder ob das Ziel die hausinterne bzw. extern beauftragte Entwicklung einer Individuallösung oder die Beschaffung oder Anpassung von Standardsoftware ist.

1. Der *Auftraggeber*, das *Management* (bzw. *Kunde, Sponsor*)
   - *Entwicklung einer Individuallösung oder Beschaffung bzw. Anpassung von Systemen:* Effizienzsteigerung der Handlungen im Anwendungsfeld, mit Kostenreduktion und Verkürzung der Bearbeitungszeiten; möglichst schnelle Übergabe und Einsatz des Produktes, Begrenzung des finanziellen Aufwands; dabei Nutzung der vorhandenen

Infrastruktur (Anlagen und System-Software); kalkulierbare Folgekosten für Wartung.

- *Entwicklung eines zu vermarktenden Standardproduktes:* Guter Absatz des Produktes, umfassende Funktionalität, baldige Markteinführung, Beschränkung des Risikos einer Fehlinvestition.

2. Die *Fachseite,* die *System-Nutzerinnen* und *-Nutzer:* Ein einfach zu bedienendes System mit optimaler und umfassender Unterstützung der Handlungen – als Hilfe und nicht als Ballast; ggf. Unsicherheit bei Mitarbeiterinnen und Mitarbeiter hinsichtlich der sozialen Auswirkungen.

3. Die *IT-Abteilung* mit den Aufgabengebieten
   - *Systemadministration:* Vorhandene Basissysteme sollen genutzt werden, um den Aufwand für die Systeminstallation und -pflege gering zu halten.
   - *Datenschutz* sowie *Daten- und Systemsicherheit:* Dezidierte Zugriffsberechtigungen müssen spezifizierbar sein, ggf. sind Sicherungsmaßnahmen wie z.B. Verschlüsselungen für den Datentransfer zu implementieren; für Störfälle ist ein Ersatzbetrieb einzurichten.
   - *Allgemeine Qualitätssicherung (Entwicklung):* Einsatz bestimmter Methoden und Entwicklungswerkzeuge; Vorgabe von Vorgehensverfahren sowie Dokumentationsstandards, auch für den Programm-Code.
   - *Test-Team (spezielle Qualitätssicherung):* Anforderungen sind präzise zu spezifizieren, damit die korrekte Umsetzung später eindeutig überprüfbar wird.
   - *Wartungs-Team:* Standards müssen umgesetzt sein, damit die Produktstruktur und der Code leicht verständlich, also auch leicht änderbar ist.
   - *Entwickler-Team (Analyse, Design und Codierung):* Favorisieren gewisser Methoden und Entwicklungswerkzeuge; nicht zu eng bemessener Zeitrahmen, Einsatz von vertrauten Technologien.

4. *Marketing und Verkauf (bei Standardlösungen):* Vielfältige Funktionalität für den breiten Einsatz; schnelle Fertigstellung bzw. Markteinführung;

5. *Mitarbeitervertretung (Betriebsrat):* Kritische Überprüfung, ob persönliche Belange der Mitarbeiterinnen und Mitarbeiter durch die Systemeinführung tangiert und die gesetzlichen Vorschriften eingehalten sind.

6. *Projektleitung:* Solide Projektausstattung mit qualifiziertem Personal und hinreichendem Budget; kooperative Ansprechpartner auf der Kundenseite; Vorgabe der einzusetzenden Hilfsmittel und der Vorgehensweise an das Entwicklungsteam; Terminplanung.

7. *Gesetzgeber (indirekt):* Vorgabe von Gesetzen und Rechtsvorschriften.

Es ist eine wichtige Aufgabe des Analyse-Teams, alle Personen bzw. Vertreter von Personengruppen, die von der Systementwicklung oder -nutzung in irgendeiner Weise betroffen sind, die Stakeholder, ausfindig zu machen und deren Belange und Erwartungen aufzunehmen. Unterschiedliche Interessen müssen sich allerdings nicht immer harmonisch ergänzen. Ziel der Anforderungsanalyse ist es auch, Konflikte aufzudecken, zu klären und die Erwartungen aller Beteiligten in Einklang zu bringen – oder im unauflösbaren Konfliktfall eine definitive Entscheidung zu provozieren. In welchem Maße sich Betroffene berücksichtigt fühlen, kann maßgeblich zum Erfolg bzw. zum Scheitern beitragen. In Abschnitt 3.2 werden organisatorische Vorschläge für das Erschließen von Anforderungen vorgestellt.

Das Analyseteam muss ein Gespür für die Stakeholder und ihre Interessen mitbringen oder entwickeln. Für die fachlichen Anforderungen, die Basis, sind die späteren Nutzerinnen und Nutzer anhand der Handlungen im Anwendungsfeld ausfindig zu machen und vom Nutzen des Systems anschaulich zu überzeugen. Nach unserer Erfahrung ist es am effizientesten, wenn Sie sich zusammen mit der Fachseite in die Einsatzsituationen hineinversetzen, statt in formaler Weise etwa Checklisten abzuarbeiten; nur dann wird es Ihnen gelingen, die Verflechtungen – und die Interessenslage der Beteiligten – zu verstehen und die Anforderungsanalyse in die richtige, erfolgreiche Richtung voranzutreiben. Gruppen, deren Interessen ignoriert werden, sind als Risikofaktor einzustufen, da sie ggf. ein erhebliches Störpotenzial aufbauen könnten.

Klassifikation

Anforderungen wollen einen Rahmen für das zukünftige System abstecken. Sie können sich auf unterschiedliche Aspekte eines Software-Produktes und seiner Herstellung beziehen. Als Hilfestellung für ihre Erschließung, Formulierung, Bewältigung und Implementierung unterscheiden wir zwischen *sachlichen* (traditionell: *funktionalen;* auch: *sachlogischen) Anforderungen, qualitativen* (traditionell: *nicht-funktionalen) Anforderungen* und *Rahmenbedingungen* (vgl. Pohl, K.; Rupp, Chr. [2009], S. 16f).

1. Sachliche (funktionale, fachliche, sachlogische) Anforderungen

Sachliche Anforderungen spezifizieren, *was* das System zu leisten hat, also welche Dokumentationsdienste – gleich, wie sie mit welchen Qualitätseigenschaften später zu implementieren sind – es für die Leistungserbringung bereitstellen soll. Fehler in den sachlichen Anforderungen müssen als essenzielle Planungsfehler eingestuft werden; sie können im späteren Einsatz zu einem erheblichen Effizienzverlust führen, ihre Korrektur ist dann oft nur mit größerem Aufwand möglich (wie empirische Studien belegen).
Sachliche Anforderungen sind Projekt-spezifisch; sie hängen allein vom Anwendungsfeld und seiner Struktur ab. Wie man sich ihnen nähern kann und welche Schwierigkeiten damit behaftet sind, wird im folgenden Kapitel (vgl. insbesondere Abschnitt 3.2) ausgeführt. Die Kapitel 5 und 6 möchten für diesen als kritisch zu bewertenden Bereich Orientierungshilfe anbieten. Im Selbstverständnis der sachlichen Anforderungen verdichtet sich das Verständnis des gesamten Entwicklungsprozesses: Welche Form und welche konkrete Gestalt man ihnen gibt, welche Perspektive man unterlegt, bestimmt, wie man das Produkt bauen will.

2. *Qualitative (nicht-funktionale) Anforderungen*

Über die sachlichen Anforderungen hinausgehend schreiben qualitative Anforderungen (Qualitätsmerkmale im allgemeinen Sinne) vor, *wie* das System arbeiten soll bzw. in welcher Weise die sachlichen Anforderungen umzusetzen sind. Dazu zählen (ohne Anspruch auf Vollständigkeit)

a) *Qualitative Anforderungen an den Systemeinsatz* mit Vorgaben hinsichtlich

- der Verarbeitungsgeschwindigkeit bzw. des Antwortzeitverhaltens (Performance)
- des Aufbaus und der Gestaltungsmittel der graphischen Oberfläche (engl.: Graphical User Interface; GUI; z.B. Verwendung von Style Guides) und der begleitenden Hilfestellungen
- der adäquaten Reaktion auf fehlerhafte Bedienung und Behebung von Ausnahmesituationen; hinsichtlich des ersten Aspekts ist allerdings von einem Standard mit bestmöglicher Nutzerunterstützung auszugehen, so dass eine explizite Spezifikation meistens überflüssig (und störend) ist
- der Fähigkeit, effiziente Portierungen auf verschiedene Systemplattformen vornehmen zu können
- der *Systemarchitektur*; dazu sind unterschiedliche Konzepte bekannt, wie etwa das hierarchische Schichtenmodell, die Client-Server-Architektur oder die Service-orientierte Architektur etc.
- der *Einhaltung von Standards* bzgl. der formalen Gestaltung der Dokumente, des Programm-Codes, des Benutzerhandbuchs, Namenkonventionen etc.

b) *Qualitative Sicherheitsanforderungen* hinsichtlich
- der Sicherheit vor unberechtigtem Zugang (Zugangsabsicherung, Datenschutz)
- der Sicherheit vor Datenverlust (durch Hardware- oder Software-Defekte) mittels routinemäßiger Datensicherung oder Mehrfachspeicherung; Forderung nach periodischem Zwischenspeichern aktuell bearbeiteter Daten (Autosave)
- der Verfügbarkeit des Systems (Ausfallsicherheit; Fehlertolerantes System)

Qualitative Anforderungen sind universell, also Projekt-übergreifend formulierbar. Sie bzw. das abgeleitete Erhebungsschema lassen sich ggf. von einem Projekt auf ein anderes übertragen.

3. *Rahmenbedingungen*

Rahmenbedingungen sind feste Vorgaben, die nicht beeinflussbar sind, wie z.B.:

a) *Vorgaben des Auftraggebers an die Betriebsvoraussetzungen des Systems* bezüglich der Hardware und Systemsoftware (Betriebssystem; Datenbankmanagementsystem; Middleware etc.)

b) *Vorgaben des Auftraggebers an die Herstellung des Systems* hinsichtlich
- der *Vorgehensweise* in der Projektentwicklung (Phasen, Aufgaben, Berichte etc.)
- der *zu verwendenden Methoden, Sprache(n) und Entwicklungswerkzeuge/Tools*

c) *Gesetzliche Vorgaben*

d) Schnittstellen zu anderen Systemen

Zusammengefasst: Sachliche und qualitative Anforderungen sowie Rahmenbedingungen schreiben vor, was das System tun soll und wie bzw. womit es dies tun soll oder zu entwickeln ist. Vor allem qualitative Anforderungen sowie Rahmenbedingungen geben Festlegungen vor, die am Anfang eines Projektes im Lastenheft (Auftraggeberseite) bzw. im Pflichtenheft (Auftragnehmerseite) zu spezifizieren sind (vgl. Abschnitt 7.1). Sehr im Unterschied zu sachlichen Anforderungen eigenen sich beide Anforderungsarten sehr gut für den Einsatz von Checklisten und Spezifikationsmuster (Templates).

Wenn Sie fragen, welche Dokumentations- und Verwaltungsleistungen das System umfassen soll und welcher direkte Nutzen sich daraus ergibt, dann fragen Sie nach den sachlichen *Anforderungen; wenn Sie fragen,* wie, *mit welchen Mitteln und mit welchem Comfort diese Systemdienste zu erbringen sind, dann betrifft dies die* qualitativen *Anforderungen. Allerdings: Beide Aspekte sind aufeinander angewiesen; denn ein Systemdienst, ein ‚Was', ohne den Aspekt seiner Umsetzung, seines ‚Wie', ist kaum vorstellbar. Dennoch ist diese Unterscheidung hilfreich, weil sich die präzisen qualitativen Ansprüche später ergänzen lassen.*

Als die Programmsysteme noch als Ansammlungen von Nutzerfunktionen aufgefasst wurden, lag es nahe, zwischen funktionalen und nicht-funktionalen Anforderungen zu unterschieden. Diese Unterteilung kann allerdings zu Unsicherheiten führen. Zwischen einem Dokumentationsdienst und einem Hilfsdienst wie dem regelmäßigen Sichern gerade bearbeiteter Dokumente (Autosave) – beides ‚Funktionen' des Systems – besteht in unserer Sicht ein gravierender Unterschied. Die hier vorgeschlagene Einteilung trennt die Bezugsaspekte streng voneinander ab: Bei sachlichen Anforderungen steht das bestehende oder optimierte bzw. geplante Anwendungsfeld mit seiner Struktur – die *Sache* – im Zentrum; bei qualitativen Anforderungen stehen die technologischen Möglichkeiten, mithin die Erfahrungen der Entwicklerinnen und Entwickler, im Vordergrund.

Systeme sollten prinzipiell bestmöglich nach dem aktuellen Stand der Technik entwickelt werden. Nicht alle qualitativen Anforderungen, die in der Literatur erwähnt werden, verdienen es nach unserer Auffassung, erwähnt zu werden; so sind etwa explizite Forderungen nach *korrekter Verarbeitung, leichter Erlernbarkeit, guter Wartbarkeit* etc. eher als irritierend, wenn nicht sogar als kontraproduktiv zu bewerten – sie eine Selbstverständlichkeit für gute, sinnvolle Produkte. So ist eine Anwendung, die zur Eingabe von Identifikationsmerkmalen wie z.B. einer Kunden-Nr auffordert, als defizitär zu bewerten. Eine akzeptablen Lösung, wo die Kunden-Identifikation komfortabel als Auswahl aus einer (ggf. vorselektieren) Liste implementiert wird, ist einfacher und sicherer zu bedienen, was sich positiv auf das Filtern von Fehleingaben auswirkt.

Die Formulierung an sich selbstverständlicher qualitativer Anforderungen stellt den Wert der gesamten Anforderungsspezifikation in Frage. Oder würden Sie einem Architekten, der Ihr Wohnhaus plant, vorgeben, dass das Dach dicht und die Haustür auch abschließbar sein soll? Zwischen ‚Verhungern' und ‚Überfüttern' ist ein pragmatischer Weg zu wählen mit genau denjenigen Vorgaben, die nicht selbstverständlich sind und für die klar ist, wozu sie dienen – nur dann sind sie interessant und werden beachtet. Es sollten auch nur solche qualitativen Anforderungen Berücksichtigung finden, die sich später im Produkt eindeutig überprüfen lassen.

Anforderungsanalyse – wozu genau?

Auch Anforderungen müssen sich – wie ein Anwendungssystem und alles andere – in den Leistungskontext des Anwendungsfeldes einordnen: Wo und wie werden Anforderungen konkret genutzt? Deshalb thematisieren wir zum Schluss, welchen Nutzen wir von der Anforderungsanalyse erwarten, damit Software-Entwicklerinnen und Entwickler präzise wissen, wozu Anforderungen dienen und wie mit ihnen während des Systembaus umzugehen ist. Ein derartiges *Requirements Engineering des Requirements Engineerings* halten wir für notwendig, weil eine systematische Vorgehensweise sich stets des Sinns ihrer Anstrengungen bewusst sein sollte: Es sollte das Wissen vorherrschen, was genau zu tun ist und wozu es zu tun ist und wie das Ergebnis seinen Zweck erfüllt. Mit den Erwartungen an die Anforderungsspezifikation verhält es sich ähnlich wie mit den Erwartungen an ein zu bauendes Produkt: Es muss eine klare Vorstellung von ihrem Nutzen und von ihrer Verwendung im weiteren Entwicklungsprozess gegeben sein.

Mit Blick auf die sachlichen Anforderungen, ihr Zentrum, ermittelt die Anforderungsanalyse den Bedarf an Dokumentationsdiensten: die zu unterstützenden Handlungen, die Struktur des Dokumentationsinhalts und die dabei zu beachtenden Abhängigkeiten der Handlungen, wozu die Leistungskategorien Orientierungshilfe und Darstellungsmuster bieten. Am Ende wird als Resultat erwartet

1. ein klares *Verständnis des Anwendungsfeldes* und seines *Leistungsgefüges* einschließlich einer präzisen Abgrenzung; die IT-Dienste des Anwendungssystems lassen sich schließlich nur dann bestimmen, wenn die zu unterstützenden Handlungen bekannt und identifiziert sind;
2. die präzise *Strukturdarstellung des Leistungsgefüges*, gegliedert in Leistungsbereiche nach den Kategorien Produktionsprozess, Dienstleistungseinheit mit Dienstleistungsprozessen und Struktur-Management (vgl. Kapitel 5), diese Bereiche selbst sind in die Struktureinheiten elementarer bzw. komplexer Dienst aufzuteilen und deren Abhängigkeiten für die Nutzersteuerung des Systems aufzuzeigen;
3. die *Festlegung der Dokumentationsgegenstände*, die in den Elementardiensten benutzt oder dort erzeugt werden; genauer: die präzise Spezifikation der Informationsstruktur mit der Darstellung der Zusammenhänge zwischen den Informationsgegenständen, als Grundlage für die Herleitung der Datenbankstrukturen (Kapitel 6);
4. die textuelle Beschreibung der *Organisationskonzepte*, die dem Struktur-Management bzw. den Dienstleistungseinheiten unterlegt sind, sofern sie nicht als allgemein bekannt vorauszusetzen sind;
5. die *Formularstruktur* der (graphischen) Oberfläche für die jeweiligen Elementardienste;
6. die *qualitativen Anforderungen* und *Rahmenbedingungen*.

Die sachlichen Anforderungen entsprechen den Punkten (2) bis (5). In geeigneter (halbformaler) Form als **Modell** aufbereitet, ist diese Dokumentation als Bauplan zu verstehen, mit dem sich der weitere Entwicklungsprozess auf eine feste Bahn setzen lässt – mit einem eindeutig gegen die sachlichen Anforderungen überprüfbaren Ergebnis. Skeptisch beurteilen wir die allgemein anzutreffende – und wohl auch von der wissenschaftlichen Literatur unterstützte – Praxis, Anforderungen in Textform (ggf. nach einem bestimmten Format) zu beschreiben. Eine Liste von Anforderungen der Art ‚*Das System soll ... und unter der Voraussetzung ... dabei ... ausführen*‘ ist in einem komplexeren Projekte wohl kaum als bestmögliche Systemvorgabe anzusehen. Komplexe Zusammenhänge sind mit einer linear gestalteten Beschreibungsform wie den Texten und Listen nicht optimal darstellbar. Als Grundlage der Systementwicklung und insbesondere der Anforderungsspezifikation wurde in Abschnitt 2.1 die Struktur des Anwendungsfeldes angesprochen, die als Aufgliederung von Leistungsbereichen in elementare und komplexe Dienste und deren zeitlichen Abhängigkeiten aufgefasst wurde. Solche Zusammenhänge sind besser in der Form eines Graphen darstellbar, wozu in Kapitel 5 die Diagrammtypen der UML (vgl. Kapitel 4) benutzt werden. Dieser **Modellbegriff** versteht sich im Unterschied zur traditionellen Sichtweise *primär* als Darstellung der Strukturen des Anwendungsfeldes, des Systemfundaments, ungeachtet des geplanten System-Einsatzes (vgl. Abschnitt 4.7 sowie Kapitel 5)[4] – wohl wissend, dass damit grundlegende Strukturen des Systems, die keine Implementierung ignorieren darf, schon vorweggenommen und festgelegt sind; auf diesen Strukturen aufbauend lassen sich später die Informationsstrukturen und darauf aufbauend die Dokumentationsdienste sicher spezifizieren und technisch umsetzen (vgl. Kapitel 6). Deshalb sind die Strukturen des Anwendungsfeldes zum Modell des Softwaresystems zu zählen.

Warum zielen implementierte Funktionen manchmal am Bedarf vorbei? Auf der einen Seite haben Nutzerinnen und Nutzer oft große Schwierigkeiten, ihre Anforderungen hinreichend umfassend und präzise zu formulieren; die ‚natürlichen‘ Gründe dafür thematisiert Abschnitt 3.1 im nächsten Kapitel. Auf der anderen Seite konzentrieren sich Entwickler gern auf ihre technischen Kompetenzen, den Nutzen des Systems nicht immer im Auge behaltend. Wie lässt sich diese Kluft überwinden? Es wird dringend empfohlen, mit dem Erschließen der Handlungen, ihres Sinns und ihrer Zusammenhänge für das Analyse-Team eine gemeinsame Verständnisbasis zu erarbeiten, die auch mit der Fachabteilung geteilt werden kann. Erst dieses umfassende Reflektieren mit seinem Niederschlag in einer überschaubaren Darstellung, im Modell, kann Ihnen den Überblick und damit die Sicherheit liefern, das richtige System zu bauen. Warum sollten Sie mit Textbeschreibungen den Sprung über den Graben in der Mitte unterbrechen anstatt mit Hilfe einer verständlichen formalen Darstellung auf festem Boden anzukommen, was Ihnen später eine große Hilfe sein kann? Ein Modell stellt Zusammenhänge – zwischen Handlungen, zwischen Informationen – sehr übersichtlich in graphischer Form dar, im Unterschied zu (linear organisierten) Texten. Ein Anwendungssystem verwaltet ein Informationsgefüge, wo es vor allem auf den Zusammenhang der Informationen ankommt. Texte können ihren Fokus nur auf einzelne nacheinander aufgezählte Aspektdarstellungen und -zusammenhänge legen, ohne Überblick über das Ganze, mit der Gefahr mehrfacher und inkonsistenter Beschreibungen. Auch Architekten könnten den Grundriss einer Gebäudeebene textlich beschreiben, als Räume und deren Beziehungen über die Zwischenwände, aber irgendwann passen nach Planänderungen die Zwischenwände nicht mehr zusammen. Allerdings sind ergänzende Erläuterungen zu den Strukturen sehr zu empfehlen.

---

[4] Dieser Modellbegriff ist relativ nahe, wenn auch nicht identisch, zu den Ausführungen von M. Jackson [1995], p. 120f.

Wer sich auf diese Linie einlässt, braucht viel Geduld und darf kein ‚Code-Hungerleider' sein – wie vor allem auch Auftraggeber diesem Weg vertrauen sollten. Mangelndes Verständnis der Anwendungssysteme und hoher Erwartungsdruck tragen wesentlich zu den Schwierigkeiten in der Projektarbeit bei. Die Modelle müssen sich im Verlauf der Analyse immer wieder als zutreffend bewähren bzw. optimal (nach-) gestaltet werden. Leider wurde es von Entwicklerseite in früherer Zeit vernachlässigt, eine solide Planungsphase einzufordern – eine Selbstverständlichkeit in anderen Ingenieur-Disziplinen.

2.4   Anmerkungen

Vorgehensweise und Ausführungen dieses Kapitels wissen sich der philosophischen Richtung der Phänomenologie, die von Edmund Husserl begründet wurde, eng verbunden. Großen Einfluss auf die hier vertretene Auffassung haben die grundlegenden Werke Edmund Husserls wie auch die Ausführungen Wilhelm Schapps. Insbesondere wurde das auf René Descartes zurückgehende Verfahren der phänomenologischen Reduktion adaptiert. Bei unsicherer Erkenntnislage einer Disziplin, wenn die Argumentationsbasis noch nicht als evident gefestigt ist, sind alle Annahmen und Wertungen systematisch in Zweifel zu ziehen – bis auf jene Einsichten, die nicht zu umgehen und als gegeben zu betrachten sind. Damit wird eine Basis freigelegt und benannt, die als expliziter Bezug den Grund für alle anderen Argumentationen geben kann. In unserem Fall wurden die Unternehmensleistungen und deren Erbringung, das Anwendungsfeld, als absoluter Bezugspunkt bestimmt; Anwendungssysteme sind dort untergeordnete Hilfsmittel, deren Nutzen als Dokumentationsdienste aufzufassen ist.

Alle phänomenologischen Betrachtungen verweisen immer auf ihren perspektivischen Fluchtpunkt: das *Subjekt*, das sich der vollständigen wissenschaftlichen Beherrschbarkeit entzieht, und seine Beziehung zur *Sache*, zu der es sich nicht wertneutral oder gleichgültig, sondern mit einer *intentionalen Einstellung* verhält. Leistungen werden demnach als subjektive freie Wertsetzungen aufgefasst. Charakteristisch für phänomenologisches Analysieren ist die Betonung von Sinnzusammenhängen, eine ideale Orientierungshilfe für das Erschließen des Unternehmensgeschehens und seiner Dokumentation. So sind Informationen als zielgerichtete Informationen über Gegenstände zu verstehen, denen, wie den Gegenständen selbst, generell ein bestimmter Zweck unterlegt wird. Traditionell beschreibt die Anforderungsspezifikation, **was** das System leisten soll unter Ausblenden des **wie**; offen bleibt dabei, auf welchem Grund sich derartige Festlegungen verankern lassen. Sehr im Unterschied dazu lässt sich die Frage nach dem **wo, worüber** und **wozu** auf den Leistungskontext, die Basis, anschaulich und konkret zurückführen. In Konsequenz gehört für uns die Erschließung des Anwendungsfeldes jenseits aller IT-Aspekte, die Sache, zu den zentralen Aufgaben der Anforderungsspezifikation. Eine weitere Konsequenz des Subjekt-Bezugs ist darin zu sehen, dass dieses Buch versucht, eine strikte Trennung zwischen Personen und Sachen in allen Bereichen durchzuhalten und eine Verobjektivierung von Personen zu vermeiden.

Wie alle Handlungen grundsätzlich an den Unternehmensleistungen auszurichten sind, beziehen auch Anwendungssysteme aus diesem Kontext ihren Sinn – ebenso wie das Herstellen und Planen solcher Systeme. Entwicklungstätigkeiten sind als sinnvoll zu bezeichnen, wenn jeder Schritt sich in den Leistungskontext einordnen lässt. Auf diese Weise wird eine umfassende rationale Entwicklungsstrategie verfolgt, die den Nutzen der eingesetzten Mittel und Handlungen stets auf dieses Ziel hin zu legitimieren weiß. Die ersten Schritte einer allein auf die Sache konzentrierten ‚zielstrebigen Software-Entwicklung‘ sind mit der Erstellung eines Bauplans zu vollziehen (vgl. die Darstellungsmittel in Kapitel 5 und 6). Kapitel 3 stellt zuvor Aspekte der Erschließungsarbeit neutral und ohne Darstellungsfragen in den Mittelpunkt.

2.5   Zusammenfassung

Anforderungen sind Anforderungen von Interessengruppen an ein System, dessen ‚Natur‘, sein Zweck und Sinn, erst einmal geklärt werden musste: als optimale Dokumentationshilfsdienste für das Leistungsgeschehen im Anwendungsfeld. Und Anforderungen sind Vorlagen, nach denen das erwartete System mit einer Punktlandung zu entwickeln ist. Anforderungen bilden schließlich noch die Richtschnur, nach der die vereinbarten Systemleistungen nach der Implementierung später zu kontrollieren sind. Dieses Kapitel wollte das Grundverständnis für solche Systeme, ihren Sinn, erhellen helfen und damit eine Basis für die weiteren Schritte vorbereiten. Wenn bewusst ist, was ein System überhaupt leisten kann bzw. soll, lassen sich die präzisen Erwartungen daran, die Anforderungen, gezielt formulieren und implementieren.

Abschnitt 2.1 stellt die Unternehmensleistungen als Bezugsbasis aller folgenden Betrachtungen in den Mittelpunkt. Aufeinander abgestimmte, zusammenhängende Handlungen bilden Leistungsbereiche, die als Produktionsprozess mit interner Steuerung, als Dienstleistungseinheiten mit Dienstleistungsprozessen für externe Kunden bzw. externer Steuerung und als Struktur-Management zur Verwaltung statischer Organisationsstrukturen charakterisiert wurden. In sich abgeschlossene Handlungen mit einem gewissen nützlichen Zwischenergebnis werden in allen Kategorien als *Dienst* verstanden. Dienste können *elementar* sein, wenn sie sich nicht weiter untergliedern lassen; andernfalls, wenn sie aus mehreren Elementardiensten mit einer internen Steuerung bestehen, liegen *komplexe* Dienste vor. Ein elementarer Dienst in einem Produktionsprozess wurde oben auch als Arbeitsgang bezeichnet.

Der Unterschied zwischen den dynamischen Leistungskategorien *Produktionsprozess* und *Dienstleistungseinheit* auf der einen Seite und der statischen Kategorie *Struktur-Management* auf der anderen ist gravierend. Der erste Fall betrifft das faktische Geschehen, die Handlungen in der Leistungserbringung, der zweite die Strukturen selbst. In Gaitanides, M. [1983], S. 16, werden dazu passend die Ausführungen von E. Kosiol (Kosiol, E. [1962]) zitiert, wo die Ablauforganisation als „integrative“ oder „raumzeitliche“ Strukturierung der Arbeits- und Bewegungsvorgänge und die Aufbauorganisation als „strukturierende Gestaltung“ bezüglich institutioneller Probleme und Bestandsprobleme charakterisiert werden.

Anwendungssysteme unterstützen die betrieblichen Handlungen, indem sie für die Durchführung alle benötigten Informationen bereitstellen und das Ergebnis dokumentieren helfen

(Abschnitt 2.2). Bildlich wurde dabei den Systemen die Rolle von Hilfssekretären zugewiesen. Nur gleichförmige Handlungen erlauben es, die Informationen in einem fest vorgegebenen Format, ähnlich einem Formular, zu fassen, was für eine effiziente automatisierte Verarbeitung der Informationen notwendig ist.

Allgemeine Betrachtungen zum Themenbereich Anforderungen führt Abschnitt 2.3 aus. Ein Überblick beleuchtet die möglichen Personengruppen, die von einer Systementwicklung und -einführung betroffen sein könnten. Anforderungen werden dabei in sachliche (klassische Bezeichnung: funktionale) Anforderungen, qualitative (nicht-funktionale) Anforderungen und Rahmenbedingungen unterteilt. Schließlich sind an die Erhebung und Spezifikation von Anforderungen selbst gewisse Erwartungen gebunden, worauf unter Bezugnahme auf den Modellbegriff eingegangen wurde.

3 Erhebungstechniken

Alle Entwicklungsergebnisse und insbesondere die sachlichen Anforderungen sind auf der Struktur des Anwendungsfeldes zu gründen. Im strengen Sinne lässt sich die Vorgehensweise, der Weg, wohl kaum von dem zu erarbeitenden Ergebnis und seiner Darstellung, dem Ziel, trennen. Dennoch wird in diesem Kapitel zunächst nur der erste Aspekt behandelt, wobei die folgenden Kapitel, die den Strukturuntersuchungen gewidmet sind, auf diese Verschränkung noch näher eingehen.

3.1 Erschließung

Von außen betrachtet ist die Fragestellung recht einfach: Welche Leistungen werden in welchen Diensten (bei Produktionsprozessen: Arbeitsgängen) im Anwendungsfeld des zu bauenden Systems erbracht, welche Organisationsstrukturen werden benötigt? Die sachlichen (funktionalen) Anforderungen an das System halten dann fest, was über die Handlungen zu dokumentieren ist und welche Informationen man dort braucht, um die Leistungen anzustoßen bzw. um die Handlungen durchführen zu können. Die Schwierigkeit hierbei: Die täglich gelebte Arbeitswelt wird zum großen Teil nicht notwendigerweise bewusst wahrgenommen; *effizientes* Handeln setzt nicht bewusst *reflektiertes* Handeln voraus – ganz im Gegenteil. Dass es sich dabei um kein defizitäres, sondern um ein natürliches Phänomen handelt, ist als Randbedingung unseres Arbeitens zu akzeptieren. Dazu ist kurz der Begriff ,Wissen' im Kontext der Leistungserbringung abzugrenzen.

Menschen sind darauf angewiesen, die alltäglichen Tätigkeiten überwiegend unreflektiert, nach gewohnter Art, zu verrichten. Wir sind, im positiven Sinne, auf Routine angewiesen, die uns als bewährte Handlungsweise Halt zu geben vermag, sonst würde uns jede Orientierung verloren gehen. Unternehmen stützen sich notgedrungen darauf, dass der Alltag, das Erbringen von Leistungen, in gewohnten, sicheren – aber nicht notwendigerweise reflektierten – Bahnen verläuft. Wer sich ständig vergewissert, was er tut, kann nicht produktiv sein. Als Wissen verstehen wir deshalb nicht nur das bewusste Faktenwissen, das ähnlich wie in einem Automaten auf Ereignisse hin abrufbar und verarbeitbar ist, sondern auch jenes unreflektierte Wissen, wie man sich sicher im Alltag zu verhalten hat.

> *Wer an einer Rallye teilnimmt, sollte sich nicht ständig bewusst machen, was die einzelnen Pedale bedeuten und wie sie zu bedienen sind – die Rivalen fahren sonst davon bzw. die Gefahr wächst, bei zu vielem Nachdenken sogar im Graben zu landen. Vielleicht können Sie nach einem anstrengenden Meeting noch nicht einmal auf Anhieb*

sicher die Anordnung der Pedale (Bremse, Gas, Kupplung) in Ihrem Auto angeben.
Trotzdem werden Sie wahrscheinlich in der Lage sein, sich damit sicher zu bewegen.

In den Unternehmen wie im Privaten treffen wir gewachsene Ordnungen an, nach denen man sich tagtäglich verhält. Wir befolgen diese Ordnungen, weil gewohnte Handlungsabläufe uns das Leben erleichtern, selbst wenn sie vielleicht nicht immer optimal sind oder sogar als einengend oder hinderlich empfunden werden. Gewohnheiten geben uns das Gefühl, dass es gut gehen wird. Uns steht weder hinreichend Zeit zur Verfügung noch besitzen wir die intellektuelle Kapazität, um unsere Lebenswelt neu oder gar ständig neu zu erfinden oder bewusst zu organisieren, zumal mit dem Neuen immer auch Risiken und Unwägbarkeiten verbunden sind. Wir sind – leider oder zum Glück – niemals in der Lage, unsere Welt einer vollständigen, neutral bewerteten Reorganisation zu unterziehen.

Für unsere Aufgabe ist der obige Hinweis, dass sich ein Großteil unseres menschlichen Handelns ohne Reflexion vollzieht und sogar vollziehen muss, sehr wichtig, weil seine bewusste Akzeptanz sich entscheidend auf die Einstellung und die Weise auswirkt, wie die Anforderungsanalyse durchzuführen ist. Er markiert das Dilemma der Anforderungsanalyse: Entwicklerinnen und Entwickler können die Struktur des Anwendungsfeldes als Fachfremde nicht kennen und Anwenderinnen und Anwender haben als Fachleute Schwierigkeiten sie zu formulieren, weil diese Strukturen von ihnen auf bewährte Weise, ohne weiteren Reflexionsbedarf, im Alltag unmittelbar ,gelebt' werden; es fehlt die notwendige Distanz zum Geschehen, um es zu erkennen und zu beschreiben. Das alltägliche Geschehen ist selbstverständlich, und über Selbstverständlichkeiten braucht man nicht zu sprechen. Offensichtlich gibt es auf die Frage, wer Anforderungen an Anwendungssysteme spezifizieren sollte, keine einfache Antwort: Weder IT-Seite noch Fachseite sind für diese Aufgabe favorisiert – wie könnte dann der Ausweg aussehen?

Diese Ausführungen wollen vor einer an der Realität vorbei gehenden Einstellung warnen, dass sachliche Anforderungen anscheinend als Fleißarbeit problemlos von der Fachseite abrufbar seien. In der Geschichte der Software-Entwicklung hat es mancherlei Fehleinschätzungen gegeben. Vorherrschende Einstellung war zunächst, dass nur IT-Experten wissen können, was ein gutes Programm und was gut für Anwenderinnen und Anwender ist. Fehlschläge oder mangelnde Akzeptanz haben schließlich die Kehrtwende eingeleitet: Fortan war vor allem die Fachseite für die Spezifikation der sachlichen Anforderungen verantwortlich (ab den Achtziger Jahren). Einer der größten Irrtümer lag in der erwähnten fatalen Annahme, dass die Fachseite, mit den Strukturen des Anwendungsfeldes vertraut, die Anforderungen nur niederzuschreiben brauche – ein Irrtum, der für die gelegentlich zu beobachtenden Missverhältnisse zwischen beiden Seiten mitverantwortlich ist.

Wie aber ist das Strukturwissen zugänglich?

Menschen stehen ihrer Lebens- und Arbeitswelt nicht gleichgültig gegenüber, sondern verfolgen sie mit gewissen Absichten. Erst diese *intentionale Einstellung* gibt den Handlungen und Entscheidungen ihren Sinn, auch wenn dies nicht bewusst vollzogen wird (vgl. auch Abschnitt 2.4). Im letzten Kapitel wurde dazu ein Rahmen abgesteckt, wo Aktivitäten im Anwendungsfeld nur dann von Bedeutung sind, wenn sie sich in das Leistungsgefüge einordnen lassen. Für die sachlichen Anforderungen ist dann transparent zu machen, *was* die Personen im Anwendungsfeld tun und *wozu* sie dies tun bzw. in welchem übergreifenden Zusammenhang ihr Handeln steht; nützliche Systemdienste lassen sich nur für als nützlich erachtete Handlungen entwerfen. *Es wird deshalb als Aufgabe der Anforderungsanalyse gesehen, gemeinsam mit der Fachseite die inhärenten Strukturen, die unreflektierten Selbstverständlichkeiten des Alltags, aufzudecken und zu erschließen, etwa durch Befragen und Erzählen lassen.* Anforderungsanalyse kann als eine gemeinsame Anstrengung der Fach- und der Entwicklungsseite verstanden werden, wo das Analyseteam die Fachseite führt, um hinter die verdeckten Strukturen des Anwendungsfeldes zu kommen. (Zum Struktur-Begriff vgl. Abschnitt 2.1.) Dass es dabei kein ‚sicheres‘ Resultat wie in den positiven (Natur-) Wissenschaften geben kann, geht aus den Ausführungen hervor. ‚Sicherheit‘ ist hier in dem Sinne zu verstehen, dass sich die erarbeiteten Strukturerkenntnisse in einen Kontext einordnen lassen und sich immer wieder bewähren.

Obwohl die Perspektive schon in Kapitel 2 vorgestellt wurde, möchte dieser Abschnitt auf die Brisanz der Analysearbeit hinweisen; auf fatale Weise werden die hier anstehenden Probleme oft unterschätzt. Die Gründe dafür sind durchaus nachvollziehbar: Wir stehen in der Software-Entwicklung ständig in der Gefahr, aus Freude am kreativen Bauen eines Systems den Zweck aus den Augen zu verlieren – daher der ständige Hinweis auf das Ziel unserer Bemühungen. Am Anfang helfen uns weniger Ergebnisorientierte Handlungen und schnell vorzeigbare erste Entwicklungsergebnisse; vielmehr wird die Reflexion und Aufarbeitung der teilweise anonymen ‚Gegebenheiten‘ unverzichtbar sein. Um sie zu erschließen, muss ähnlich wie in der Psychoanalyse die Fachseite ‚auf der Couch‘ zum Erzählen gebracht werden. Was jedoch voraussetzt, dass unsere Kunden ein gewisses Verständnis für die Systementwicklung aufbringen – oder man es ihnen erst noch vermittelt.

Eine große Herausforderung der Strukturanalyse liegt in der mangelnden objektiven Überprüfbarkeit ihrer Ergebnisse. Erst wenn sich Ihre Einsichten in die Art, wie und wozu die Handlungen ausgeführt werden, bei allen Konfrontationen mit dem vielfältigen Unternehmensgeschehen immer wieder als zutreffend bewähren, können Sie (relativ) sicher sein, dass Ihre Strukturvorstellung adäquat ist.

Auch wenn sich unser aller Alltag in weiten Teilen mit eingeübten Gewohnheiten unreflektiert vollziehen muss, wird es doch von Zeit zu Zeit notwendig sein, gewachsene Strukturen auf ihre Effizienz hin kritisch zu überprüfen; denn Routine muss nicht notwendigerweise mit Effizienz gleichzusetzen sein. In unserem Fall des betrieblichen Umfeldes empfiehlt es sich, kritisch nach Effizienz-Optimierungen zu fragen. Wenn neue Anwendungssysteme eingeführt werden sollen, lässt sich eine Strukturanalyse nicht umgehen. Schlecht organisierte Abläufe mit behelfsmäßigen und redundanten Handlungen führen notgedrungen zu komplizierten Systemen. Deshalb ist es kein Zufall, dass die Reorganisation der betrieblichen Abläufe, das *Business (Re-) Engineering*, oft mit der Einführung neuer Systeme einhergeht. Organisationsoptimierung und Requirements Engineering gehen dann untrennbar ineinander über.

3.2   Erhebungs- und Abstimmungstechniken

Die Frage, ob Anforderungen an ein geplantes System bereits hinreichend präzise spezifiziert sind, haben Dean Leffingwell und Don Widrig (vgl. Leffingwell, D., Widrig, D. [2000], p. 83) mit der Frage nach den *unentdeckten Ruinen* in einem von antiken Völkern bewohnten Gebiet verglichen. Kaum ein anderes Bild kann die Lage, in der sich ein Analyse-Team zu Beginn befindet, und die Natur seiner Aufgabe so hervorragend veranschaulichen wie diese Parallele. Eine Orientierungshilfe für die ‚archäologische' Arbeit: Ein Anwendungssystem ist auf der Struktur seines Anwendungsfeldes – seiner Aufgliederung in kategorisierte Leistungsbereiche mit deren Handlungen (Elementardienste) und Handlungszusammenhängen – zu gründen. Sie aufzudecken und darzustellen ist die vorrangige Aufgabe des Analyse-Teams. Dabei verfolgen wir einen Top Down-Zugang, der die Handlungen vom Ganzen her zu verstehen versucht, um das betreffende Leistungsgefüge im Überblick zu behalten und besser beherrschen zu können, was wir später auf die Systementwicklung direkt übertragen und jedem Leistungsbereich seine Systemkomponente zuordnen.

Ergebnis der Anstrengungen ist das **Modell** mit der Strukturdarstellung der einzelnen Leistungsbereiche (vgl. Kapitel 5). Darauf aufbauend werden das **Informationsmodell** mit den Strukturen der zu verwaltenden Informationen und der **Aufbau der Nutzeroberfläche** (GUI) ermittelt (vgl. Kapitel 6). Die Formulierung der qualitativen Anforderung*en* verlangt dagegen nach technologischer Kompetenz und Projekterfahrung. Hier wird bestimmt, wie und nach welchen Verfahren die Dienste des Systems zu implementieren sind.

Die Struktur der Leistungserbringung zeigt Ihnen, was zu dokumentieren ist, damit die aufeinander abgestimmten (elementaren) Dienste ausgeführt werden können bzw. das Geschehen rekonstruierbar wird. Sie stehen dabei vor einem Balance-Akt: Für spätere Nachforschungen lassen sich sehr viele Details über die Handlungen festhalten, mit entsprechendem Dokumentationsaufwand; andererseits sind Informationen verloren, wenn man sie nicht zum aktuellen Zeitpunkt notiert. Wenn Sie erarbeitet haben, über was Sie Ihre Informationen festhalten und wozu dies nützlich ist, können Sie daraus präzise herleiten, wie die Dokumentationsdienste zu gestalten sind.

Die Erschließung des Anwendungsfeldes wird nicht ohne das persönliche Einbeziehen von Betroffenen möglich sein. Wichtig ist zu beachten, dass Ihre Gesprächspartner und -partnerinnen in den Fachabteilungen wie die meisten Menschen nur über wenig Zeit verfügen und dass Sie sie zuvor über den Sinn und Zweck der Treffen aufklären und das notwendige Interesse wecken.

3.2.1   Dokumentenanalyse

Die *Dokumentenanalyse* ist als Selbstverständlichkeit zu betrachten. Die Fachabteilungen stellen i.d.R. ohne größere Schwierigkeiten Unterlagen wie Beschreibungen, Formulare etc. zur Verfügung. Es darf jedoch nicht erwartet werden, dass die Dokumente in einem fesselnden Stil verfasst oder Formulare für Außenstehende leicht verständlich sind. Dennoch ist das

Studium vorhandener Unterlagen nützlich. Es ist deshalb ratsam, mit überschaubarem, begrenztem Aufwand damit früh zu beginnen und später gelegentlich darauf zurückzugreifen.

Die direkte Übertragung vorhandener Formularstrukturen auf ein neu zu konzipierendes System bewerten wir (bis auf legitimierte Ausnahmefälle) als wenig hilfreich bzw. als Irrweg. Die ehedem aufzuarbeitende Struktur des Leistungsgefüges lässt sich auf diesem Weg nicht erschließen.

Zur Dokumentenanalyse zählt auch die Untersuchung des Vorgängersystems und seiner Unterlagen, sofern noch vorhanden. Es ist anzunehmen, dass solche Systeme erhebliche Defizite aufweisen, andernfalls wäre ihr Ersatz nicht zu rechtfertigen. Wir empfehlen, auf solche Analysen zu verzichten bzw. den Aufwand dafür sehr stark einzuschränken; die Gefahr, dass dabei ggf. auch strukturelle Defizite in die Neukonzeption übertragen werden, sollte nicht unerwähnt bleiben.

Der Nutzen der Dokumentenanalyse ist hauptsächlich darin zu suchen, dass sie (offene) Stichpunkte des zu bearbeitenden Anwendungsfeldes liefert, die später mit anderen Techniken weiter zu bearbeiten sind. Das Analyse-Team lernt die Sprache der Fachseite mit ihren spezifischen Termini und Aspekte des Anwendungsfeldes kennen. Im günstigen Fall wird ein Überblick über das Leistungsgefüge mit einer Grobgliederung erreicht. Entsprechend kann keine Empfehlung gegeben werden, wie das Ergebnis der Dokumentenanalyse festzuhalten ist. Sieht man von informellen Notizen (*Offene Fragen, TODO-Liste, Glossar* etc.; s.u. Abschnitt 3.3) ab, besteht ihr Nutzen hauptsächlich darin, das Entwickler-Team für die unterschiedlichen Facetten des Anwendungsfeldes zu sensibilisieren. Nach dem Einsatz anderer Erhebungstechniken kann die (ggf. nochmalige) Sichtung der Dokumente die bereits erstellten Ergebnisse festigen bzw. ‚weiße Flecken‘ mit einem Klärungsbedarf markieren; ein fundiertes Verständnis ist davon allerdings nicht zu erwarten.

Beachten Sie bei Ihrer Terminplanung, dass die Unterlagen rechtzeitig angefordert werden und die Ansprechpartner frühzeitig Ihre Absichten kennen lernen. Auf Mitarbeit der Fachabteilungen sind Sie für die eigentliche Erschließung der Anwendungsfeldstrukturen später dringend angewiesen.

Ohne Vertrauensbasis wird kaum jemand sein Wissen mit Ihnen teilen wollen; es gibt viele Wege, uns ‚verhungern‘ zu lassen – oder in die Irre zu schicken. Vertrauensfördernd wird sein, wenn die Gesprächspartner eine realistische Vorstellung von der Gestaltung des Systems und seinen Auswirkungen vermittelt bekommen.

Mit dem Studium des Vorgängersystems lassen Sie sich auf Dokumentationsdienste ein, von denen Sie nicht wissen, ob sie das Geschehen adäquat widerspiegeln oder ob sie schlicht eine Fehlentwicklung sind. Der Versuch, hinter den Erfindungsreichtum unserer Entwicklerkollegen zu kommen, kann Sie an die Grenze der Verzweiflung führen (und manchmal darüber hinaus). Die Fehleranalyse und -korrektur eines Altsystems (bzw. einer Altlast) dürfte in vielen Fällen mehr Anstrengungen kosten als die unumgängliche Aufarbeitung des Anwendungsfeldes selbst.

3.2.2   Brainstorming

Mit *Brainstorming* suchen Interessierte gemeinsam in einer (frühen) ‚kreativen Phase' nach Einsatzsituationen und Randbedingungen. Wie der Name verdeutlicht, geht es um die (initiale) Sammlung von Ideen zu den vor allem sachlichen, aber auch qualitativen Anforderungen, die grob in Themenbereiche zu gliedern sind. Brainstorming ist gut geeignet, wenn komplexere Strukturen von Dienstleistungseinheiten (z.B. Personalwesen) oder von umfassenden Tools zu erschließen sind. Grundlegende Zusammenhänge für die spätere Entwicklungsarbeit sind dabei nicht näher zu untersuchen, dies würde den Rahmen sprengen; sie sollten notiert werden, wenn sie sich nebenbei einstellen. Brainstorming bietet eine gute Gelegenheit, die Beteiligten in das Projekt einzubinden, wobei sie ihre Vorstellungen zur Sprache bringen können. Als (informelle) Techniken bieten sich an:

- *Mind Mapping:* Ausgehend vom Problemzentrum in der Mitte der (Papier-) Fläche zeichnet man (Haupt-) Äste für die übergeordneten Themenbereiche, die mit nachgeordneten Ästen, den untergeordneten Themen, ergänzt werden. Die Darstellung ermöglicht es, Zusammenhänge graphisch gut zu veranschaulichen.
- *Pinnwand:* Die Beteiligten sammeln unter der Moderation eines Teilnehmers oder einer Teilnehmerin, ähnlich wie beim Mind Mapping, Stichpunkte für das Einsatzgebiet oder sonstige Randbedingungen. Jedes Mitglied der Sitzung erhält mehrere Karten (ggf. in unterschiedlichen Farben für unterschiedliche Aspekte), um darauf je einen Stichpunkt zu notieren. Der bzw. die Moderator(in) heftet die Zettel an eine große (Pinn-) Wand und gliedert sie in Themenbereiche.
- *Szenarien:* In einem Szenario wird eine Handlungsfolge, als typische oder als Sonderfall, von den Beteiligten durchgespielt und festgehalten. Szenarien helfen Fachfremden, sich dem Anwendungsfeld mit seinen Aspekten und Begriffen zu nähern, Einsichten in die Struktur können sie allerdings nicht liefern.

Andere Autoren empfehlen für das Brainstorming darüber hinaus *CRC-Karten* nach Kent Beck und Ward Cunningham (Beck, K.; Cunningham, W. [1989]): Auf einer Class-Responsibility-Collaboration-Karte (CRC-Karte; Format etwa als Karteikarte) tragen die Anwesenden Begriffe ein, die später als Klassenbezeichner zu verwenden sind; es wird die Verantwortlichkeit einer jeden Klasse (Responsibility) sowie die Zusammenarbeit mit anderen Klassen (Collaboration) festgehalten. Nach unserer Wertung lässt sich das Anwendungsfeld selbst damit nicht hinreichend gut aufarbeiten.

Brainstorming verlangt nach freier Entfaltung, dennoch sollte ein Mitglied der Teilnehmergruppe die Moderation übernehmen. Mehrere Personen können diese Rolle während der Sitzung abwechselnd einnehmen, damit nicht eine Person allein den Kreis dominiert. Es ist wichtig, dass die Sitzung bezüglich der Problemfelder gut, jedoch mit vertretbarem Aufwand, vorbereitet wird. Ein angemessener, nicht zu knapper und nicht zu umfangreicher Zeitrahmen (3 bis 4 Stunden) ist vorzusehen, damit sich die Beteiligten aufeinander einstellen können und die Konzentrationsfähigkeit erhalten bleibt. Neben den Anforderungsideen können und sollen offene Fragen und erste begriffliche Bezugsebenen und Begriffsabgrenzungen (für das Glossar; vgl. Abschnitt 3.3) notiert werden. Ergebnis ist lediglich eine (ggf. erweiterte) Stoffsammlung – keine Lösung(en), sondern offene Fragen, die zum ersten Mal die Projektaufgabe umfassender umreißen. Das Ergebnis ist anschließend in überarbeiteter (Text-) Form zu dokumentieren.

Als Moderator oder Moderatorin sollten Sie hauptsächlich Anregungen für die Systemanforderungen geben. Es ist zu erwarten, dass die Kommunikation am Anfang eher schleppend verläuft, die meisten Teilnehmer und Teilnehmerinnen befinden sich in einer ungewohnten Situation. Lassen Sie den Beteiligten genügend Freiraum; in akzeptablen Grenzen darf das Gesprächsthema ab und zu etwas abschweifen, schließlich wollen sich die Beteiligten auch persönlich kennen lernen. Wichtig ist, dass eine Vertrauensbasis für die Zusammenarbeit entsteht.

Ein zusammenhängendes Konzept oder eine systematische Erarbeitung von Zusammenhängen ist während der Sitzung nicht zu erarbeiten. Wenn sich Ihre Grobvorstellungen nicht bestätigen, sollten Sie die Schwachstellen notieren, ohne deren vollständige Beseitigung in diesem Vorstadium sofort anzustreben. Die resultierende Stoffsammlung kann als Fährte zu den ‚verbogenen Ruinen' dienen. Für die spätere Nacharbeit ist eine hierarchische Gliederung der Stichpunkte in Gruppen und Untergruppen empfehlenswert.

Bei größeren Projekten sind unterschiedliche Organisationseinheiten einzubeziehen – die nicht notwendigerweise die gleichen Interessen verfolgen müssen. Gemeinsame Treffen bergen die Gefahr in sich, dass der gewollte Freiraum von rivalisierenden Gruppen zur gegenseitigen Blockade genutzt wird. Deshalb: Veranstalten Sie zur Absicherung des Projektfortschritts zuerst Termine mit Teilnehmerinnen und Teilnehmern, von denen Sie eine homogene Interessenslage erwarten können. Als übergreifende Veranstaltung bietet sich später ein Workshop mit einem gut aufgearbeiteten Strukturwissen an, wo es geordneter zugeht.

3.2.3   Interviews

In *Interviews* wird ein kleiner Kreis von Ansprechpartnern, in der Regel eine oder zwei Personen, befragt. Sie sollten zielgerichtet geführt werden, bedürfen deshalb einer sorgfältigen Vorbereitung mit einer guten Gliederung der Gesprächsthemen. In der (unmittelbar anschließenden) Nacharbeit, die den eigentlichen Gewinn der Interviews liefert, ist ein Protokoll anzufertigen, das allen Beteiligten zu übermitteln ist und als Basis für die folgenden Termine dient. Es empfiehlt sich, gleichzeitig mit dem Abfassen des Protokolls die Fachbegriffe im Glossar zu fixieren sowie anstehende Aufgaben und sich einstellende offene Fragen festzuhalten (*Offene Fragen, TODO-Liste*; vgl. Abschnitt 3.3).

Interviews sind hervorragend geeignet, um gemeinsam mit der Fachseite die zu unterstützenden Handlungen aufzuspüren, ihren Sinn zu durchleuchten und vor allem ihre Zusammenhänge, also die Struktur des Anwendungsfeldes, an Hand von beispielhaften Abfolgen (Szenarien) aufzudecken. In Interviews kann sich der Interviewer bzw. die Interviewerin flexibel auf neue Aspekte oder Probleme einstellen – beste Rahmenbedingungen, um die Herausforderung der Anforderungsanalyse zu bewältigen. Wenn die Grundstruktur mit der Aufgliederung in Produktionsprozesse, Dienstleistungseinheiten oder Struktur-Management sicher erkannt wurde, sind die einzelnen zu unterstützenden Dienste bzw. Arbeitsgänge leicht zu ermitteln und in den Kontext einordnen (bzw. mit den noch zu besprechenden Notationen darstellen; vgl. Kapitel 5). Ohne die Anstrengung, den Sinn hinter den Handlungen und relevanten Informationen aufzudecken, gerät das Ergebnis eines Interviews zu einer hohlen Stoffsammlung von fraglichem Nutzen. Alle Wege und Sonderfälle der Leistungserbringung können und müssen besprochen und aufgezeigt werden. Für jeden Elementardienst wird darauf aufbauend der Informationsbedarf und Dokumentationsinhalt festgelegt; während des Gesprächs besteht gleichzeitig die Möglichkeit, die ,Fassade' des Anwendungssystems, seine graphische Oberfläche (GUI), nebenbei zu skizzieren. Eine solche ,Vision des Systems' kann die Neugierde – im guten Fall sogar Begeisterung – der Interview-Partner und -Partnerinnen hervorrufen. Relativ unproblematisch lassen sich die qualitativen Anforderungen während der Interviews erheben.

Das gemeinsame Gespräch über das Anwendungsfeld, ergänzt um den Lösungsvorschlag, ist der Raum, in dem *begriffliche Bezugsebenen* aufzuarbeiten und *Begriffsabklärungen* und *Begriffsfestlegungen* abzustimmen sind (vgl. Abschnitt 2.1). Die Vielschichtigkeit von Begriffen zeigt das folgende Beispiel: Mit dem Buch ,J.D. Ullman: *Database and Knowledge-Base Systems*, vol. I' kann in einer Bibliothek einerseits das konkrete Exemplar (Einzelgegenstand) mit der Signatur-Nr. M12.4-087 gemeint sein; alternativ zielt die Angabe aber auch auf den betreffenden Katalogtitel (allgemeiner Gegenstand), der mit mehreren Exemplaren bestückt sein könnte, ab. Zwar gehen wir im Alltagskontext problemlos mit Begriffen und ihren Bedeutungsebenen um; für die Analyse ist diese Differenzierungsarbeit – mit begleitender Begriffsfindung – jedoch eine zentrale Aufgabe, da Informationen über ihr jeweils eindeutiges Zielobjekt zu organisieren sind (vgl. auch Abschnitt 5.5).

Interviews können auch als Test genutzt werden, um durch gelegentliche diskrete Rückfragen die eigenen Vorstellungen gegen die Darstellungen der Gesprächspartner abzugleichen. Deshalb sind sie als hervorragendes (und wohl bestes) Mittel in kritischen Stadien der Analysephase einsetzbar. Sie erfordern eine hohe Konzentration von beiden Seiten, entsprechend ist ihr Zeitrahmen (1 bis 3 Stunden) einzuschränken. Natürlich wird sich im Normalfall das Anwendungsfeld kaum in einer einzigen Sitzung grundlegend aufarbeiten lassen. Mittlere und größere Projekte erfordern mehrere Interview-Durchgänge. Eine grobe Terminplanung ist dabei unverzichtbar.

Interviews genießen einen sehr hohen Stellenwert, wie unsere Studie Requirements Engineering (Studie Worms [2005]) gezeigt hat; mit keinem anderen Verfahren ist das Fachwissen so intensiv und sicher zugänglich. Allerdings hängt der Erfolg der Interviews wesentlich von dem gegenseitigen Verständnis und Vertrauen der Interview-Partner bzw. -Partnerinnen ab. Gute Zusammenarbeit lässt sich nicht erzwingen. Interviews, so harmlos sie nach außen hin erscheinen, verlangen eine Höchstleistung von Ihnen: Sie müssen für eine kurzweilige Atmosphäre sorgen und dabei einen offenen und kompetenten Eindruck vermitteln. Bis auf überprüfende Rückfragen oder Präzisierungen sollten Aspekte nur einmal behandelt werden, was nach einer optimalen Vor- und Nachbereitung verlangt. Angesichts des üblichen Zeitdrucks in den Fachabteilungen ist ein hohes Maß an Effizienz anzustreben.

Ein Interview ist erfolgreich, wenn bei Ihrem Partner der Eindruck entsteht, dass eine wertvolle Hilfe gebaut wird – und wenn er oder sie danach das eigene Fachgebiet mit neuen Augen betrachtet. In unserer Studie wurde als wichtiger Nutzen der Anforderungsanalyse gewertet, dass die Fachseite ihr eigenes Aufgabengebiet danach besser verstehe.

*Nach dem Termin ist das **Protokoll** zeitnah anzufertigen und an alle Beteiligten zu übermitteln. Hier wäre noch einmal die Plausibilität der eigenen Strukturvorstellungen zu überprüfen. Wenn Sie unsicher sind oder wenn die Bedeutung gewisser Begriffe nicht sicher ist, empfiehlt es sich, eine Liste mit **Offenen Fragen** zu führen. Die einzelnen Fragen lassen sich später per Mail oder beim nächsten Termin klären. Oft fallen bei der Nacharbeit weitere Aufgaben und durchzuführende Aktionen auf, was mit einer **Aufgabenliste** (TODO-Liste; vgl. Abschnitt 3.3) zu verwalten ist.*

*Souverän wirkt, wer den Überblick behält und die Handlungen in den Leistungskontext einzuordnen vermag. Die relevanten Dokumentationsgegenstände ergeben sich aus dem Verständnis der Handlungen nahezu von selbst; gleichzeitig können Sie dazu die Nutzeroberfläche (GUI) grob auf Papier skizzieren. Mit der Analyse der zeitlichen Abhängigkeiten erarbeiten Sie die **Struktur des Anwendungsfeldes**, kategorisiert nach den drei Alternativen. Während der Nacharbeit der Interviews ist das Ergebnis schrittweise in das **Modell** (mit den in den nächsten Kapiteln vorzustellenden Notationen) einzuarbeiten. Das Modell ist später die wichtigste Grundlage für den technischen Aufbau des Systems und für dessen Umsetzung in Programm-Code.*

Gelegentlich kann der Blick für den Gesamtzusammenhang verloren gehen – ein natürliches Phänomen. Dann sollten Sie auf ‚sicherem Terrain‘ wieder starten und von dort aus den unsicheren Fragekomplex angehen, bevor Sie sich in Details verlieren. Offene, ungeklärte Probleme sind zählebig – sie lösen sich niemals von selbst auf! Je später sie angegangen werden, desto aufwändiger wird ihre Lösung.

3.2.4 Workshops

Workshops sind gut organisierte Veranstaltungen, die zu einem Arbeitsergebnis bzw. zur definitiven Konsensfindung führen sollen. Wenn das avisierte Anwendungsfeld mehrere Organisationseinheiten oder unterschiedliche Gruppen tangiert, bieten Workshops zu Beginn des Projektes eine Chance, Vorgehensweise und den Rahmen verbindlich abzustimmen. Später, gegen Ende der Analyse, besteht die Gelegenheit, den Gesamtplan vorzustellen und abzustimmen bzw. letzte Änderungen einzuarbeiten; hier muss die Struktur des Anwendungsfeldes bereits bestmöglich aufbereitet sein. In einem Workshop sind Personen aus den verschiedenen Interessengruppen (Stakeholder wie etwa Mitglieder der Analyse-, Entwicklungs-Teams sowie der Systembetreuung; Vertreter der Fachabteilung, des Auftraggebers und ggf. von spezifischen Interessens- und Funktionsbereichen wie Datenschutz, Betriebsrat etc) mit hinreichender Entscheidungskompetenzen an einen Tisch zu bringen, um einen Konsens über das Vorgehen bzw. über die Systemkonzeption zu finden. Die zu behandelnden Themen sind allen Beteiligten zuvor mitzuteilen. Die Systemvision, Idee und Konzept der Vorgehensweise bzw. später der Systemumfang, Systemvarianten, die einzusetzende

Technologie für die Entwicklung und den späteren Einsatz (die Produktion) oder andere Randbedingungen können erörtert und zur Entscheidung gebracht werden. Insbesondere die folgenden Weichenstellungen verlangen nach einer generellen verbindlichen Festlegung:

- Akzeptanz der Vorgehensweise
- Abgrenzung des Anwendungsfeldes
- Festlegung der Technologie und der qualitativen Anforderungen
- Abschließende Fixierung der Anforderungen und Prioritätensetzung.

Es liegt in der Natur der Sache, dass Workshops einen besonderen zeitlichen und örtlichen Rahmen (1 bis 2 Tage) brauchen. Workshops müssen, was die Themen und den Einsatz geeigneter Medien angeht, mit einer gut durchdachten Regie bestens vorbereitet sein, schließlich ist ein verbindliches Ergebnis das Ziel. Dies schließt auch die rechtzeitige Einladung der Beteiligten mit Agenda und vorbereitenden Informationen mit ein. Es ist ein gut gegliedertes Veranstaltungsprogramm zu entwickeln, mit Beiträgen und Diskussionsrunden einschließlich ihrer Leitung. Eine intensive Arbeitsatmosphäre verlangt außerdem danach, dass ein gewisser Freiraum für direkte persönliche Gespräche vorgesehen wird.

Das Ergebnis des Workshops ist aufzubereiten und den Beteiligten und Verantwortlichen zu übermitteln.

Natürlich kann in solchen Veranstaltungen, wo viele Personen mit unterschiedlichen Interessen zusammenkommen, manches schief gehen. Um den Erfolg abzusichern, benötigen Sie einen guten Überblick; bei abschließenden Workshops müssen die aufgearbeiteten Strukturen des Anwendungsfeldes deshalb bereits in ‚trockenen Tüchern‘ sein. Sie brauchen ein Gefühl dafür, für welche Themen wie viel Bedarf an Austausch und Abstimmung besteht. Ergänzend zur offiziellen Tagesordnung können Sie in Ihrer Regie Kompensationsmaßnahmen bei Zeitüberschreitungen oder Lücken vorsehen. Nach dem Workshop sollten alle Teilnehmer und Teilnehmerinnen einen vertrauten Eindruck über das Projekt oder das zukünftige System mit nach Hause nehmen. Wegen ihrer Effektivität sind Workshops nach unserer Studie (Studie Worms [2005]) sehr beliebt, wenn auch nur an zweiter Stelle hinter den Interviews.

3.2.5   Fragebogen

Der Einsatz von *Fragebögen* gibt einen festen, statischen Rahmen vor. Für die Aufarbeitung der Anwendungsfeldstruktur im Bereich der dynamischen Leistungskategorien dürften sie weniger gut geeignet sein, da die zu befragenden ‚Ruinen‘ noch gar nicht entdeckt sind; schließlich kann man nur nach etwas fragen, das man schon kennt.

Fragebögen sind gut geeignet, wenn der Kontext der Fragen klar abgesteckt ist, etwa bei qualitativen Anforderungen. Dieses Instrument ist sehr effizient einsetzbar, um Vorgaben zu technologischen Randbedingungen wie die einzusetzende Systemsoftware (Betriebssystem, Datenbankmanagementsystem, Middleware), die Entwicklungswerkzeuge (Spracheditoren, CASE-Tools etc) oder die Systemplattform für den Betrieb zu erheben. Sachliche Anforderungen lassen sich damit nur dann erschließen, wenn sowohl Fragesteller (Analyse-Team) als auch Befragte (Fachseite) gemeinsame, klare Vorstellungen über das Einsatzgebiet und die Dienste des Systems besitzen, was bei Einsatzgebieten von der Kategorie Struktur-Management, etwa bei der Entwicklung von Tools, gegeben sein kann. Fragebögen sind geeignet, Alternativvorschläge zu evaluieren oder den Funktionsumfang abzugrenzen.

Der Entwurf eines Fragebogens erfordert einen sehr hohen, nicht zu unterschätzenden Aufwand – er muss vollständig sein und der erste Einsatzversuch muss gelingen; Fragebögen lohnen sich, wenn sehr viele Adressaten anzusprechen oder wenn sie wieder verwendbar sind, was (nur) bei qualitativen Anforderungen möglich ist. Anders als bei Interviews lässt die starre Form kaum Möglichkeiten für flexible Anpassungen der Fragen oder für Ergänzungen zu. Fragebögen sind leicht reproduzierbar; über Mail-Versand sind sie auch bei einem größeren Adressatenankreis kostengünstig nutzbar. *Offene Fragebögen* fordern die Befragten zu freien Formulierungen über bestimmte Aspekte auf. In solchen Fällen ist allerdings mit einem höheren Auswertungsaufwand bzw. mit nicht eindeutig interpretierbaren Aussagen zu rechen. Insgesamt sollte der Einsatz von Fragebögen wohl abgewogen werden, da sie in gewissen Fällen sehr hilfreich, in anderen eher hinderlich sein können.

Interessante Projekte zeichnen sich durch eine Aufbruchstimmung ins Unbekannte aus – in ein fremdes Anwendungsfeld. Ohne Unterstützung der Fachseite ist man dabei hilflos verloren. Daher genießen nach unserer Studie (Studie Worms [2005]) Fragebögen für die Anforderungsanalyse keine sehr große Wertschätzung. Fragebögen liefern auf einen Schlag ein Ergebnis, wo Nacherhebungen eher störenden Charakter haben. Haben Sie ein klares Verständnis von der Struktur des Leistungsgefüges und sind viele Personen zur Ausgestaltung des Systems zu befragen, können Fragbögen herangezogen werden. Auch wenn ein Katalog mit vorgegebenen Qualitätsmerkmalen abzufragen ist, bietet sich eine gute Einsatzmöglichkeit an. Anregungen und freie Äußerungen sollten Sie nur in begrenzten Maße einräumen; andernfalls droht Ihnen eine kaum zu strukturierende Vielfalt von Aussagen.

Der Anhang liefert einen Überblick über die hier vorgestellten Erhebungstechniken.

3.3 Empfehlungen – Studienergebnisse

Dieser Abschnitt möchte auf eher alltägliche, leicht zu übersehende Einflussfaktoren hinweisen, deren Missachtung den Projekterfolg erheblich gefährden kann, sowie nützliche organisatorische Hilfen gegeben. Wir stützen unsere Ausführungen auf die Ergebnisse der **Studie 'Requirements Engineering'** (Studie Worms [2005]), die im WS 2004/2005 an der Fachhochschule Worms durchgeführt wurde, und an der dankenswerterweise mehr als 20 Interview-Partner, alle mit der Entwicklung oder Betreuung von Anwendungssystemen betraut, aus sehr unterschiedlichen Unternehmen – kleine Software-Hersteller bis international operierende Konzerne – teilnahmen.

Einflussfaktoren

- *Budget:* Solide Arbeit braucht Zeit und kostet Geld. Um den Gesamtaufwand in der Initialphase eines Projektes relativ realistisch schätzen zu können, ist hinreichend Erfahrung notwendig. Es empfiehlt sich, den Einflussfaktor ‚Budget' in offener Weise mit dem Auftraggeber zu erörtern, um überzogenen Erwartungen von vornherein entgegenzuwirken und um das – allgemein notwendige – Vertrauensverhältnis nicht zu untergraben. Nach unserer Studie schätzen Projekt-erfahrene Fachleute eine zu schwache Budgetierung als mittelschweren Risikofaktor für den Projekterfolg ein.
- *Zusammenarbeit:* Grundsätzlich kann jede Bitte um Auskunft, um Zusammenarbeit oder um die Bereitstellung von Dokumenten als störende Belästigung empfunden werden, sofern der Nutzen des zukünftigen Systems und der dazu vorbereitenden Anforderungsanalyse nicht transparent wird. Gute Vorbereitung und ein hohes Maß an Einfühlungsvermögen in sachliche und persönliche Belange der involvierten Personen sind deshalb bei den Kontakten unverzichtbare Voraussetzungen für ein gutes Gelingen.
- *Die Lösung suchen – nicht präsentieren:* Für Entwicklungsprojekte in Leistungsbreichen, die vorrangig den dynamischen Kategorien zuzuordnen sind, geht es weniger um die Übertragung vorhandener Lösungen als vielmehr um spezifische Entwicklungen oder aufwändige Anpassungen von Standard-Softwaresystemen an individuelle Gegebenheiten. Entwickler stehen gelegentlich in der Gefahr, ihre Lösungen bereits vor dem Erschließen der Anwendungsfeldstruktur zu favorisieren, mit entsprechender Verengung des Blicks. Technische Kompetenz zeichnet sich durch Konzentration auf die Gegebenheiten des Anwendungsfeldes aus, weniger durch schnelle Code-Erfolge.
- *Prioritäten setzen:* Gegen Ende der Anforderungsanalyse kommt es nicht nur auf eine gute Aufarbeitung und Darstellung der Anforderungen an, sondern auch auf deren Gewichtung. Für ein geordnetes Vorgehen ist die Priorisierung (vgl. auch Abschnitt 7.3) sehr wichtig. In unserer Studie werteten die Befragten eine mangelnde Priorisierung als negativen Einflussfaktor mittlerer Schwere auf den Projekterfolg.

Allgemeine organisatorische Empfehlungen

- Liste ‚**Offene Fragen**' führen (und pflegen), Anordnung der Eintragungen nach Datum oder nach (ggf. hierarchisch gegliederten) Themenbereichen.
- **TODO-Liste** führen (und pflegen)
- **Glossar** für alle nicht allgemein geläufigen Begriffe organisieren; viele Begriffe können sich, wie gezeigt wurde, auf unterschiedliche Bedeutungsebenen beziehen. Es muss eine eindeutige Begriffswahl (gelegentlich mit künstlichen Begriffsfindungen) getroffen und im Glossar fixiert werden. Falls ein *Repository* im Einsatz ist, ist das Glossar dort zu verwalten.
- *Zeitnahe* **Protokolle** nach allen Veranstaltungen oder Treffen anfertigen; markieren Sie unsichere Aspekte, die Ihnen während der Protokoll-Erstellung auffallen, und übertragen Sie diese in die Liste ‚**Offene Fragen**'.

- *Form der Dokumente:* Konzepte, Entwürfe und sonstige Dokumente sind mit Autor (ggf. Namenskürzel), Status und Datum (ggf. als Bestandteil des Dateinamens) zu versehen (vgl. auch Abschnitt 7.3).
- *Projekt-übergreifend:* **Checklisten** für **qualitative Anforderungen** und **Rahmenbedingungen**

Achten Sie immer wieder – ganz bewusst – auf die Zusammenhänge, auf den Sinn. Der primäre Blick sollte den eigentlichen Handlungen im Anwendungsfeld und den Leistungen gelten, erst danach können Sie fragen, was das System dafür an Dokumentationsdiensten anbieten kann. Es ist, wie erwähnt, ganz natürlich, dass Ihnen der Blick und der Sinn für das Ganze während des Detailstudiums auch einmal verloren gehen kann – hier ist entsprechend gegenzusteuern.

Weitere Risikofaktoren

Befragt nach möglichen Risikofaktoren des Entwicklungsprozesses, wurden folgende Wertungen in der *Studie* abgegeben:

- Als besonders negativ fielen ‚*sich ständig ändernde Anforderungen*' auf. Es ist offensichtlich, dass die Implementierung dann aufwändiger und kaum planbar wird, wenn sich die Produktvorstellungen ständig ändern, zumal davon oft mehrere Bauteile (Komponenten, Klassen) mit der entsprechenden Schnittstellenproblematik betroffen sind. Deshalb ist es wichtig, den Anforderungen einen festen Halt, der für uns in der Struktur des Anwendungsfeldes liegt, zu gegeben, auch wenn Anpassungen wohl nicht zu vermeiden sind. Die Skizze oder Implementierung und Präsentation der Nutzeroberfläche ist als vertrauensbildende Maßnahme gut geeignet.
  Während der Erhebung und Modellierung der Anforderungen lassen sich Änderungen noch relativ leicht nachtragen. Mit wachsendem Projektfortschritt ist mit einem immer größer werdenden Aufwand für das Einarbeiten von Änderungen zu rechnen, was den Beteiligten zu verdeutlichen ist. Dies gilt insbesondere für Änderungen, die erst nach Beginn der Implementierung eingebracht werden.

  Jede Änderung nach Beginn der Implementierung ist eine Änderung zuviel. Daher lohnt sich der Aufwand, im Vorfeld ein klares und sicheres Verständnis zu erarbeiten.

- Als zweit- bzw. drittwichtigste Ursache (mit gleicher Wertung) für Misserfolge wurde der Befund genannt, dass ‚die Fachseite ihre Anforderungen nicht hinreichend gut erklären kann' bzw. ‚Missverständnisse zwischen Fachseite und Analyse-Team auftreten'. Abhilfe schaffen kann am besten ein gemeinsames Verständnis des Anwendungsfeldes, seine präzise Beschreibung als Modell (vgl. Kapitel 4 bis 6).

Als weitere negative Einflussfaktoren wurden schließlich bewertet (in entsprechender Reihenfolge): ‚*Sehr hoher Erwartungsdruck, schnell etwas vorzuzeigen*', ‚*eine unverständliche Darstellung der Anforderungen*' sowie ‚*Missverständnisse allgemein (z.B. mangelnde Differenzierung der unterschiedlichen Bedeutungsebenen, Mehrdeutigkeit der Begriffe etc)*'. Deshalb ist unbedingt eine gemeinsam erarbeitete, auch sprachlich gestützte Verständigungsbasis anzustreben, auf der eine gemeinsame präzise Vorstellung der Systemunterstützung gelingen kann.

3.4   Anmerkungen

Ohne hinreichend genaue und eindeutige Vorgaben kann es keine Punktlandung in der Systementwicklung geben, womit die optimale Unterstützung der Leistungserbringung durch IT-Dienste gemeint ist. Auf die Schwierigkeiten, die mit dem Verständnis des Leistungskontextes und folglich der Formulierung der Vorgaben verbunden sind, wollte Abschnitt 3.1 hinweisen. Entsprechend unserer phänomenologischen Ausrichtung ist allen Beteiligten eine intentionale Einstellung zum Geschehen – zur Leistungserbringung, zum Systemeinsatz wie zu dessen Entwicklung – zu unterstellen, was bereits als intellektuelle Leistung des Subjekts, die nicht notwendigerweise einer reflektierten Leistung entspricht, aufzufassen ist. Ob unbewusst vollzogen oder bewusst reflektiert, Handlungen gewinnen immer nur von den Erwartungen her, die ihnen unterlegt sind, ihren Sinn, wie auch die Handlungen immer nur in ihrem Zusammenhang eine Bedeutung gewinnen, niemals aber für sich isoliert. Der Zugang zu den Systemanforderungen muss nach unserer Auffassung vage oder zweifelhaft bleiben, solange den Anwendungssystemen nicht eine bestimmte sinnvolle Rolle in diesem Kontext zugewiesen wird. Kapitel 2 wollte dazu eine mögliche Perspektive anbieten, die vor allem das involvierte Subjekt in den Mittelpunkt stellt.

Auf allgemeine Probleme der Anforderungserschließung, wie sie in Abschnitt 3.1 angesprochen wurden, gehen sehr ausführlich Leffingwell, D.; Widrig, D. [2000] ein; ihr Buch gibt aufschlussreich Auskunft über die unterschiedlichen Facetten der Erhebungstechniken, angereichert um viele interessante Erfahrungsnotizen. In der Literatur sind bisweilen weitere Techniken erwähnt, die wir aber als weniger relevant einstufen. *Beobachtungen* im Anwendungsfeld dürften in kaum einem Fall hinreichend aufschlussreiche Strukturerkenntnisse liefern; ähnlich wird davon ausgegangen, dass bei gründlicher systematischer Aufarbeitung der Anwendungsfeldstruktur die Struktur der GUI sich mit einfachen Mitteln skizzieren lässt und das *Prototyping* mithin nur geringe Vorteile bringt. Septisch stehen wir ebenfalls *Rollenspielen* und *Drehbüchern* (*Storyboards*) gegenüber. In der Literatur werden als Erhebungstechnik gelegentlich auch *Use Cases* aufgeführt, die wir jedoch in den Bereich der Darstellungstechniken einordnen (vgl. die Abschnitte 4.3 und 5.2).

In der Einstellung zum Requirements Engineering spiegelt sich die gesamte Konzeption des Software Engineerings wider. Zur Klärung und Festigung der Verständnisbasis stützen wir uns weniger auf erprobte Verfahren oder empirisch gestützte Vorschläge, sondern auf die ‚Sache‘ selbst, das Leistungsgefüge und seine Struktur, auf der alle weiteren Schritte wie z.B. die Formulierung der Systemanforderungen im Sinne einer rationalen Vorgehensweise zu gründen sind. Deshalb sieht unser Lösungsweg vor, mit einer bewussten Einstellung zuerst einmal die verborgenen Leistungsstrukturen aufzudecken um darauf aufbauend zu bestimmen, was das System leisten soll. Hilfsmittel für diese archäologische Arbeit wollte Abschnitt 3.2 bieten.

Natürlich kann man ‚einfach so‘, ohne das reflektierende Moment, entwickeln – Erfolge dabei nicht ausgeschlossen. Eine rationale, auf Argumente gestützte Auseinandersetzung dürfte damit aber kaum möglich sein. Große, interessante Projekte, wo das Gelingen der Anforderungsanalyse für den Projekterfolg entscheiden ist, bergen die Gefahr in sich, dass die Übersicht und der Blick für die Lösung verloren geht. Die Sinnfrage lässt Sie ‚zur Sache‘ zurückkehren und bewahrt Sie davor, Entwicklung um der Entwicklung willen zu treiben. Und sie bewahrt Sie vor falscher Selbstsicherheit: Sinn ist niemals objektiv zu fixieren, er hängt vom gegenseitigen Verständnis der Beteiligten ab, das sich immer wieder zu bewähren hat. Der Nutzen solcher kritischen Reflexionen zeigt sich am Ende, in dem konsequent entwickelten System. Leider kommt in Projekten, in denen oft mehr auf handfeste vorzeigbare Ergebnisse geachtet wird, diesem Aspekt nicht die gebührende Wertschätzung zu.

Unser Ansatz ist als ganzheitlicher Zugang zur Anwendungsentwicklung angelegt. Deshalb bewerten wir direkte Anleitungen und Empfehlungen wie etwa Checklisten für Praktiker zur Erschließung der sachlichen Anforderungen mit großer Skepsis; sie können auf isolierte (formale) Qualitätsaspekte hinweisen, an den (substanziellen) Sinnzusammenhängen des konkreten Geschehens zielen sie jedoch vorbei.

So wie Informationen im Anwendungsfeld stets mit einem Zweck verbunden sind – als Informationen *über* Gegenstände oder Sachverhalte und *für* gewisse (mögliche) Handlungen –, so ist auch der Sinn der Anforderungsdokumentation aufzufassen: Als Vorlage über erarbeitete Strukturen und als präzise Vorgaben für den Systembau. Aber welche Form ist für deren Darstellung, das Modell, zu wählen? Für die Modellierung stellt das nächste Kapitel die ‚Sprachmittel‘ der *Unified Modeling Language* (UML) vor. Wie sich unsere Perspektive damit unterstützen lässt, behandelt Kapitel 5, wo die Darstellung der (IT-fernen) Leistungskategorien mit der UML behandelt wird. Ziel ist es, die Strukturen des Anwendungsfeldes in die Strukturen des Anwendungssystems nahtlos und nachvollziehbar zu übertragen. Beide Strukturaspekte, derjenige des Anwendungsfeldes und derjenige des Softwaresystems, lassen sich in Einklang miteinander bringen, weil beide unter einer einzigen und daher einheitlichen Perspektive betrachtet werden: als Leistungen.

3.5 Zusammenfassung

Auf die besonderen Schwierigkeiten, die sich bei der Erschließung der Anwendungsfeldstrukturen entgegenstellen, weil Wissen nicht notwendigerweise als abrufbares Wissen zu verstehen ist, wollte Abschnitt 3.1 hinweisen. Es wird dort empfohlen, weniger eine rezeptartige, formalisierte Vorgehensweise anzuwenden als vielmehr von ‚Mensch zu Mensch‘ auf die beteiligten Personen einzugehen, etwa indem sie über die Handlungen im Anwendungsfeld, ihren Zweck und ihre Zusammenhänge in Interviews erzählen. Der folgende Abschnitt 3.2 stellt die Erhebungstechniken *Dokumentenanalyse*, *Brainstorming*, *Interviews*, *Workshops* und *Fragebogen* mit ihren Vor- und Nachteilen vor.

Praktische Hinweise finden sich in Abschnitt 3.3, der auf einige Ergebnisse einer Studie eingeht, die 2004/2005 an der Fachhochschule Worms durchgeführt wurde. Auf der Basis eines umfassenden Fragebogens wurden in der Studie etwa 20 Vertreter aus dem Bereich Software-Entwicklung zu Schwierigkeiten bei der Anforderungserhebung und zu ihrer Wertung der Erhebungstechniken befragt.

4 UML

Die *Unified Modeling Language, aktuelle Version 2.3, (UML2.3)* gilt im Software Enginee-ring als Standard-Modellierungssprache. In diesem Kapitel soll zunächst eine ‚neutrale' Vorstellung erfolgen. Wir greifen in Kapitel 5 auf gewisse Beschreibungsmittel der UML zurück, um jenseits der Software-Aspekte auch die Leistungsstrukturen des Anwendungsfel-des darzustellen. Kapitel 6 nutzt diese Vorlage, um darauf aufbauend die Informationsstruk-turen in der Form von UML-Klassendiagrammen zu entwickeln.

Die UML basiert auf der Objekt-orientierten Sichtweise, die zum besseren Verständnis zuvor kurz erläutert werden soll.

4.1   Objekt-Orientierte Software-Entwicklung

Frühere Entwicklungsansätze fanden ihren Schwerpunkt jeweils entweder in der Strukturie-rung der Funktionalität oder der Strukturierung der Informationen. Mit der Objekt-orientierten Software-Entwicklung, aufbauend auf den Objekt-orientierten Sprachen Simula, Smalltalk und C++ etc., kommt ein bestechend neues Konzept auf: Daten und die darauf arbeitenden Algorithmen sind als eine geschlossene, untrennbare Einheit zu verstehen, er-gänzt um das Konzept der *Vererbung*. Die lesenden, ändernden oder sonstigen algorithmi-schen Zugriffe auf die Daten eines Objektes, die Ausprägungen von *Attributen* (auch: *Merk-malen*Attribut) entsprechen, sind allein über die realisierten Funktionen, die *Operationen*, möglich, was gern mit dem Begriff *Datenkapsel* veranschaulicht wird. Dieser Ansatz ver-folgt eine sehr vorteilhafte organisatorische Strategie: Wer auch immer Daten eines Objektes verwenden will, muss die verfügbaren Funktionen bzw. die zur Verfügung gestellten Schnitt-stellen verwenden; die Implementierung der *Datenstruktur*, also der Aufbau der Daten, ist dabei irrelevant. Die dazu gehörenden Schlagwörter heißen *Abstraktion* – die Klasse bietet nur allgemeine Zugriffsdienste an, von deren Realisierung *abstrahiert* wird – und *Informati-on Hiding* – die Implementierung der Datenstruktur ist nach außen verborgen, zur Entlastung der Nutzer der Daten und zur Vermeidung von Missverständnissen und unnötigen Fehlern.

Begriffliche Abklärung. Wie bei Datenelementen in einfachen Programmiersprachen ist auch hier auf der einen Seite zwischen der *Bauart* (*Typ)* – der *Klasse* – und auf der anderen Seite den Exemplaren nach einer Bauart (*Variable)* – den *Objekten* – zu unterscheiden. Klasse und Objekte verhalten sich zueinander wie Form und Inhalt: Eine Klasse ist als Typ zu interpre-tieren, der den Aufbau der Datenstruktur vorgibt, zusammen mit der Schnittstelle und der Implementierung der Operationen. Ein Objekt dagegen entspricht einem *Exemplar* (oder

Instanz) *einer Klasse*, das mit den ‚Zugriffswerkzeugen' der Klasse, den Operationen, bearbeitet werden kann. Im Unterschied zu früheren Sprachen findet die Belegung des Speichers mit Datenelementen erst zur Laufzeit – und nicht schon zur Übersetzungszeit – statt, wofür alle Objekt-orientierte Sprachen eine entsprechende Erzeugungsanweisung für Objekte, den *Konstruktor* (*create*- oder *new*-Operation), bereitstellen.

Ein Objekt existiert immer als Objekt einer bestimmten Klasse. Jedes Objekt besitzt seine Identität, die durch einen eindeutigen Namensbezeichner oder eine eindeutige Adresse umgesetzt wird; Anwendungsprogramme dürfen dynamisch mehrere Objekte derselben Klasse erzeugen, die gleichzeitig nebeneinander im Speicher existieren, z.B. auch als Komponenten in Listen oder Arrays. Der Aufruf von Operationen erfolgt in der Regel über den Operationennamen, ergänzt um einen Präfix mit dem Namen bzw. der Identität des Objektes.

Beispiel

...

class_A: x;   *[x wird bei seiner späteren Instanziierung als Objekt der Klasse class_A erzeugt]*

...

x = new;

...

x.op   *[Aufruf der Operation op auf das Objekt x; op muss in der Klasse class_A codiert sein]*

Die übliche Definition einer Klasse als ‚Zusammenfassung von Objekten mit ähnlichen Eigenschaften' wollen wir hier nicht verwenden. Sie greift weder für die Code-Ebene noch für das Anwendungsfeld. Auf einzelne Gegenstände und Sachverhalte – Objekte – werden wir im Unternehmensalltag erst aufmerksam, wenn sie in den Handlungen eine Rolle spielen und sich somit unter einen Begriff stellen lassen. Begriffe vermitteln im Voraus die Handhabbarkeit bzw. den Sinn der unter sie fallenden Gegenstände – und was man sich darüber merken muss. Welche Informationen bzw. Merkmale über Gegenstände interessant sind, gibt uns deshalb ihr Begriff vor und nicht ein Abgleichverfahren, das nach ‚ähnlichen' Objekten sucht. Als Konesequenz verbinden wir Klassen stets mit einem zugehörigen, im Anwendungsfeld wohlverstandenen Begriff.

Gegenüber der früheren (hierarchischen) Organisation des Programm-Codes als Funktionsbausteine (oder Module) bietet die Objekt-orientierte Organisation des Codes erhebliche Vorteile. Mit den Klassen entstehen geschlossene Organisationseinheiten mit eng aufeinander abgestimmten Funktionen, den Klassenoperationen. So können komplexe Datenstrukturen wie die Fenster von graphischen Oberflächen oder dynamische Datenstrukturen wie Bäume oder Listen zusammen mit den darauf operierenden Funktionen optimal als Code-Bausteine, als Klassen, verwaltet werden. Außerdem liegt ein anderes interessantes Interpretationsmuster nahe: Ein Objekt lässt sich mit seinen zur Verfügung gestellten Operationen als Lieferant (oder Server, Dienstleister) auffassen, die Nutzer der Zugriffsfunktionen als Kunden (oder Clients), was bruchlos mit einer Client-Server-Architektur in Einklang zu bringen ist.

Die Kapselung von Datenstruktur und Zugriffsfunktionen wurde bereits früher mit den *Abstrakten Datentypen* (ADT) und den daraus hergeleiteten (sog.) Paket-orientierten Sprachen wie ADA oder Modula2 verwirklicht. Objekt-orientierte Sprachen zeichnen sich darüber hinaus noch durch die Vererbung aus: Erkennt man, dass für eine neu zu entwerfende Klasse schon ein Teil der Datenstruktur mit den darauf operierenden Operationen in einer anderen bereits implementierten Klasse vorliegt, so wird diese Funktionalität durch Vererben – *ohne* Übernahme bzw. Kopieren des Codes – übertragen (fachlich: wiederverwendet). In der neuen Klasse ist lediglich zu spezifizieren, dass eine Vererbung von der vorliegenden Klasse stattfindet; alle Datenelemente und Operationen stehen damit automatisch ohne zusätzlichen Aufwand zur Verfügung. Die *erbende Klasse* erlaubt folgende Anpassungsmaßnahmen:

- ergänzende Strukturelemente (Attribute und Assoziationen; vgl. Abschnitt 4.4.2) zu vereinbaren und zusätzliche Operationen zu implementieren,
- eine geerbte Operation neu zu implementieren, was man als *Überschreiben der geerbten Operation* bezeichnet, sowie
- Wertebereiche von Attributen und Assoziationen der vererbenden Klasse einzuschränken.

Die *semantische Interpretation* von Vererbungsbeziehungen am Beispiel **Konzertagentur**: Eine *Abonnementbestellung*[5] ebenso wie eine direkte (*Konzert-*) *Kartenbestellung* entsprechen einer (allgemeinen) *Bestellung*. Beide Bestellarten haben Gemeinsamkeiten, z.B. ihre Bedeutung als Leistungsanforderung eines Kunden oder ihre Attribute *Bestelldatum* oder den Verweis auf den Kunden bzw. die Kundin etc.; sie unterscheiden sich aber durch ihren Bezug auf sehr unterschiedliche Leistungsarten, auf die *Abo-Reihe* in dem einen Fall und das *einzelne Konzert* in dem andern. Aus organisatorischer Sicht betrachtet: Alle gemeinsamen Attribute, Beziehungen und Operationen sind in der allgemeinen Klasse *Bestellung* zu führen; dagegen werden die speziellen Attribute, Beziehungen und Operationen, wie z.B. der Bezug auf die spezifische Leistungsart, in eigenen nachgeordneten Klassen (hier: *Abonnementbestellung* und *Kartenbestellung*) verwaltet – mit dem Vererbungsrückgriff auf die allgemeine Klasse *Bestellung*. In eher seltenen Fällen sind in der erbenden Klasse Wertebereiche von (übernommenen) Attributen der vererbenden Klasse einzuschränken. Allgemeines Beispiel: Ein Quadrat (erbende Klasse) ist ein Spezialfall eines Rechtecks (vererbende Klasse); wenn a und b die Grundseiten des Rechtecks bezeichnen, so ist für Quadrate die Einschränkung a = b zu verlangen.

Terminologie: Bei der vererbenden Klasse (z.B. *Bestellung*) spricht man von der *Vorfahrenklasse,* bei der erbenden von der *Nachkommenklasse* (z.B. *Abonnementbestellung*). Wie im

---

[5] Bei einem *Abonnement* gehen wir davon aus, dass ein Kunde eine bestimmte Anzahl von Plätzen für eine angebotene Abonnement-Reihe bucht.

Beispiel oben steht in der Anwendungsentwicklung im Normalfall eine Vorfahrenklasse mit mehreren Nachkommenklassen in einer Vererbungsbeziehung. Da ein Objekt immer in genau einer – seiner – Klasse instanziiert wird, ist darauf zu achten, dass die Nachkommenklassen disjunkt sind (was stets möglich ist). Vorfahrenklassen umfassen den allen gemeinsamen Kern von Attributen und Operationen, weshalb man hier auch *generalisierten Klassen* (oder *Generalisierungen*) spricht; die (erbenden) Nachkommenklassen mit ihren ergänzenden unterschiedlichen Datenstrukturelementen und Operationen werden dann als *spezialisierte Klassen* (oder *Spezialisierungen*) bezeichnet. Ein Objekt aus einer Spezialisierung spielt gleichzeitig auch die Rolle eines Objektes der betreffenden Generalisierung. Spezialisierungen können sich über mehrere Ebenen hinziehen, das entsprechende Strukturschema wird als *Taxonomie* bezeichnet.

Weitere Aspekte

- *Abstrakte Klasse.* Vorfahrenklassen (Generalisierungen) können eigene Objekte besitzen – sie müssen es aber nicht. Wenn eine Vorfahrenklasse über keinen Konstruktor verfügt, spricht man von einer *abstrakten Klasse*: Alle relevanten Objekte stammen aus den Nachkommenklassen. *Empfehlung*: Die Vorfahrenklasse sollte ein spezielles Attribut, den sog. *Diskriminator*, führen, das die Zugehörigkeit des Objekts zu seiner Nachkommenklasse festhält; damit wird später den Umgang mit den gespeicherten Daten erleichtert. Beispiel **Konzertagentur**: In der Klasse *Bestellung* gibt der Diskriminator ‚Bestellart' an, ob es sich um eine *Abonnementbestellung* oder um eine *Kartenbestellung* handelt. Abstrakte Klassen besitzen vor allem ein regulatives Moment: Sie zwingen zu einer einheitlichen Benennung der gemeinsamen Attribute und Operationen, selbst wenn letztere unterschiedlich implementiert sind.
- *Einfach-Vererbung – Mehrfach-Vererbung:* In manchen Sprachen (wie Eiffel, C++ u.a.) darf eine (Nachkommen-) Klasse von mehr als einer Vorfahrenklasse erben, was als *Mehrfach-Vererbung* bezeichnet wird; andere Sprachen (wie Java, C# u.a.) erlauben – aus gutem Grund – jedoch nur das Erben von einer Vorfahrenklasse. Mehrfaches Vererben erschwert die Übersichtlichkeit; in ungünstigen Fällen können Namenskonflikte (gleicher Bezeichner für Attribute oder Operationen aus verschiedenen Vorfahrenklassen) auftreten. Ohne großen Aufwand ist der Vererbungseffekt mit Hilfe der *Rollenaggregation* ersetzbar, zumal sich oft *eine* der Klassen als Haupt-Vorfahrenklasse sachlich ausgezeichnet. Das Verfahren: Statt Attribute und Operationen von der zweiten Vorfahrenklasse zu erben, nutzt die Klasse deren Operationen im Sinne eines Kunden-Lieferanten-Verhältnisses (vgl. Abb. 4.20).
- *Zuweisungen, Polymorphismus und spätes Binden:* Wie bei elementaren Variablen ist es möglich, dass Objekte (als Objekt-Variable) gegenseitig zugewiesen werden. Eine Zuweisung ist erlaubt, wenn das zugewiesene Objekt aus der derselben Klasse wie das Zielobjekt oder aus einer (nachgeordneten) Spezialisierung stammt: alle Attribute und Operationen sind vorhanden, selbst wenn in der Spezialisierung eine Überschreibung vorgenommen wurde. Hinter einem Objekt aus einer bestimmten Klasse kann dann unter Umständen ein Objekt einer anderen – spezialisierten – Klasse stecken, weshalb man bei Objekt-orientierten Sprachen von der Eigenschaft des *Polymorphismus* spricht. Aber welche Operationen-Implementierung kommt zum Zuge, wenn die betreffende Operation über-

schrieben wurde? Allgemein ist festgelegt, dass die Implementierung aus der Klasse des zugewiesenen Objektes benutzt wird. Grundsätzlich wird die Methodenimplementierung derjenigen Klasse benutzt, in der das Objekt erzeugt wurde. Da die Entscheidung, welches Objekt sich ‚eigentlich' hinter einem Objektnamen verbirgt, unter Umständen erst zur Laufzeit möglich ist, heißt dieses Verfahren auch *spätes Binden* – als Binden des Codes an den Operationennamen.

- *Persistenz:* Objekte, die dauerhaft im Externspeicher, etwa einer relationalen oder Objekt-orientierten Datenbank, abgelegt werden, bezeichnet man wie die zugehörige Klasse als *persistent.* Klassen, deren Objekte lediglich zur Laufzeit existieren, heißen *transient.*

Warum ist das Konzept der Objekt-orientierten Sprachen für die Anforderungsanalyse interessant?

Dem Wunsch nach einer durchgängigen Sichtweise in der Software-Entwicklung – von den Systemanforderungen, dem Bauplan, bis zum Code – kommt die Objekt-Orientierung mit einem verlockenden Angebot entgegen: Die im System zu verwaltenden ‚realen' Gegenstände des Anwendungsfeldes lassen sich im ersten Schritt direkt auf persistente Objekte bzw. Klassen, also Software-Bausteine mit Datenstruktur und (Bearbeitungs-) Operationen, übertragen. Schon in der ersten gestalterischen Entwicklungsphase, der Anforderungsanalyse, können so wesentliche Facetten des späteren Systems bestimmt und hinsichtlich der Informationsstruktur und des Beziehungsgefüges sogar sehr präzise spezifiziert werden. Frühere Ansätze, wo entweder die Funktionsstruktur oder das Informationsmodell, z.B. als Entity Relationship-Modell, im Mittelpunkt stand, mussten zu Methodenbrüchen führen; wie die unterschiedlichen Perspektiven zueinander passen, ist dort nicht leicht zu erkennen. Dagegen bietet die Objekt-orientierte Sichtweise ein einheitliches Interpretationsmuster von der Analyse bis zum Code mit sukzessiv fortschreibbaren Modellen.

Dass die Objekt-Orientierung tatsächlich eine universelle und durchgängige Perspektive für die Beschreibung der Unternehmenswelt wie für die Beschreibung des implementierten Systems abgibt, bedarf noch eines genaueren Nachweises. In der Literatur werden gelegentlich Objekte des Anwendungsfeldes mit den Objekten des Software-Systems sprachlich gleichgesetzt. Allerdings: Ein System verwaltet keine materiellen Gegenstände, sondern ‚nur' Informationen darüber. Die mangelnde Differenzierung zwischen den Objektarten kann leicht zu einem diffusen Verständnis führen. Wie sich die Gegenstände des Anwendungsfeldes tatsächlich in Objekte des Systems übertragen lassen und von welcher Art die Zusammenhänge dabei sind, wollen die Kapitel 5 und 6 klären.

4.2   UML-Überblick (Auswahl)

Nicht alle Beschreibungsmittel der UML sind für unseren Zweck, die Beschreibung des Anwendungsfeldes eines neu zu bauenden Anwendungssystems, hilfreich. Auf folgende

Diagrammtypen wird in den beiden anschließenden Kapiteln zurückgegriffen (UML-Bezeichnungen der Diagramm-Typen):

- *Use Case-Diagramm (Anwendungsfalldiagramm; auch: Use Case-Modell)*

  Ein Use Case-Diagramm beschreibt mit einer einfachen, gefälligen Notation eine be-stimmte Einsatzsituation des Systems. Use Case-Diagramme listen einen thematisch gruppierten Überblick über alle derartigen Nutzungssituationen auf; später lässt sich dar-aus ablesen, welche (Dokumentations-) Dienste das System anbieten soll (vgl. Abschnitt 4.3).

- *Klassendiagramm (Class Diagram; auch: Klassenmodell)*

  Hiermit wird die statische Struktur des Systems beschrieben: die Struktur der Infor-mationsobjekte und deren Zusammenhänge (als Beziehungen; vgl. Abschnitt 4.4). Dieser Diagrammtyp gestattet es, die Datenbankstrukturen (z.B. für relationale Datenbanken) di-rekt abzuleiten.

- *Aktivitätsdiagramm (Activity Diagram)*

  Ein Aktivitätsdiagramm gibt die zeitliche Abfolge von Aktivitäten wieder. Zwar zielt der Begriff ‚Aktivität' in der UML-Dokumentation der OMG primär auf Bearbeitungsschritte oder Teilfunktionen von Systemen ab, hier wird er darüber hinaus aber auch für Dienste im Anwendungsfeld, also für Unternehmenshandlungen, verwendet. Um den Bezug zu verdeutlichen, unterscheiden wir bei Aktivitätsdiagrammen zwischen der *Macro-Ebene*, um die Anwendungsfeldstruktur als Abfolge von Handlungen darzustellen und der *Micro-Ebene* für die Systemstruktur. Beide Ebenen werden in unserem Ansatz strikt vonein-ander getrennt. Dabei bezieht sich ein Aktivitätsdiagramm der Micro-Ebene immer ein-deutig auf eine Handlung, einen Elementardienst, aus der Macro-Ebene, womit ein ein-deutiger hierarchischer Bezug zwischen den Diagrammebenen gegeben ist.

- *Zustandsdiagramm (*engl. : *Statechart)*

  Zustandsdiagramme beschreiben das Verhalten der Objekte einer Klasse. Bezogen auf das Anwendungsfeld beschreibt ein Zustandsdiagramm, welche Entwicklungsphasen ein (Dokumentations-) Gegenstand nacheinander durchmachen kann und wo und wodurch Phasenübergänge möglich sind; daraus ist ablesbar, welche Bearbeitungsmöglichkeiten wann gegeben sind (vgl. Abschnitt 4.6).

Andere Diagramm-Typen wie *Sequenzdiagramme, Kommunikationsdiagramme etc.* oder die *Object Constraint Language (OCL)* spielen in unseren Ausführungen keine Rolle. Eine um-fassende Beschreibung der UML ist z.B. in Oesterreich, B. [2009] zu finden.

Unabhängig vom Diagrammtyp gelten in der UML folgende *Notationskonventionen*

- *Bedingungen:* Bedingungen (conditions) werden in eckigen Klammern [...] notiert. Be-dingungen sind vor allem in Aktivitätsdiagrammen und Zustandsdiagrammen anzutref-fen;

- *Eigenschaften:* Eigenschaften (properties) von Diagramm-Elementen sind in ge-schweiften Klammern {...} zu vermerken; z.B. können Klassen als ‚{abstract}' gekenn-zeichnet werden.

Traditionell empfiehlt die Literatur folgendes Vorgehen: Nach den *Use Case-Diagrammen* ist die statische Systemstruktur – das *Klassendiagramm* mit Attributen und Beziehungen – zu entwickeln, mit anschließender Modellierung der dynamischen Aspekte des Systems (*Aktivitätsdiagramme, Zustandsdiagramme*). Während diese Reihenfolge hier bei der Vorstellung der UML beachtet wird, steht in Kapitel 5 die Struktur des Leistungsgefüges im Zentrum, um die Zusammenhänge zwischen Handlungen als Aktivitätsdiagramme bzw. Zustandsdiagramme aufzuzeigen. Darauf aufbauend lassen sich anschließend die Informationsstrukturen nachvollziehbar entwickeln.

Die *Unified Modeling Language* ist primär als Beschreibungsmittel für Software-Systeme konzipiert. Sie ist aber, wie angedeutet, ebenso für die Darstellung der Anwendungsfeldstruktur einsetzbar, um die zeitlichen Abfolgebeziehungen von Handlungen oder das dynamische Verhalten gewisser Gegenstände zu beschreiben. Im Bereich der Anwendungsentwicklung sind Klassendiagramme auf die Dokumentation des Unternehmensgeschehens bezogen.

4.3 Use Case-Diagramme, Anwendungsfalldiagramme

Je nach Perspektive meint ein *Use Case* (auch: *Anwendungsfall*/Use Case) entweder eine Situation im Anwendungsfeld, für welche die Systemunterstützung zu konzipieren ist (*äußere Perspektive*), oder einen Systemsdienst für eine Einsatzsituation (*innere Perspektive*) (vgl. OMG [2010], Ch. 16; Jacobson, I. [1997], p. 127). Ein Use Case-Diagramm (Anwendungsfalldiagramm, Use Case-Modell) listet, thematisch gruppiert, alle Use Cases auf; sie werden durch die Notation der dort einbezogenen Personen bzw. Rollen (UML-Standard: Actor, Akteur) ergänzt. In der Literatur trifft man zumeist die innere Perspektive an; wir bevorzugen dagegen ausschließlich die *äußere Perspektive*.

Die Differenzierung zwischen ‚innerer‘ und ‚äußerer Perspektive‘ mag auf den ersten Blick künstlich erscheinen – sie ist es aber nicht. Mit dem Stichwort ‚äußere Perspektive‘ wollen wir klarstellen, dass der Systemaspekt bei den Anforderungen – zunächst – überhaupt keine Rolle spielt. Warum? Weil die zugrunde liegenden Handlungen vollständig die Systemleistungen, also die Dokumentationsdienste, diktieren (vgl. auch Abschnitt 5.2). Wenn Sie gedanklich beim System sind, werden Sie Systemdienste so konzipieren, dass sie zum Anwendungsfeld passen. Mit unserem Vorschlag konzentrieren Sie sich ausschließlich auf die Handlungen und deren Verflechtungen mit der Gewissheit, dass die dazu passenden Dokumentationsdienste (vgl. Abschnitt 2.2) sich später risikolos spezifizieren und implementieren lassen.

Darstellung Use Case

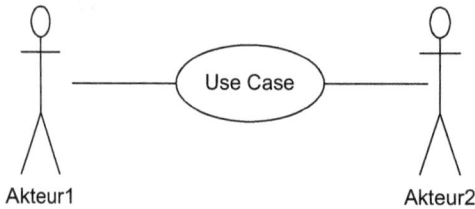

Abb. 4.1   *Use Case: allgemeine Notation*

Beispiel 1. Konzertagentur – Use Case: Verkauf von Konzertkarten

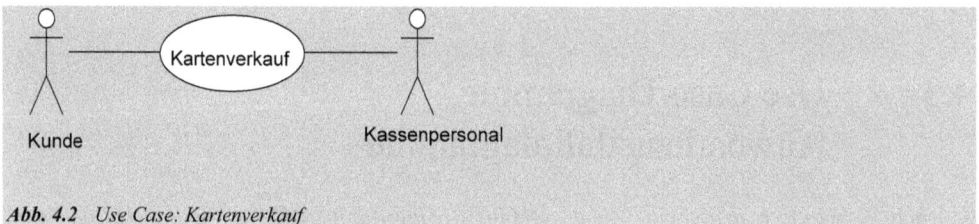

Abb. 4.2   *Use Case: Kartenverkauf*

Ein Use Case, eher als Systemdienst aufgefasst, kann mit anderen in einer Beziehung stehen; hierzu sieht die UML2 folgende Beziehungsarten vor:

Includes-Beziehung

Bedeutung: UC2 kommt als Teil in UC1 vor. *Beispiel*: Der Use Case ‚*Aufnahme Kunde*‘ kann als (eigenständiger) Teil des Use Cases ‚*Kartenbestellung*‘ gesehen werden.

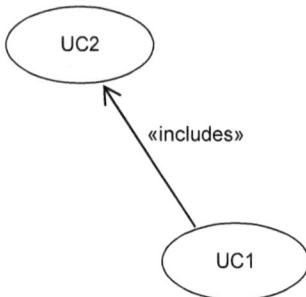

Extends-Beziehung

Bedeutung: UC1 erweitert die Funktionalität von UC2. *Beispiel*: eine ‚*Kartenbestellung mit Einzugsverfahren*‘ erweitert wegen der zusätzlichen Aufnahme der Bankverbindung die Funktionalität einer direkten ‚*Kartenbestellung*‘.

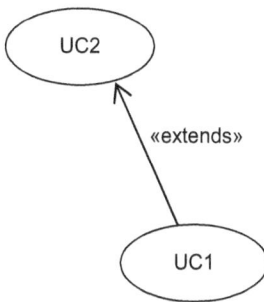

Allerdings: Die Semantik solcher Beziehungen zwischen Use Cases ist nicht hinreichend präzise, weshalb diese Option nur in indizierten Fällen Beachtung finden sollte (vgl. Abschnitt 5.2).

Use Cases sollen, wie erwähnt, thematisch in Gruppen zusammengefasst werden. Tiefer liegende Zusammenhänge, welche die Struktur eines umfassenden, breit gefächerten Anwendungsfeldes ausmachen, sind damit jedoch nicht darstellbar. Ein Use Case-Diagramm ist als gute Stoffsammlung für die zu implementierenden Funktionen (Dienste) zu verstehen; während der Modellierung, wo man das Ganze im Auge behalten sollte, wird empfohlen, gelegentlich einen Abgleich mit den Diensten durchzuführen, die sich aus der Strukturanalyse des Anwendungsfeldes ergeben (vgl. Kapitel 5). Abschnitt 5.2 erläutert, wie Use Cases im Rahmen unseres Vorgehens einzusetzen sind.

Anmerkung: Aus historischen Gründen werden Use Cases den Objekt-orientierten Analyse-Techniken zugeordnet. Allerdings ist ein engerer Zusammenhang mit den Konzepten der Objekt-Orientierung nur schwer zu erkennen.

4.4   Klassendiagramme

Nicht zu unrecht gelten die Daten- bzw. Datenbankstrukturen als die statische Basis der Anwendungssysteme. Das *UML-Klassendiagramm* (auch: *Klassenmodell*) will ein semantisches Informationsmodell liefern, das einen Rahmen für die betreffenden Klassen-Implementierungen abgibt und außerdem die Herleitung der Datenbankstrukturen gestattet. Das Klassendiagramm erweitert das *Entity Relationship-Modell* von P.P.-S. Chen (Chen, P. P.-S. [1976]) für die Objekt-orientierte Entwicklung (vgl. auch die Einleitung zu Kapitel 6). .

Ein Klassendiagramm hält fest

- welche *Klassen* einbezogen werden,
- welche Merkmale – Bezeichnung: *Attribute* – eine Klasse besitzt,
- welche *Operationen* in der Klasse zu implementieren sind,
- welche *Beziehungen* zwischen Klassen bzw. zwischen den Objekten der Klassen bestehen.

Allgemein umfasst die vollständige Implementierung der Dokumentationsdienste eine Vielzahl von Klassen mit unterschiedlichen Aufgaben. Im Klassendiagramm der Analyse erscheinen jedoch nur diejenigen Klassen, die sich auf die zu verwaltenden Informationen über das Anwendungsfeld beziehen, also die persistenten Klassen. Sie allein sind für die sachlichen Anforderungen relevant; dort gilt es, die unterschiedlichen Objektarten als Klassen zu identifizieren, ihre Informationsstruktur zu bestimmen und das Beziehungsgefüge zu ermitteln. Alle anderen transienten Klassen, die für die technische Organisation der Dokumentationsdienste verantwortlich sind, spielen in dieser Phase keine Rolle.

Ein Klassendiagramm entspricht formal einem Graphen, mit den Klassen als Knoten. Eine Kante zwischen zwei Klassen zeigt an, dass deren Objekte in einer Beziehung zueinander stehen können, wobei zwischen unterschiedlichen Beziehungsarten differenziert wird. Darüber hinaus sind noch Vererbungsbeziehungen zwischen zwei Klassen (Generalisierungs-/Spezialisierungsbeziehungen) darstellbar.

4.4.1   Klassendarstellung

Eine Klasse wird als Rechteck, das sich aus 3 Teilen zusammensetzt, dargestellt:

- *Bezeichner-Teil* mit dem Namen (und ggf. weiteren Charakterisierungen) der Klasse; ergänzend können *Eigenschaften* (s.o.; Form: {eigenschaft}) spezifiziert werden, was vor allem zur Kennzeichnung abstrakter Klassen (Form: {abstract}) Verwendung findet. Außerdem kann ein *Stereotyp* der Form <<stereotyp>> die Bedeutung einer Klasse näher charakterisieren; als Stereotype kommen z.B. ‚Business Object' bzw. ‚Entity', ‚Interface' oder ‚Utility' etc. in Frage.
- *Attribut-Teil* mit der Auflistung der Attribute (mit Bezeichner, Typ und ggf. Defaultwert)
- *Operationen-Teil* mit der Liste der Operationen (den sog. *Signaturen* der Operationen)

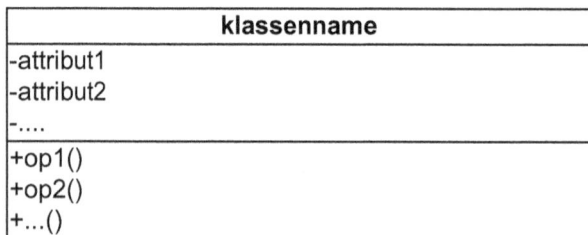

klassenname
-attribut1
-attribut2
-....
+op1()
+op2()
+...()

Abb. 4.3 *Allgemeine Klassendarstellung*

Die vollständige Klassenspezifikation gestattet es, automatisch einen Code-Rahmen für eine Objekt-orientierte Zielsprache zu generieren; zu ergänzen sind die Operationenimplementierungen und ggf. Zusicherungen. Für unseren Bereich, die Planung von Anwendungssystemen, ist die Spezifikation der Operationen nicht notwendig – sie lässt sich später mühelos ergänzen. Selbst der Attributteil kann am Anfang übergangen werden. Deshalb wird die reduzierte Form, die nur den Bezeichner-Teil enthält, empfohlen, mit wesentlich übersichtlicheren Diagrammen. Die Nutzung von Stereotypen ist i.d.R. überflüssig, da alle Objekte als ‚*Business Objects*' zu verstehen sind.

Beispiel 2. Konzertagentur – Spezifikation der Klasse Saal

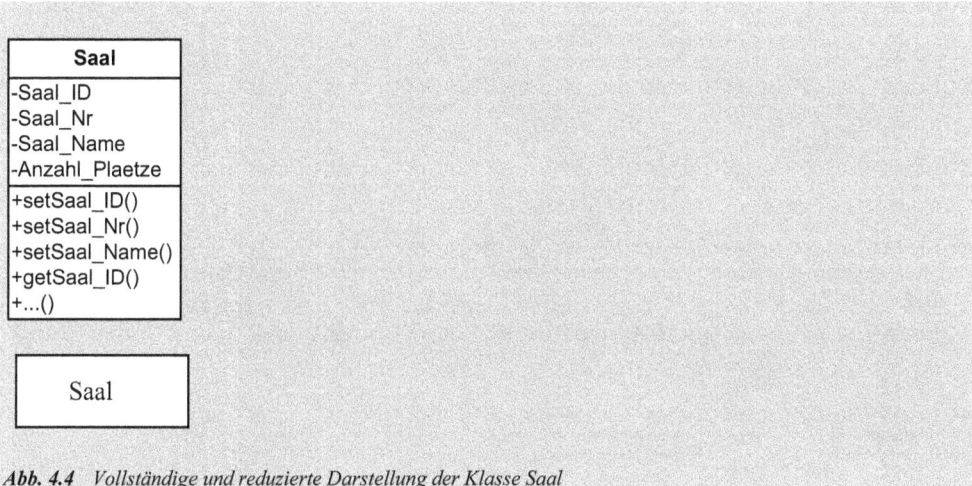

Saal

-Saal_ID
-Saal_Nr
-Saal_Name
-Anzahl_Plaetze

+setSaal_ID()
+setSaal_Nr()
+setSaal_Name()
+getSaal_ID()
+...()

Saal

Abb. 4.4   Vollständige und reduzierte Darstellung der Klasse Saal

4.4.2   Beziehungen zwischen Objekten

Neben Attributen sind es seine *Beziehungen,* die ein Objekt dokumentieren helfen. So wird ein Konzert im Beispiel **Konzertagentur** nicht allein durch die direkten Angaben wie Datum, Uhrzeit etc. beschrieben, sondern auch durch den Veranstaltungsort – dargestellt als Beziehung zwischen einem ‚Konzert'-Objekt und einem ‚Saal'-Objekt. Nur wenige Objektarten (Klassen) lassen sich isoliert, ohne Bezug auf andere Gegenstände, beschreiben. In Klassendiagrammen können alternativ ‚neutrale' Beziehungen zwischen gleichberechtigten Objekten (*Assoziation*) oder Teil-Ganzes-Beziehungen (*Aggregation* bzw. *Komposition*) modelliert werden. Zwischen zwei Klassen dürfen mehrere Beziehungen bestehen (was in eher seltenen Fällen vorkommt; vgl. unten die ‚*Einschränkungen*').

Assoziation: Eine Assoziation zeigt, *dass* eine (wohl-interpretierbare) Beziehung besteht.

Klasse1

Klasse2

Abb. 4.5   Darstellung einer Assoziation zwischen Klasse1 und Klasse2 (in reduzierter Form)

Beispiel 3. Konzertagentur – Assoziation

Den Bezug eines *Abonnements* auf seinen *Kunden* wollen wir als Assoziation modellieren
(vgl. dazu die Alternative in der *Anmerkung* unten)

Abonnement		Kunde

Abb. 4.6   *Abonnement – Kunde (Assoziation)*

Aggregation: Eine Aggregation ist als ‚Teil-Ganzes-Beziehung' zu interpretieren, wo eine
der Klassen für die Teile (Komponenten) und die andere für die als ‚Ganzes' (Aggregation)
aufgefassten Objekte steht. *Wichtig* ist dabei, dass die Teile eine eigenständige Existenzbe-
rechtigung besitzen, sie bestehen auch ohne Einbindung in das Ganze.

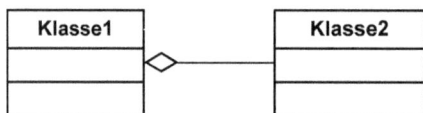

Klasse1		Klasse2

Abb. 4.7   *Darstellung einer Aggregation zwischen Klasse1 und Klasse2*

Beispiel 4. Konzertagentur – Aggregation

Ein Konzert ist auf einen Spielort, einen Saal in einem bestimmten Gebäude, angewiesen,
was als Aggregation modelliert wird; der Saal kann als Teil des Konzertes betrachtet werden,
der durchaus auch ohne Konzerte existieren kann:

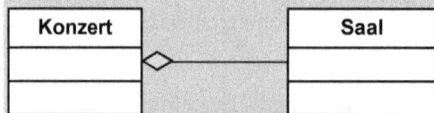

Konzert		Saal

Abb. 4.8   *Saal als Teil eines Konzerts (Aggregation)*

Komposition: Eine Komposition stellt wiederum eine ‚Teil-Ganzes-Beziehung' zwischen
einer Kompositionsklasse und einer Komponentenklasse dar, allerdings mit einem gravie-
renden Unterschied zur Aggregation: Die Komponenten gewinnen ihren Sinn und ihre Exis-
tenzberechtigung ausschließlich durch ihre Einbindung in das Ganze; man spricht deshalb
bei Kompositionen von der *Existenzabhängigkeit* der Teile.

Abb. 4.9 *Darstellung der Klasse1 als Komposition und Klasse2 als Teil*

Beispiel 5. Konzertagentur – Komposition

Ein *Saal* ist Teil eines *Gebäudes;* mit dem Abriss des Gebäudes verschwinden auch seine Säle.

Abb. 4.10 *Gebäude(Gebaeude) als Komposition und Saal als dessen existenzabhängiger Teil (Komponente)*

Aggregation und Komposition sind als Spezialfälle der Assoziation aufzufassen.

Anmerkung zu den Beziehungsarten: Die Interpretation der Beziehungsarten lässt einen gewissen Spielraum zu. Insbesondere gibt es keine hinreichend scharfe Trennlinie zwischen Assoziation und Aggregation. So wäre in Abbildung 4.8 ebenso eine Assoziation im Sinne ‚ein Konzert findet in einem bestimmten Saal statt' modellierbar. Was kaum Konsequenzen hat: Die technische Umsetzung (Datenbankstrukturen, Code) von Aggregationen und Assoziationen geschieht in der gleichen Weise – im Unterschied zur Komposition. Für Kompositionen lassen sich Integritätsbedingungen, die von den Datenbanksystemen automatisch zu überwachen sind, ableiten, womit z.B. das Entfernen eines Bezugsobjektes ‚Gebaeude' (Komposition) unterbunden wird, solange noch nachgeordnete Säle (Komponenten) gespeichert sind; eine alternative Vereinbarung veranlasst das automatische Löschen der Säle zusammen mit ihrem Gebäude (referenzielle Integrität; vgl. dazu den Unterabschnitt *Existenzabhängigkeit* in Abschnitt 6.2).

Das Modellieren von Beziehungen ist eine der anspruchsvollsten Herausforderungen bei der Planerstellung eines Systems. Ob Sie eine Beziehung als Assoziation oder als Aggregation wählen, ist eine Frage Ihres individuellen Stils, den Sie in ähnlichen Situationen aber auch durchhalten sollten. Als viel schwieriger ist das Problem zu bewerten, welche Objekte bzw. Klassen in Beziehung zu setzen sind und ob alle Beziehungen berücksichtigt wurden – ‚gequälte' Beziehungen rächen sich im Code. Und: Wie kann man die Übersicht über komplexe Klassendiagramme behalten, wie lässt sich die Qualität eines Modells überprüfen? Gleich welche Kriterien Sie wählen, ein Modell können Sie nur verstehen, wenn Sie seine Entstehungsgeschichte Schritt für Schritt nachvollziehen können. Oft wird in der Praxis ein Vorgehen gewählt, wo in

*freier mentaler Assoziation die möglichen Beziehungen ausgeleuchtet und zusammen-
gefügt werden – ein Vorgehen, das sich schon bei mittleren Projekten einer genaueren Überprüfbarkeit entzieht. Als Legitimation wird dann gern mit der ‚Erfahrung‘
argumentiert. Die Frage nach der Güte und Reproduzierbarkeit von Klassendiagrammen, die mit einem intuitiven Vorgehen entwickelt wurden, ist kaum überzeugend zu beantworten. Kapitel 6 stellt einen halbwegs reproduzierbaren, wenn nicht
sogar systematischen Weg vor.*

Ergänzungen

Multiplizität (auch: **Kardinalität**): Eine äußerst wichtige Information über eine Beziehung
(Assoziation, Aggregation, Komposition), die für die Herleitung der Datenbankstrukturen
und für die Umsetzung in den Code unverzichtbar ist, betrifft die Angabe der Multiplizität:
Steht ein (beliebig gewähltes) Objekt einer bestimmten Klasse in Beziehung

- zu höchstens einem Objekt (Notation: ‚0..1‘) oder
- zu genau einem Objekt (Notation: ‚1‘) oder
- zu potenziell mehreren Objekten (Notation: ‚*‘) der anderen Klasse?

Die Notation der Multiplizität erfolgt jeweils an der Klasse, in der nach der Anzahl der Be-
ziehungselemente gefragt wird. Muss im letzten Fall eine Minimalzahl (n) eingebundener
Objekte berücksichtigt werden, ist ‚n..*‘ (mit n ≥ 1) zu spezifizieren; in der Regel trifft man
hierbei ‚1..*‘ an, etwa im Falle der Klassen *Rechnung* und *Rechnungsposition*. Fehlt die
Angabe der Multiplizität, so ist der Default-Wert ‚1‘ anzunehmen. Für Kompositionen ist die
Multiplizität an der Kompositionsklasse stets eindeutig bestimmt: Im Falle nicht-rekursiver
Kompositionen (s.u.), wo die ‚Teile‘- und ‚Ganze‘-Klassen verschiedenen sind, kann nur ‚1‘
in Frage kommen; jedes Teil ist hier exklusiv auf *sein* Ganzes bezogen. Bei rekursiven Kom-
positionen muss dagegen die Multiplizität mit ‚0..1‘ spezifiziert sein; bis auf das oberste
Element (Wurzelelement) existiert immer genau ein übergeordneter Vorgänger.

Beispiel 6. Konzertagentur – Multiplizitäten

Die folgenden Beispiele ergänzen die Beziehungen von oben um ihre Multiplizitäten:

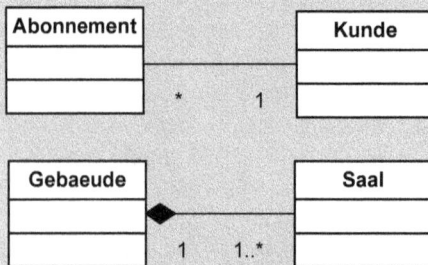

Abb. 4.11   Abonnement – Kunde (Assoziation) und Gebäude-Saal-Komposition mit Multiplizitäten

Multiplizitäten sind lediglich für *binäre Beziehungen*, wo genau zwei (nicht notwendigerweise verschiedene) Klassen beteiligt sind, eindeutig interpretierbar. Man spricht dort von einer

- 1:1-Beziehung, wenn beide Beziehungspartner eindeutig aufeinander bezogen sind (Multiplizitäten an beiden Klassen: ‚1');
- 1:n-Beziehung, wenn der Beziehungspartner in der einen Klasse eindeutig bestimmt ist, jedoch nicht umgekehrt (Multiplizitäten: ‚1' und ‚*' bzw. ‚1..*');
- n:m-Beziehung , wenn kein eindeutiger Bezug zwischen den Objekten gegeben ist (Multiplizitäten: ‚*' bzw. ‚1..*' an beiden Klassen).

Gelegentlich wird die Multiplizität ‚0..1' durch ‚c' (englischer Terminus ‚conditional') gekennzeichnet, was dann zu c:1-, c:c- oder c:n-Beziehungen führt. Es sei angemerkt, dass 1:1-Beziehungen eher als extreme Ausnahme anzutreffen sind; oft fasst man dann beide Objekte zu einer Einheit zusammen.

Allerdings: Wie die Multiplizität zu spezifizieren ist, hängt in manchen Fällen von dem Kontext der Beziehung ab. Möchte man im *Beispiel einer Bibliothek* nur die *aktuellen* Ausleihvorgänge festhalten, so ergibt sich zwischen den Klassen der Bibliotheksnutzer bzw. -nutzerinnen und der Klasse der Buchexemplare eine 1:n-Beziehung, da ein Buch[6] höchstens an *eine* Person aktuell ausgeliehen sein kann; sind darüber hinaus alle abgeschlossenen und offenen Ausleihvorgänge zu dokumentieren, etwa zu statistischen Zwecken, so ist eine n:m-Beziehung im Bestand anzutreffen.

Rollen: In den meisten Fällen ist die Rolle, die ein Objekt in einer Beziehung spielt, eindeutig festgelegt – etwa zwischen Kunde und Bestellung; eine explizite Kennzeichnung würde eher überfrachtend wirken. Die Kennzeichnung der *Rolle* eines Objekts in der Beziehung (notiert am Klassensymbol) ist jedoch dringend geboten

- wenn mehr als eine Beziehung zwischen den Objekten beider Klassen besteht oder
- wenn es sich um eine rekursive Beziehung (innerhalb derselben Klasse; s.u.) handelt.

Mit einem *Rollenbezeichner* (mit Richtungspfeil) an der betreffenden Klasse wird die Bedeutung der Objekte in der Beziehung verdeutlicht:

Abb. 4.12   Rollenkennzeichnung

---

[6] Der Begriff „Buch" ist mehreren Bedeutungsebenen zuzuordnen: als konkretes (ausleihbares) Buchexemplar oder als Buchartikel im Sinne einer Beschreibung mit Autor, Titel, ISBN etc, zu dem mehrere Exemplare vorhanden sein können. In unserem Fall ist das Exemplar gemeint.

n:m-Beziehungen und Assoziationsklassen

Zwar sind in Klassendiagrammen auch n:m-Beziehungen darstellbar (wie in Abbildung 4.13), dennoch schlagen wir einen Verzicht vor. *Alternative Lösung*: Jede n:m-Beziehung ist immer mit Hilfe eines Beziehungsobjektes (auch: Link-Objekt; Auflösungsobjekt), das die Beziehung selbst zum Objekt macht, auflösbar; die ursprünglichen Objekte stehen dann in je einer 1:n-Beziehung zu diesen Beziehungsobjekten. In den meisten Fällen ist es nicht nur wichtig zu wissen, *dass* eine Beziehung vorliegt, sondern dass der Beziehung eine durch Attribute gekennzeichnete Bedeutung zukommt – was sie zum Objekt macht. Beispiel **Konzertagentur**: Für ein *Konzert* stehen mehrere (physische) *Sitzplätze* des Saales zur Verfügung – und umgekehrt spielt jeder Sitzplatz in mehreren Konzerten eine Rolle (n:m-Beziehung). *Lösung*: Eine Beziehung zwischen ,*Sitzplatz*' und ,*Konzert*' ist als eigener Gegenstand interpretierbar: als *Konzertkarte*. Ob eine Karte verfügbar, reserviert oder bereits verkauft ist, lässt sich leicht in diesem Objekt direkt dokumentieren. Das Auflösen von n:m-Beziehungen in (Beziehungs-) Objekte bringt nur Vorteile: Objekte lassen sich, sehr im Unterschied zu Beziehungen, selbst weiter verflechten und an Hand ihrer Identität einfacher verwalten. Außerdem gibt es noch einen weiteren pragmatischen *Grund*: Die Übertragung einer n:m-Beziehung in relationale Datenbankstrukturen erzwingt eine eigene Tabellenstruktur für solche Beziehungen; Klassendiaramme mit ausschließlich 1:1- oder 1:n-Beziehungen erlauben dagegen eine direkte Transformation; jeder Klasse des Diagramms wird dabei ihre eigene Tabellenstruktur zugeordnet (vgl. auch Unterabschnitt *Relationale Datenbankstrukturen* in Abschnitt 6.5).

Ein eher intuitives Vorgehen übersieht leicht solche Beziehungsobjekte, obwohl sie oft eine sehr wichtige Rolle spielen – sie sollten deshalb von vornherein Berücksichtigung finden. Die Möglichkeit, hierfür spezielle *Assoziationsklassen* zu verwenden, ist mangels präziser Abgrenzungskriterien zu ,gewöhnlichen' Klassen als nicht geeignet anzusehen. (Zur Frage nach der Gestaltung von Beziehungen vgl. Abschnitt 6.2.)

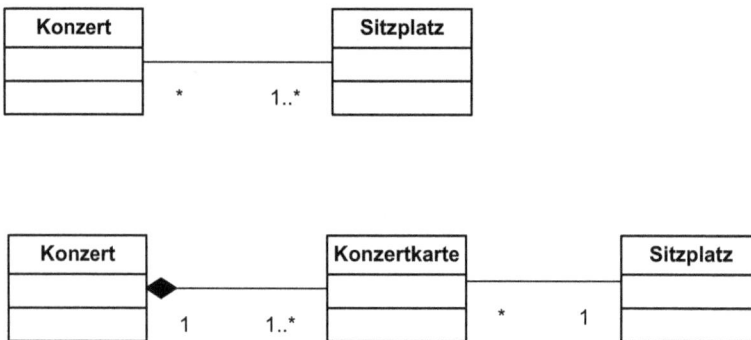

Abb. 4.13   *Auflösen einer n:m-Beziehung zwischen Konzert und Sitzplatz*

Rekursive Beziehungen

In den Beispielen fielen bisher nur Beziehungen von Objekten aus *unterschiedlichen* Klassen auf, was nicht immer der Fall sein muss. Man spricht von einer *rekursiven Beziehung,* wenn die Objekte aus derselben Klasse stammen. In typischen *Stücklistenstrukturen* oder gewissen *hierarchischen Strukturen* sind manche Teile selbst wieder als Ganzes mit untergeordneten Teilen aufzufassen. Rekursive Beziehungen, die in der Regel als Komposition oder Aggregation abzubilden sind, treffen wir hauptsächlich in Anwendungsbereichen der Kategorie *Struktur-Management* an. Darstellung einer rekursiven Beziehung (Komposition):

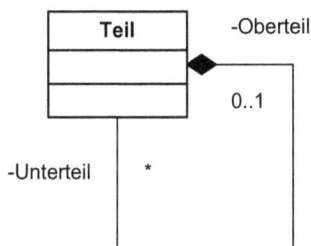

Abb. 4.14   *Rekursive Beziehung (als rekursive Komposition)*

Wichtig: Eine Kennzeichnung der Rollen ist, wie oben erwähnt, in diesen Fällen unverzichtbar.

Multiple Beziehungen

Nach dem UML-Standard sind auch *multiple Beziehungen* (n-fachen Beziehungen), an denen mehr als 2 Objekte beteiligt sein können, darstellbar; wie im Entity Relationship-Modell markiert dann eine Raute mit ihren Kanten zu den bereffenden Klassen die Beziehung. Im Unterschied hierzu spricht man von *binären Beziehungen*, wenn höchstens zwei Klassen beteiligt sind. Multiple Beziehungen sind schwierig zu deuten – und überflüssig, weshalb wird dringend davon abraten. Abschnitt 6.2 zeigt ein Verfahren auf, mit dem sich ausschließlich binäre 1:n-Beziehungen einstellen. Das Vorkommen von multiplen Beziehungen wäre dann als Übersehen eines gemeinsamen Bezugsobjektes und deshalb als inadäquat zu werten.

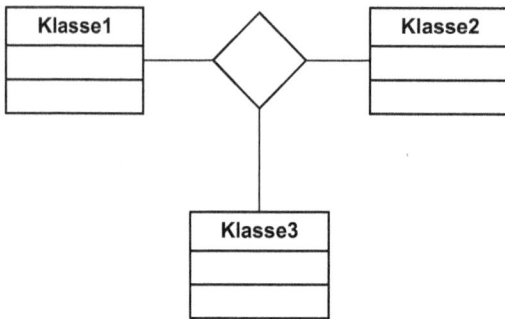

Abb. 4.15 *Multiple Beziehung*

Einschränkungen (Restriktionen)

In seltenen Fällen ist eine Beziehung als *Einschränkung* einer Beziehung zu verstehen. Dann müssen die Objekt-Paare der einen Beziehung eine Teilmenge der anderen abgeben. Eine Einschränkung wird durch einen gestrichelten Pfeil zwischen den betreffenden Beziehungen dargestellt. Klassisches Beispiel: Zwischen *Mitarbeiter* und *Organisationseinheit* eines Unternehmens liegt eine Beziehung ‚*ist beschäftigt in*' (Typ: n:1-Beziehung) vor. Die spezielle Beziehung ‚*leitet*' mit der Sonderrolle der Chefposition ist dabei als Einschränkung aufzufassen.

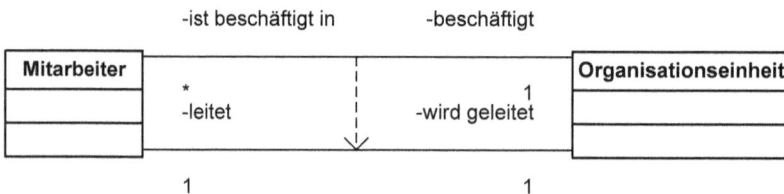

Abb. 4.16 *Einschränkung (Restriktion)*

4.4.3   Beziehungen zwischen Klassen: Generalisierung/Spezialisierung

Neben Assoziationen und ihren Spezialfällen ergibt sich noch ein anderer Zusammenhang zwischen Klassen: die *Generalisierungs-/Spezialisierungsbeziehung* (kurz: *Generalisierung/Spezialisierung*). In Abschnitt 4.1 wurde mit der Vererbung auf die Verwandtschaftsbeziehungen zwischen Klassen in Objekt-orientierten Sprachen hingewiesen; die Objekte der einen spezifischeren Klasse sind gleichzeitig auch als Mitglieder einer anderen allgemeineren Klasse zu betrachten (aber nicht umgekehrt). Im Beispiel **Konzertagentur** wurde etwa eine *Abonnementbestellung* als Spezialfall einer (allgemeinen) *Bestellung* interpretiert.

Darstellungsform für Generalisierungs-/Spezialisierungsbeziehungen (hier mit zwei spezialisierten Nachkommenklassen):

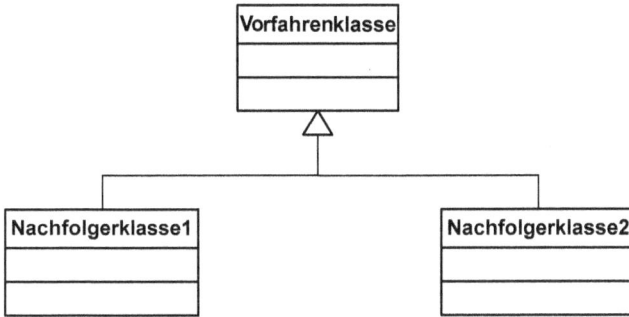

Abb. 4.17   *Generalisierung/Spezialisierung*

Beispiel 7. Konzertagentur – Generalisierung/Spezialisierung

Kartenbestellung und *Abonnementbestellung*

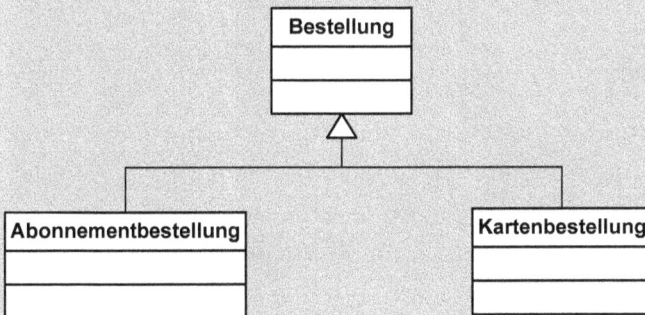

Abb. 4.18   *Spezialisierung von Bestellungen*

Während Assoziationen und ihre Spezialfälle, die Aggregationen und Kompositionen, Beziehungen zwischen Objekten (Instanzebene) wiedergeben – dargestellt mit den beteiligten Klassen – beschreibt im Unterschied dazu die Generalisierung/Spezialisierung (Vererbung) Zusammenhänge auf der Strukturebene, mithin zwischen Klassen. Denn: Es gibt keine zwei verschiedenen Objekte Bestellung und Abonnementbestellung, sondern es gibt nur *die* Abonnementbestellung, die auch einer (allgemeinen) Bestellung entspricht. Vererbung zielt auf die Bauart von Klassen, also die Datenstrukturen und Operationen, ab; mit Beziehungen zwischen Objekten hat dies nichts zu tun.

Die Generalisierung/Spezialisierung wird häufig als „… ist ein(e) …"-Beziehung charakterisiert, wie man z.B. sagen kann: ‚Eine *Abonnementbestellung* ist eine *Bestellung* (im allgemeinen Sinne)'. Der Test ist jedoch nicht eindeutig. Die Aussage „Das Fahrzeug WO-A 1959 H *ist ein* Borgward, Typ Isabella" ist z.B. keinesfalls als *Generalisierung/Spezialisierung* zu verstehen; vielmehr handelt es sich zwischen ‚Fahrzeug WO-A 1959 H' und ‚Borgward Isabella' um eine Beziehung, die wir in Abschnitt 6.4 als *Klassifizierung* bezeichnen werden (vgl. Unterabschnitt *Klassifizierung – Inhaltsebene* in Abschnitt 6.4).

Anmerkung zur Mehrfach-Vererbung: Einige Programmiersprachen unterstützen lediglich Einfach-Vererbung, worauf Abschnitt 4.1 hingewiesen hat. Die Kompensation der Mehrfach-Vererbung durch Rollenaggregation lässt sich auf folgende Weise darstellen:

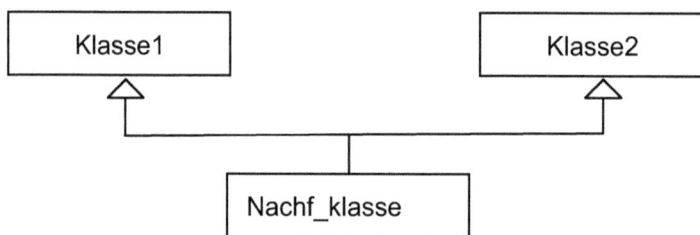

Abb. 4.19 *Mehrfach-Vererbung*

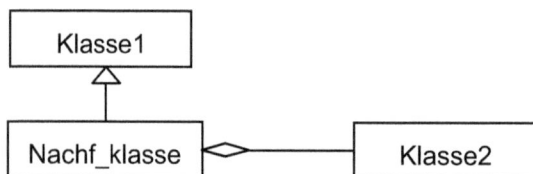

Abb. 4.20 *Rollenaggregation: Ersatz der Mehrfach-Vererbung*

Hinweis zum Vorgehen: Zu Recht weist die Literatur darauf hin, die Generalisierung/Spezialisierung nicht zu früh bei der Erstellung von Klassendiagrammen zu berücksichtigen – es dreht sich primär um organisatorische Fragen. Abschnitt 6,4 geht noch einmal auf differenzierte Aspekte hierbei ein. Auf jeden Fall sollte für Generalisierungen immer ein einsichtiger Grund und Nutzen vorliegen, andernfalls entstehen artifizielle Strukturen mit schwer nachvollziehbarem Code.

Es ist ein Anliegen des Buches, die Bedeutung von Beziehungen auszuleuchten und verständlich zu machen und ‚Stil-Richtlinien' für die Modellierung an die Hand zu geben. Im Unterschied zu anderen Ansätzen gründet unsere Modellierung der Informationsstrukturen

(Kapitel 6) streng auf den Handlungsstrukturen des Anwendungsfeldes (Kapitel 5), weniger auf dem freien Auffinden und Assemblieren von Beziehungen.

4.5 Aktivitätsdiagramme

Aktivitätsdiagramme bilden die zeitliche Abfolge von Aktivitäten in der Form eines Graphen ab, mit Aktivitäten als Knoten und gerichteten Kanten für die zeitlichen Nachfolger-Beziehungen. ‚Aktivität' bedeutet entweder eine (vom System zu unterstützende) Handlung des Anwendungsfeldes oder eine funktionale Einheit des zu bauenden Systems. Beide Bezugs- und Bedeutungsebenen werden wir strikt voneinander trennen. Wie in Abschnitt 2.3 ausgeführt, zielt unser Modellieren darauf ab, die Strukturen des Anwendungsfeldes als Basis darzustellen; die Aktivitätsknoten sind dabei als Dienste (elementare oder komplexe Dienste, Arbeitsgänge; vgl. Abschnitt 2.1, Unterabschnitt *Produktionsprozesse, Dienstleistungseinheiten und Struktur-Management* sowie Abschnitt 5.3) zu verstehen. Die *Systemfunktionen* leiten sich daraus später als untergeordnete Einheiten ab.

Um die jeweilige Bezugsebene, die für das Verständnis der Diagramme von entscheidender Bedeutung ist, explizit benennen zu können, sprechen wir im ersten Fall von der Macro-Ebene, im zweiten Fall von der Micro-Ebene. Die Bedeutungen beider Ebenen sind eindeutig bestimmt: Die Macro-Ebene befasst sich mit der (zunächst IT-fernen) Frage, in welcher Weise die Leistungen im Anwendungsfeld erstellt werden bzw. zu organisieren sind; bei der Micro-Ebene geht es dagegen darum, wie die Leistungen des Anwendungssystems, die Dokumentationsdienste, zu realisieren sind. Für die Planung eines Anwendungssystems ist zunächst die Macro-Ebene aufzuarbeiten, erst danach ist der Frage nachzugehen, wie die Systemunterstützung für einzelne Elementardienste (bzw. Arbeitsgänge) im Code umgesetzt wird. In der Anforderungsanalyse sind in Ausnahmefällen nur dann Aktivitäten der Micro-Ebene zu berücksichtigen, wenn sich hinter den System-Diensten komplexe algorithmische Verfahren verbergen.

Nach dem UML-Standard sind folgende zeitlichen Beziehungen zwischen Aktivitäten darstellbar:

Direkte Nachfolge-Beziehung, lineare Abfolge (Sequenz): Hier handelt es sich um ein in fester Weise ablaufendes Verarbeitungsmuster, bei dem auf die vorausgehende Aktivität (A1) eine eindeutig bestimmte Nachfolgeaktivität (A2) durchzuführen ist. *Darstellungsform:*

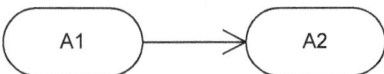

Abb. 4.21 Aktivitätenfolge: direkte Abfolge (Sequenz)

Alternative Verzweigung: Für eine Vorgängeraktivität stehen – je nach Situation (Bedingung) – zwei oder mehrere exklusive alternative Nachfolgeaktivitäten zur Auswahl an. Der UML-Standard sieht dazu die Darstellung mit Hilfe eines Entscheidungspunktes (Raute) vor; die Auswahlbedingungen sind an den Kanten zu notieren:

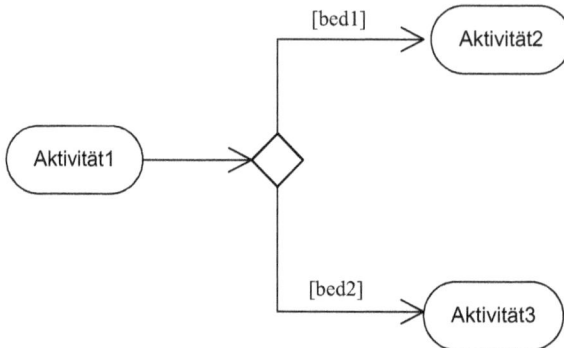

Abb. 4.22   *Verzweigung mit zwei alternativen Aktivitäten (explizite Form)*

Splitting (Parallelität; Nebenläufigkeit): Nach einer Vorgängeraktivität werden unabhängig voneinander zwei oder mehrere Aktivitäten oder Aktivitätsstränge durchgeführt. Dazu wird ein Verzweigungsknoten (fork node; als senkrechter Balken) verwendet.

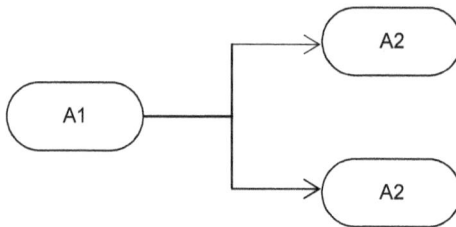

Abb. 4.23   *Splitting: parallele Aktivitäten (A1, A2)*

Übergangsbedingungen, die an den Kanten zu notieren sind, können die parallelen Aktivitäten eines Splittings weiter einschränken. Das Splitting-Symbol lässt sich durch Eigenschaften {AND}, {OR} bzw. {XOR} genauer charakterisieren, um anzuzeigen, ob *alle* Nachfolgeaktivitäten, *mindestens eine* bzw. *genau eine* davon auszuführen sind; der letzte Fall entspricht der *alternativen Verzweigung*. Die Defaulteigenschaft ist {AND}.

Synchronisation: Das Gegenstück zum Splitting, die Synchronisation, führt nebenläufig erarbeitete Aktivitäten wieder zusammen. Als Symbol wird ein Synchronisationsknoten (joint node; wieder als senkrechter Balken) verwendet.

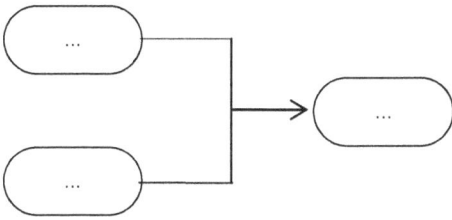

Abb. 4.24   *Synchronisation: Zusammenführen von (Teil-) Aktivitäten*

In seltenen Fällen ist man lediglich an genau einem bzw. an mindestens einem der nebenläufig ausgeführten Aktivitäten interessiert (was im ersten Fall einer alternativen Verzweigung entspricht). Solche Fälle sind mit der Eigenschaftsnotation {XOR} bzw. {OR} am Synchronisationsknoten auszuweisen; sind alle Aktivitäten zu berücksichtigen, ist die Eigenschaft {AND} zu notieren. Generell können Übergänge bei der Synchronisation ähnlich wie beim Splitting an Bedingungen (an der Kante notiert) geknüpft sein.

Die Defaulteigenschaft entspricht {AND}.

Verzweigungen oder Splitting sind alternativ zu oben auch in einer *impliziten Form* darstellbar, wo die Kanten durch Übergangsbedingungen kontrolliert werden. Allgemeines Beispiel:

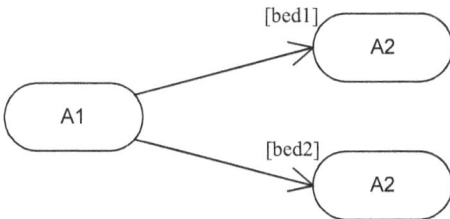

Abb. 4.25   *Bedingte Übergänge – implizite Form*

Start- und Endknoten: Jede Folge von Aktivitäten besitzt immer genau ein Startsymbol; bei alternativen Verzweigungen dürfen mehrere Ende-Markierungen aufgeführt sein, an denen die Abfolge beendet wird (terminiert). *Symbole:*

Startknoten: ●

Endknoten: ◉

4.6   Zustandsdiagramme

Die aktuellen Bearbeitungsmöglichkeiten eines (materiellen oder immateriellen) Gegenstandes hängen sehr davon ab, welchem Umgang er bisher ausgesetzt war. Ein aktuell ausgeliehenes Buch (Exemplar) z.B. darf nicht noch einmal ausgeliehen werden, eine bereits vollständig bearbeitete Bestellung ist nicht mehr stornierbar. Mit dem *Zustand* eines Gegenstandes wird ein Stand als Qualitätsmerkmal markiert, der gewisse Bearbeitungsmöglichkeiten erlaubt, andere ausschließt. Ein *Zustandsdiagramm* zeigt insgesamt auf, in welcher Situation – als *Zustand* interpretiert – welcher Zugriff – als *Ereignis* bezeichnet – möglich ist und welcher (Folge-) Zustand sich daraufhin einstellt; es beschreibt das mögliche *Verhalten* eines allgemeinen Gegenstandes und ist folglich einer Klasse zugeordnet. Aus formaler Sicht entspricht ein Zustandsdiagramm einem Graphen, mit den Zuständen als Knoten und den Ereignissen als gerichteten Kanten. Ein Zustand ist aus einer anderen Perspektive als eine zeitliche *Phase,* in der sich ein Gegenstand befindet, interpretierbar und mit einer Dauer in Verbindung zu bringen (eine intensivere Betrachtung erfolgt in Abschnitt 5.4); dagegen ist der Eintritt eines Ereignisses als eine Begebenheit aufzufassen, wo i.A. der Zeitpunkt seines Eintretens von Interesse ist. Zustände werden zunächst für Gegenstände aus dem Anwendungsfeld betrachtet und später, nach der Wende zur Implementierung, auch für davon abgeleitete Software-Objekte.

Allgemeines Beispiel:

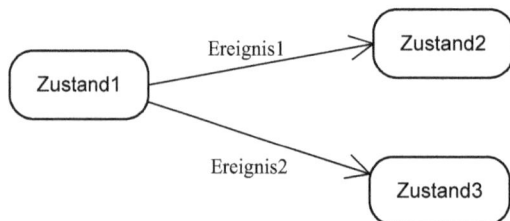

Abb. 4.26   *Zustandsübergänge*

Zu einem bestimmten Zeitpunkt befindet sich ein Objekt (Instanzebene) immer in *genau einem* Zustand. Besteht ein Objekt aus mehreren Komponenten (als Aggregation oder Komposition), kann sein Zustand von den Zuständen seiner Komponenten beeinflusst sein.

Die folgenden *Besonderheiten* sind für Zustandsdiagramme zu beachten.

Jedes Zustandsdiagramm besitzt einen eindeutigen (anonymen) *Anfangszustand* (auch: *Initialzustand*); es dürfen allerdings mehrere *Finalzustände* (auch: *Endzustände*) vorkommen; Finalzustände zeigen an, dass die Existenz eines Objektes beendet ist. Die Symbole sind die gleichen wie bei Aktivitätsdiagrammen:

Symbole:

Initialzustand: ●

Finalzustand: ◉

Ein Zustandsübergang (auch: *Transition*), ob durch ein Ereignis ausgelöst oder direkt ausgeführt, kann an eine Bedingung, die sog. *Wächterbedingung,* gebunden sein. Dasselbe Ereignis kann unterschiedliche Übergänge verursachen, sofern es jeweils von Wächterbedingungen, die sich gegenseitig ausschließen müssen, begleitet wird; ohne ihren gegenseitigen Ausschluss wäre der Übergang andernfalls nicht mehr eindeutig festgelegt. Beispiel *Bibliothek:* Je nachdem ob eine Reservierung vorliegt, kann ein ausgeliehenes Buch mit seiner Rücknahme entweder in den Zustand ,vorgemerkt' oder in ,frei verfügbar' übergehen, was sich mit Hilfe von Wächterbedingungen (in der Form: [....]) ausdrücken lässt.

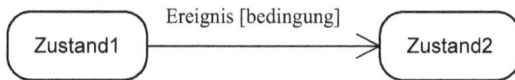

Abb. 4.27 *Allgemeine Darstellung einer Zustandsübergang (Transition) mit Wächterbedingung*

Ein Ereignis darf einen Zustand in sich selbst überführen. Im Normalfall ist dabei eine Wächterbedingung anzutreffen; ist sie verletzt, tritt ein Zustandswechsel ein. Beispiel **Konzertagentur:** Eine Konzertveranstaltung ist im Zustand ,buchbar', falls noch Plätze frei sind. Solange danach noch Karten verfügbar sind, ändert die Handlung ,Kartenverkauf' nichts an diesem Zustand; mit dem Verkauf der letzten Konzertkarte findet dann aber ein Zustandsübergang von ,buchbar' in ,ausgebucht' statt. Im Zustandsdiagramm ist das Ereignis ,Kartenverkauf' jeweils durch Wächterbedingungen (z.B. [Anzahl_freie_Karten > 0] und [Anzahl_freie_Karten = 0]) zu flankieren. Man sieht direkt, wie sich diese Strukturen in den System-Code zur Steuerung der Systemdienste übertragen lassen.

Ein Zustandsübergang kann in Ausnahmesituationen ohne Eintritt eines äußeren Ereignisses als *direkter Übergang* erfolgen, was gewöhnlich von einer Wächterbedingung begleitet wird. Solche Konstellationen sind anzutreffen, wenn der vorausgehende Zustand einer andauernden (häufig: technischen, maschinellen) Aktivität des Objektes entspricht, deren Beendigung ein anderes Verhalten zur Folge hat. *Beispiel Bankautomat*: Das Zählen des Geldes ist am besten als Zustand zu interpretieren, der ohne ein weiteres Ereignis in den Zustand ,Ausgabe der Bankkarte' übergeht, falls alles fehlerfrei abläuft. In unserem Anwendungsbereich treffen wir ,Ereignis-lose' Übergänge oft an, wenn Fristüberschreitungen (etwa als Wächterbedingung [timeout] formuliert) einen Zustandswechsel nach sich ziehen. Beispiel *Bibliothek:* Ein vorgemerktes Buchexemplar ist wieder als frei verfügbar zu behandeln, falls die die Reservierungsfrist verstrichen ist.

Auch wenn es für die Analyse der Anwendungsfeldstruktur kaum von Relevanz ist, so soll dennoch auf den Unterschied zwischen Aktionen und Aktivitäten bei Systemleistungen hingewiesen werden: *Aktionen* entsprechen kurzen, ergänzenden Hilfsdiensten, etwa die Ausgabe von Hinweisen an der Nutzeroberfläche, während eine *Aktivität* eine substanzielle – eigentliche – Dienstleistung des Systems ist, etwa die Steuerung einer technischen Komponente. Eine auszuführende *Aktion* kann je nach Veranlassung im Zustandsdiagramm notiert sein:

- direkt mit dem Zustandsübergang oder
- mit dem Eintritt eines Zustands oder
- beim Verlassen eines Zustands.

Ein Zustand, der sich als (anhaltende, technische) *Systemaktivität* versteht, wird in der Zustandsdarstellung mittels einer DO-Klausel vermerkt.

Beispiel 8. Konzertagentur – Zustandsdiagramm

Für die Bearbeitung des Auftrags ‚*Telefonischer Kartenverkauf (Vorkasse)*‘ – später als Dienstleistungsprozess aufgefasst –, wo vor dem Versand der Karten erst der Zahlungseingang zu verbuchen ist, machen wir die Zustände aus: ‚telefonisch bestellt‘ (und noch nicht weiter bearbeitet), ‚Zahlung aufgefordert‘ (Zahlungsaufforderung verschickt), ‚Zahlung eingegangen‘, ‚Karte(n) verschickt‘, ‚Kunden-storniert‘ bzw. ‚System-storniert‘. Offensichtlich sind die Handlungen ‚Auftragsannahme‘, ‚Kartenversand‘, ‚Stornieren (Kunde)‘ etc. nicht zu jedem Zeitpunkt durchführbar bzw. in beliebiger Reihenfolge miteinander kombinierbar: Nach dem Versenden der Karten macht das Stornieren der Bestellung keinen Sinn mehr. Oder: Nach Ablauf der Zahlungsfrist erfolgt die Freigabe der Karten, ein Zahlungseingangs darf dann nicht mehr verbucht werden. Die Zustände machen deutlich, welche Handlungen jeweils möglich sind.

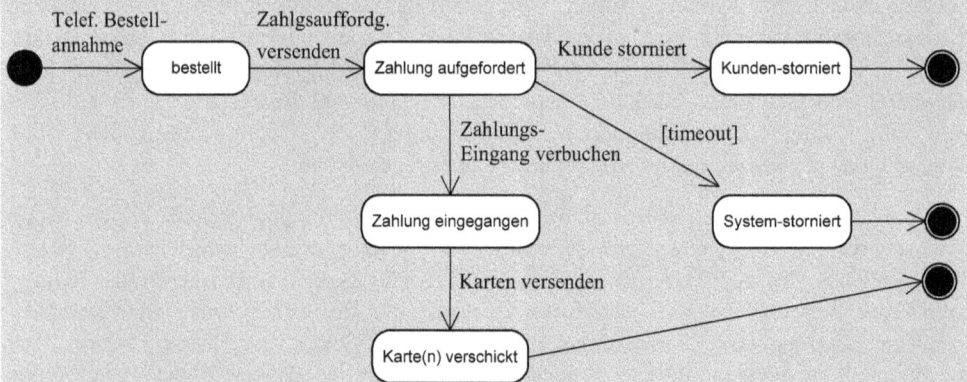

Abb. 4.28   *Zustandsdiagramm ‚Telefonischer Kartenverkauf (Vorkasse)‘*

Wie im letzten Beispiel veranschaulichen Zustandsdiagramme in übersichtlicher Weise, welche Bearbeitungsmöglichkeiten (Ereignisse) in den jeweiligen Situationen (Zuständen, Phasen) gegeben sind. Sie stellen damit das allgemeine Verhalten einer Gegenstandsart dar. Derartige Zusammenhänge sind später im System umzusetzen: Solange etwa im Beispiel 8 der Betrag noch nicht eingegangen ist, darf der Kartenversand (bzw. der Dokumentation dieses Vorgangs) nicht unterstützt werden.

Zustandsdiagramme, die in der Automatentheorie, einer Grundlagenbetrachtung der Rechner, als formales Beschreibungsmittel dienen, wurden durch D. Harel (Harel, D. [1987]) in die Modellierung von Softwaresystemen eingeführt und in Objekt-orientierten Ansätzen (Shlaer, S., Mellor, S.J. [1990], Rumbaugh, J.,. et al [1991]) weiter entwickelt. In der UML geben sie zusammen mit den Use Cases, den Aktivitäts- und Klassendiagrammen eines der zentralen Modellierungsmittel ab. Während sie sich bei der Entwicklung technischer Softwaresysteme allgemeiner Wertschätzung erfreuen, ist ihr Potenzial im Bereich der Anwendungssysteme bisher eher unterschätzt worden – völlig zu Unrecht, wie wir in Abschnitt 5.4 nachweisen wollen. Eine Akzeptanzschwierigkeit mag darin liegen, dass der Unterschied zwischen Zustandsdiagrammen und Aktivitätsdiagrammen manchmal nicht klar markiert wird, etwa in der UML-Dokumentation der OMG, Version 1.0. Der Unterabschnitt *Zustandsdiagramme und Aktivitätsdiagramme* geht unten noch einmal kurz auf diese Frage ein.

Verfeinerungen von Zuständen

Ein Zustandsdiagramm zeigt den möglichen Entwicklungsverlauf einer Gegenstandsart in Zuständen mit deren Übergängen, die durch Ereignisse veranlasst und durch Bedingungen kontrolliert sein können, auf. Dabei treten in manchen Fällen Grobphasen hervor, die eine Aufgliederung in (untergeordnete) *Unterzustände* erlauben. So gibt es für ein Buchexemplar in einer Bibliothek die vier groben Zustände ‚beschafft‘, ‚verfügbar‘, ‚ausgeliehen‘ und ‚ausgelistet‘ mit den bekannten Ereignissen und Übergängen; der Zustand ‚verfügbar‘ ist noch genauer differenzierbar in ‚vorgemerkt‘ und ‚frei verfügbar‘, was für den weiteren Umgang mit diesem Buch nicht unwichtig ist. Ein anderes Beispiel ist in der UML-Dokumentation (OMG Unified Modeling Language; OMG [2010], p. 590) angeführt: Ein Telefon kann zunächst die beiden Zustände ‚aktiv‘ und ‚passiv‘ besitzen; ‚aktiv‘ selbst lässt sich in Unterzustände ‚wählend‘, ‚verbunden‘, ‚besetzt‘ etc. untergliedern. Unterzustände hängen über Ereignisse und Bedingungen auf die gleiche Weise zusammen wie die bisher betrachteten ‚gewöhnlichen‘ Zustände; sie sind ausschließlich nur im Kontext ihres übergeordneten Zustands relevant. Das differenzierte Verhalten innerhalb eines Zustands kann wieder als (untergeordnetes) Zustandsdiagramm dargestellt werden, das als *Verfeinerung* des übergeordneten Zustands bezeichnet wird. Auch für Verfeinerungen gilt die allgemein gültige Randbedingung: Ein Gegenstand in einem übergeordneten Zustand befindet sich zu jedem Zeitpunkt in *genau einem* seiner Unterzustände.

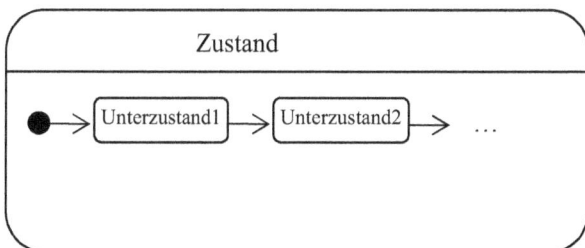

Abb. 4.29 *Darstellung einer Zustandsverfeinerung*

Diese Darstellungsweise macht deutlich, dass mit dem Übergang des übergeordneten Zustands gleichzeitig jeder Unterzustand aufgehoben wird. Zustände in einem Diagramm, die eine Verfeinerung besitzen, sind durch ihre Verfeinerung ersetzbar: Anstelle des zu verfeinernden Zustands kann als Ausschnitt dessen Verfeinerung in das ursprüngliche Diagramm eingefügt werden, wobei die übergeordneten Übergangskanten entsprechend nachzutragen sind.

Beispiel *Bibliothek*: Verfeinerung des Zustands ‚verfügbar' in ‚vorgemerkt' und ‚frei verfügbar'; an Hand der Bedingungen [reserviert] bzw. [nicht_reserviert] ist bei einer Buchrückgabe zu überprüfen, ob eine Reservierung für das Buch vorliegt.

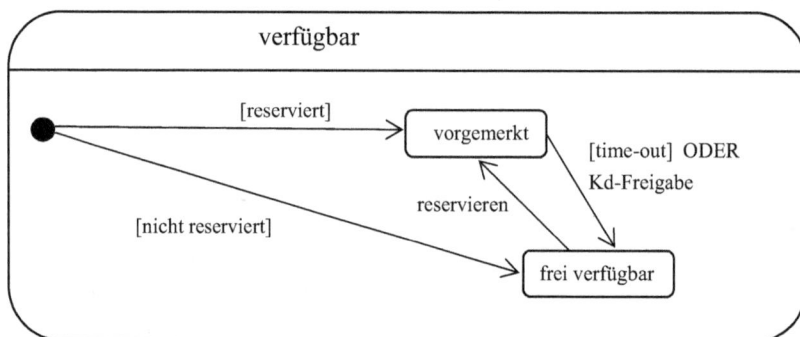

Abb. 4.30   *Verfeinerung des Zustands ‚verfügbar'*

Verfeinerungen sollten weniger aus formalen Gründen als vielmehr aus inhaltlicher Sicht Verwendung finden. Ihr Einsatz lohnt sich, wenn sie zu einer besseren Übersichtlichkeit führen und damit das Verhalten besser begreifbar machen. Eine Zustandsverfeinerung liegt nahe, wenn mehrere (Unter-) Zustände durch ein oder mehrere Ereignisse aufgehoben werden. Zustände und Ereignisse sind enger aufeinander bezogen, als man auf den ersten Blick vermutet: Wie man in einer bestimmten Situation mit einem Gegenstand umgehen kann, vermittelt sein Zustand.

Folgende teilweise schon angesprochenen **Regeln** sind für Zustandsverfeinerungen zu beachten:

- Befindet sich das Objekt in einem übergeordneten Zustand, so ist zu jedem Zeitpunkt immer genau ein Unterzustand (der Verfeinerung) zutreffend.
- Mit dem Verlassen des übergeordneten Zustands wird gleichzeitig auch jeder Unterzustand aufgehoben. Allerdings kann man mit Hilfe von Wächterbedingungen anzeigen, dass der übergeordnete Zustand nur in gewissen Unterzuständen aufhebbar ist. Beispiel *Bibliothek*: Eine Vormerkung darf nur dann aufgehoben werden, wenn der Kunde zuvor über die Bereitstellung seines vorgemerkten Buches informiert wurde. In Abb. 4.30 ist deshalb der Unterzustand ‚vorgemerkt' noch einmal zu verfeinern in ‚Kundeninformation ausstehend' und ‚Kunde ist informiert'. Der ‚time-out'-Übergang ist an die Bedingung zu knüpfen, dass der Unterzustand ‚Kunde ist informiert' vorliegt.

- Der Eintritt des übergeordneten Zustands initiiert nach dem (formalen) Initialzustand genau einen Anfangszustand seiner Verfeinerung. Es können unterschiedliche Anfangszustände in Frage kommen, falls Wächterbedingungen, die sich gegenseitig ausschließen müssen, den Eintritt steuern.

Das Unterteilen von Zuständen in Unterzustände führt zu einer *hierarchisch gegliederten Beschreibung* des Verhaltens von Gegenständen (Objekten) einer Klasse. Verfeinerungen geben ein hervorragendes Hilfsmittel ab, um auf der oberen Ebene zunächst die groben Phasen im Auge zu behalten und separat das auf Situationen eingeschränkte Verhalten mit Hilfe von Verfeinerungen darzustellen. Das dokumentierte Verhalten muss unser System später unterstützen: Für alle möglichen Bearbeitungen sind exakt die sinnvollen (Dokumentations-) Dienste bereitzustellen, ‚unmögliche' Handhabungen (bzw. deren Dokumentation) sind auf keinen Fall zu ermöglichen.

Ergänzungen

History-Aspekt: In manchen Fällen möchte man nach dem Verlassen eines verfeinerten Zustands bei dessen Wiedereintritt den zuletzt aktuellen Unterzustand initiieren. Diese Randbedingung lässt sich nach Harel, D. [1987] durch ein ‚History-Symbol' markieren.

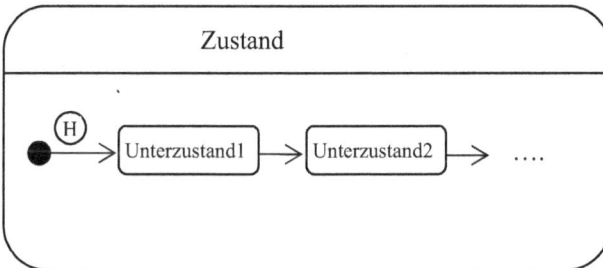

Abb. 4.31   *Zustandsverfeinerung mit ‚History-Symbol'*

Zusammengesetzte Zustände: Der UML-Standard (OMG [2010], Ch. 15.3.11) sieht vor, dass sich Zustände auch aus einer bestimmten Anzahl von voneinander unabhängigen Unterzuständen, die als ‚orthogonal' zueinander verstanden werden, zusammensetzen können. Die Verfeinerung des Zustands wird dann aus der entsprechenden Anzahl von Zustandsdiagrammen, die durch gestrichelte Linien voneinander abgetrennt sind, dargestellt. Nahe liegend sind zusammengesetzte Zustände bei Gegenständen, die einer Aggregation oder Komposition entsprechen, wo die Unterzustände der Komponenten zusammen den übergeordneten Zustand bestimmen (vgl. auch Abschnitt 5.4).

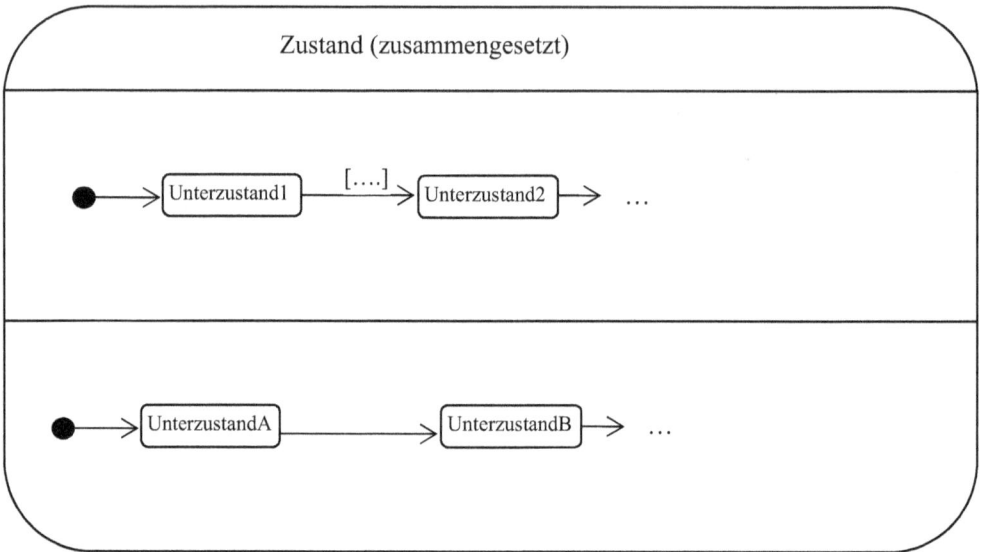

Abb. 4.32   *Verfeinerung eines zusammengesetzten Zustands mit zwei orthogonalen Unterzuständen*

Zustands- und Ereignis-Spezialisierungen: J. Rumbaugh et al haben darauf hingewiesen, dass die Beziehung zwischen einem Zustand und seinen Unterzuständen auch als Generalisierung/Spezialisierung interpretierbar ist (Rumbaugh, J. et al [1993], Abschnitt 5.5.3); ähnliche Überlegungen können ähnlich für Ereignisse angestellt werden (Rumbaugh, J. et al [1993], Abschnitt 5.5.4).

Zustandsdiagramme und Aktivitätsdiagramme

Aktivitätsdiagramme (azyklische Graphen) lassen sich formal als spezielle Zustandsdiagramme (i.A. zyklische Graphen) auffassen – was auf der Macro-Ebene seine inhaltlich Entsprechung findet: Elementardienste (bzw. Arbeitsgänge), die nach der Struktur eines Aktivitätsdiagramms abzuarbeiten sind, laufen auf ein Ziel, das Arbeitsergebnis, zu; jede ausgeführte Handlung ändert den Entwicklungsstand und entspricht deshalb einer Zustandsänderung der zu erbringenden Leistung. Beide Diagrammtypen finden später für unterschiedliche Leistungskategorien Verwendung: Entweder gilt unser Interesse der intern gesteuerten Abfolge von Handlungen auf ein Ziel hin, dann verwenden wir Aktivitätsdiagramme; sind dagegen die Phasen eines (allgemeinen) Gegenstandes mit ihren Übergängen darzustellen, eignen sich Zustandsdiagramme am besten. Beide Diagrammtypen fokussieren unterschiedliche Aspekte des Leistungsgeschehens: Zustandsdiagramme beziehen sich auf (allgemeine Dokumentations-) Gegenstände – später im Kontext von Dienstleistungen interpretiert – und beschreiben deren Entwicklungsphasen mit ihren Übergängen, was als ihr Verhalten verstanden wird. Aktivitätsdiagramme stellen dagegen Handlungen in einer fest vorgeschriebenen Abfolge auf ein (Leistungs-) Ziel hin dar. Abschnitt 5.4 wird in dem Unterabschnitt *Zu-*

standsdiagramme oder Aktivitätsdiagramme hinsichtlich der Strukturierung von Leistungsbereichen noch genauer auf das Verhältnis beider Diagrammtypen eingehen.

4.7   Modellieren, Modelle, Anforderungen

Anforderungen sind Anforderungen an ein System, das bestimmte IT-Dienste für ein Anwendungsfeld bereitstellen soll. Die IT-Dienste sind deshalb nicht frei konzipierbar, sondern
sie müssen die Struktur des Anwendungsfeldes (vgl. Abschnitt 2.1, Unterabschnitt *Produktionsprozesse, Dienstleistungseinheiten und Struktur-Management*) widerspiegeln: Das System darf Handlungen nur dann unterstützen, wenn die Sachlage ihre Ausführung erlaubt. Das
Erarbeiten der adäquaten Strukturen ist eine aufwändige, oft unterschätzte wenn nicht sogar
übergangene Aufgabe, deren Lösung aber entscheidenden Einfluss auf das Gelingen eines
Entwicklungsprojekts besitzt. Die Strukturdarstellung selbst soll in graphischer Form als
Modell (vgl. Abschnitt 2.1) erfolgen, wozu die Beschreibungsmittel der UML in diesem
Kapitel vorgestellt wurden. Allerdings bleiben noch zwei Fragen zu klären: Was der genaue
Nutzen der Modelle ist und wie sich die Modellbildung nachvollziehbar durchführen lässt.
Dem Marginalisieren solcher Grundsatzfragen mit dem Argument, dass die Mehrwertgene-
rierung schließlich durch das Codieren oder allenfalls Modellieren und nicht durch das Reflektieren des Modellierens zustande kommt, wäre kaum etwas entgegenzuhalten, wenn sich
die Entwicklungsprojekte immer wieder mit demselben selbstverständlichen Erfolg einstell-
ten – was nicht nur von Pessimisten bezweifelt wird. Die Klärung der Grundsatzfragen als
Legitimation des Vorgehens wird deshalb als unabdingbar für wissenschaftliches wie rational praktisches Arbeiten angesehen.

Zurückgehend auf den von H. Stachowiak [1973] eingeführten Modellbegriff versteht die
Literatur ein Modell als Abbild, welches gezielt die Realität verkürzt und einem bestimmten
Zweck dient. Gelegentlich bleibt dabei die Frage allerdings offen, *wozu konkret* die Modellbildung eigentlich dienen soll. Um Missverständnisse auszuräumen, soll hier unser Modell-
verständnis – was genau im Modell abgebildet wird und wie es genutzt wird – explizit vorgestellt werden, was als Klarstellung der Perspektive für die folgenden Kapitel 5 und 6 zu verstehen ist. Den Nutzen der Modelle für den Bau der Systeme und deren Unverzichtbarkeit
nachzuweisen, ist eines der zentralen Anliegen dieses Buches.

*Mit einem ausschließlich intuitiven Vorgehen wird man kaum seines Erfolgs sicher
sein können – sind alle Objekte bzw. Klassen erfasst, ist das Informationsgefüge adäquat beschrieben, wird tatsächlich das 'richtige' Produkt gebaut? Systeme mit um-
ständlicher Bedienbarkeit oder sog. 'Goldrandlösungen' mit entbehrlichen Funktionen waren in der Vergangenheit keine Seltenheit. Eine ökonomisch effiziente Entwicklungsstrategie setzt ein begründbares und damit rational nachvollziehbares Handeln
voraus, das sich seiner Basis und deren Tragfähigkeit bewusst ist. Die folgenden Kapiteln 5 und 6 zeigen, dass die Struktur des Anwendungsfeldes hinreichend Halt für
ein nachvollziehbares und zielsicheres Vorgehen liefern wird. Noch einmal darf an
die Maßschneider-Analogie (vgl. den Schluss des Abschnitts 2.1) erinnert werden:
Entscheidend sind am Anfang nur die Maßangaben. Ähnlich ist das Anwendungsfeld*

*für die unterstützenden Systemsdienste zuerst zu ‚vermessen'. Ob die Entwicklung ge-
lingen wird, ob ein Modell adäquat ist, wird hauptsächlich davon abhängen, wie gut
der Sinn und die Zusammenhänge der betrieblichen Handlungen erkannt und aufge-
arbeitet wurden.*

*Der konventionelle Modellbegriff wird in unserem Kontext als nicht unproblematisch
bewertet. Die Modell-Definition als Abstraktion bzw. als ‚Abbild der Realität zur
Komplexitätsreduzierung' verwendet zum einen den kaum zu definierenden Begriff
der ‚Realität'; außerdem muss man sich fragen, ob es ein Realitätsverständnis ohne
Abbilder überhaupt geben kann. Wir gründen unsere Überlegungen vor allem auf die
‚Innenschau' der in Abschnitt 2.4 charakterisierte ‚Sache'. Der Sinn unseres Modell-
begriffs erschließt sich allein aus dessen nachvollziehbarem Nutzen für die folgenden
Entwicklungstätigkeiten.*

Traditionell wird Modellbildung als Modellierung von Softwaresystemen verstanden. Teilt
man die Perspektive, dass alle Unternehmenshandlungen und Aufwendungen ihre Bedeutung
allein aus ihrem Bezug zur Leistungserbringung gewinnen, so ist jener Nachweis auch für
die Leistungen eines Anwendungssystems, die als ‚automatisierte Hilfssekretärsdienste'
qualifiziert wurden (vgl. Unterabschnitt *Was können Anwendungssysteme leisten?* in Abschnitt 2.1), zu erbringen. Nur mit transparenter Verankerung der Systemmodelle in den
Unternehmensstrukturen kann es gelingen, den Sinn und Nutzen der zu entwickelnden IT-
Dienste nachzuweisen; Anwendungssysteme haben schließlich ‚nur' die Informationsversor-
gung unter Berücksichtigung der Organisationsregeln zu gewährleisten. Worüber und wozu
Informationen gebraucht werden, welche Strukturen zugrunde liegen, dies aufzudecken und
darzustellen ist Aufgabe des Requirements Engineerings. Zu entscheiden ist dann noch, in
welcher *Form* solche Strukturen festzuhalten sind, so dass sich das System darauf gegründet
weiter planen und eindeutig bauen lässt. Die Nützlichkeit der Textform für die Beschreibung
aller sachlichen (funktionalen) Systemanforderungen wurde in Abschnitt 2.3, Unterabschnitt
Anforderungsanalyse – wozu genau?, skeptisch bewertet. Beispiele wie „Das System soll
Informationen über freie Konzertkarten bereitstellen und beim Verkauf als belegt markieren;
Doppelbelegungen sollen verhindert werden" sind nur bedingt hilfreich – sie sind im Kontext
des Geschehens selbstverständlich.

*Die Textform isoliert die einzelnen Anforderungen, so dass der Überblick über den
Gesamtzusammenhang in Gefahr steht. Außerdem verleitet sie dazu, Details zu spezifizieren, die im Kontextverständnis selbstverständlich sind. Beispiel Wohnungsbau:
Für ein Privathaus könnten unzählige Anforderungen aufgestellt werden, die für Architekten und Bauherren selbstverständlich und deshalb überflüssig sind – deshalb
kommt niemand auf die Idee, sie zu notieren, obwohl sie Berücksichtigung finden.*

Zur Darstellung von Zusammenhängen sind Graphen besser als die Textform geeignet, wo in
manchen Fällen hierarchische Verfeinerungen für eine bessere Übersichtlichkeit sorgen. Der
hier vertretene Ansatz nimmt die graphisch dargestellte Struktur des Anwendungsfeldes – die
Handlungen im Leistungsgefüge und ihre zeitlichen Zusammenhänge – als primäre Basis an,
später erweitert durch die Struktur der relevanten Informationen und ggf. ergänzt um die
Beschreibung von Organisationsregeln. Diese Strukturen verstehen sich als *Bauplan des
Systems*, der die zu entwickelnden IT-Dienste eindeutig identifiziert und spezifiziert. Unser

Ziel muss folglich eine Darstellungsform sein, die einerseits die Struktur des Leistungsgefü-
ges als Fundament des Systems erkennen und andererseits die Dienste des zu entwickelnden
Systems hinreichend präzise daraus ablesen lässt. Dabei soll einer alten Forderung in der
Software-Entwicklung Rechnung getragen werden: Das *Was*, das Ziel bzw. die inhaltliche
Dimension der Entwicklungsaufgabe oder die aus Nutzersicht zu begreifenden Dienste, vor
das *Wie*, den Weg bzw. die technische Dimension oder die Implementierung, zu stellen.
Allerdings sind beide Aspekte nicht voneinander zu trennen: Man muss sich sicher sein, wie
die Strukturen schließlich in Code (Datenbankstrukturen, Algorithmen, GUI etc.) umzusetzen sind. In gewissem Sinne wird die Modellierungsstrategie auch vom Ziel her, der Entwicklung des Codes, getrieben. Kapitel 2 wollte das Verständnis des Zusammenhangs zwischen Anwendungsfeld und Anwendungssystem klären. Danach darf man sich bei der Anforderungsanalyse vollständig der Sache, dem Anwendungsfeld, zuwenden, da die Systemdienste eindeutig nachgeordnet sind.

Strategie für die Anforderungsmodellierung

Für die Strukturdarstellung des Anwendungsfeldes finden folgende Modellierungsmittel der
UML Verwendung:

- *Use Cases* markieren den Bedarf an Dokumentationsdiensten bzw. die (möglichen)
  Einsatzsituationen des Systems. Sie sind ggf. im Vorlauf als Stoffsammlung für die weitere Erschließung der Anwendungsfeldstruktur zu ermitteln. Use Cases sind vor allem für
  das Struktur-Management hilfreich. Parallel zur Strukturerschließung und -darstellung
  des Anwendungsfeldes sind (ggf. erst im Nachtrag) alle Einsatzsituationen vollständig
  aufzuführen und näher zu spezifizieren, was als Grundlage für das Modellieren der Informationsstrukturen, für die Implementierung und für das Testen der Systemfunktionen
  dient.
- *Aktivitätsdiagramme (Macro-Ebene)* für die Darstellung der zeitlichen Abfolge von
  Handlungen (Diensten), um Produktionsprozesse und nicht-elementare Dienste (vgl. Abschnitt 2.1) dazustellen.
- *Zustandsdiagramme,* um das dynamische Verhalten von Dienstleistungen mit den möglichen Zugriffen und Entwicklungen zu beschreiben.
- *Klassendiagramme,* um die Struktur der Informationsobjekte und deren Zusammenhänge
  aufzuzeigen. Unser besonderes Augenmerk wird auf die Erschließung des Beziehungsgefüges gerichtet sein: Wie sind Beziehungen zu verstehen, wo kommen sie vor und wie
  entstehen sie? Aufbauend auf der Strukturerschließung der Handlungen ist die Struktur
  des (nachgeordneten) Informationsgefüges schrittweise zu entwickeln. Das Klassendiagramm versteht sich hier weniger als monolithisches Beziehungsgefüge, sondern als
  sachlich begründbares Produkt eines nachvollziehbaren Prozesses.

In diesem Sinne beschreibt das **Modell** mit diesen Komponenten die Struktur des – bestehenden, optimierten bzw. geplanten – Einsatzgebietes, also die aktuellen oder zukünftigen *Ge-*
gebenheiten; gleichzeitig ist es aber auch als Plan zu verstehen, in dem die Dokumentationsdienste mit ihrer unterlegten Informationsstruktur exakt zu verorten sind und wo sich ihre
Zusammenhänge, die Vorlage der Nutzerführung, ablesen lassen. Was nicht als selbstver-

ständlich gelten kann oder was nicht aus den Strukturen ablesbar ist, wie z.B. organisatorische Grundkonzepte, ist dann in Textdokumenten ausführlich zu beschreiben.

Unser Vorgehen steht im Kontrast zu anderen Modellierungszugängen, die meistens die statische Struktur des Informationsgefüges ins Zentrum stellen. Auch wenn mit der UML ausschließlich auf Darstellungsmittel aus dem Methodenumfeld der Objektorientierten Analyse (OOA) zurückgegriffen wird, liegt diesem Ansatz allerdings eine andere Perspektive zugrunde. Zum einen geht die OOA oft von einem Bottom Up-Ansatz aus, was wir zur Erschließung des Gesamtzusammenhangs als suboptimal bewerten. Zum anderen propagieren die OOA-Ansätze die bessere Verständlichkeit der Software-Systeme durch eine einfache Analogie: Objekte der realen Welt, also des Einsatzgebietes, entsprechen auf natürliche Weise den Software-Objekten mit ihren Daten (Klassenstrukturen) und Zusammenhängen; Aktivitäten avancieren in dieser Perspektive zu Methodenkandidaten und die Objekte kommunizieren miteinander ähnlich wie es die Objekte im Einsatzgebiet tun. Allerdings bleibt die Frage, was wozu zum Objekt gemacht wird und wie sich die Zusammenhänge der Objekte ergeben, damit unbeantwortet, wie auch die Analogie ‚Aktivität – Methode' nicht ohne Probleme zu sein scheint. Wenn im Beispiel **Konzertagentur** eine Karte telefonisch bestellt wird, so hat dies sicher Auswirkungen auf ihren Zustand; eine telefonische Bestellung würden wir allerdings kaum als Methode der Klasse *Konzertkarte* vorsehen, sondern als Instanziierung eines eigenen (Dokumentations-) Objekts *TelefonischeBestellung*. Unsere Leitidee, dass Anwendungssysteme primär Dokumentationsdienste über Handlungen und Organisationsstrukturen liefern und mithin Dokumente und nicht die Objekte selbst verwalten, ist mit den allgemeinen OOA-Ansätzen kaum kompatibel. (Hinsichtlich einer ähnlichen Kritik an der OOA vgl. auch Sommerville, I.; Sawyer, P. [2006], p. 327).

5 Strukturanalyse des Anwendungsfeldes

Anwendungssysteme unterstützen die Leistungserbringung, indem sie alle relevanten Informationen für die Handlungen bereitstellen und deren Durchführungen dokumentieren helfen – die Leitidee des Ansatzes (vgl. Kapitel 2). Um die Systemunterstützung optimal konzipieren zu können, muss die *Struktur des Anwendungsfeldes* erschlossen werden: für die identifizierten Leistungsbereiche sind die zeitlichen Abhängigkeiten der Handlungen aufzuarbeiten und darzustellen; als Sprachmittel dafür dient die UML (Version 2.3, vgl. Kapitel 4). Neben der direkten Leistungserbringung sind auch indirekte Beiträge wie z.B. Planungsaktivitäten oder die Verwaltung von organisatorischen Strukturen einzubeziehen. Vorausgesetzt wird eine stabile Organisationsform der Leistungserbringung als bereits bewährte oder zukünftige Routinearbeiten.

5.1 Kategorien im Überblick

Das Leistungsgefüge eines Anwendungsfeldes wurde in Abschnitt 2.1 in Bereiche aufgeteilt, die nach dem Raster *Produktionsprozess, Dienstleistungseinheit* und *Struktur-Management* zu kategorisieren sind. Die Kategorie-Einteilung leitet sich von der Art des Umgangs und Nutzens der Leistungen ab: Ein *Produktionsprozess* erarbeitet ein *Produkt* in interner Regie; ein Leistungsbereich von der Kategorie *Dienstleistungseinheit* erstellt dauerhaft ein immer wieder zu erarbeitendes Leistungsangebot und ermöglicht und verwaltet die Inanspruchnahme durch die Kunden. Als Randlage wurde noch das *Struktur-Management* einbezogen, das die Verwaltung von Organisationsstrukturen im Unternehmen zur Aufgabe hat. Alle Leistungsbereiche setzen sich aus aufeinander abgestimmten Handlungen, den (elementaren oder komplexen) Diensten bzw. Arbeitsgängen, zusammen; mit einem Dienst wird ein bestimmter (materieller oder immaterieller, direkter oder indirekter) Nutzen für interne oder externe Interessierte verbunden.

In Abschnitt 2.1 wurden folgende Begriffe vereinbart:

- **Dienst:** Ein Dienst bezeichnet eine Handlung oder Abfolge von Handlungen, die eine verwertbare (Teil-) Leistung erarbeitet, jedoch im allgemeinen Fall noch kein Endprodukt. Ein Elementardienst (bei Produktionsprozessen: Arbeitsgang) bildet den kleinsten ‚atomaren' Baustein in der arbeitsteiligen Leistungserstellung; er ist ohne organisierte

Unterbrechung von einer Person oder einer Gruppe von Personen aus einer organisatorischen Einheit – ggf. vollständig automatisiert – auszuführen und liefert einen eindeutig interpretierbaren neuen Leistungsstand. (Ihre Entsprechung findet diese Atomarität darin, dass der zugehörige Dokumentationsdienst als Transaktion aufgefasst wird; vgl. auch Abschnitt 6.3, Unterabschnitt *Allgemeines Vorgehen*.) Ein komplexer Dienst setzt sich aus mehreren elementaren Diensten oder untergeordneten Diensten zusammen und schreibt einen vorgegebenen Ablauf dieser Einheiten vor, der geplant und koordiniert wird. Ein Dienst kann im Extremfall einem Produktionsprozess entsprechen.

- **Produktionsprozess:** Ein Produktionsprozess kategorisiert einen Leistungsbereich, in dem in einer Folge von Handlungen – hier: Arbeitsgängen, untergeordneten Diensten – ein (End-) Produkt nach einer festen Ablaufstruktur hergestellt wird; die Durchführung der Handlungen unterliegt allein einer internen Steuerung, die in Eigenregie der Organisationseinheit oder bei bereichübergreifender Abwicklung unter der Regie des Prozessverantwortlichen bzw. durch Abstimmung erfolgt; Interaktionen mit externen Stellen sind nicht auszuschließen, allerdings sollen sie nur untergeordneten Einfluss haben (interne Sicht; vgl. in Abschnitt 2.1). Mit der Übernahme der erarbeiteten Leistungen durch Kunden terminiert der Prozess.

- **Arbeitsgang** *(nur bei Produktionsprozessen)* entspricht einem Elementardienst; er bringt den Produktionsprozess einen Schritt voran und erzeugt einen Zwischenstand, i.A. jedoch kein fertiges Endprodukt.

- **Subprozess:** Ein Subprozess ist ein Produktionsprozess, dessen Kunde ein übergeordneter Produktionsprozess ist; er wird wie jeder Produktionsprozess in zeitlicher Autonomie eigenständig organisiert.

- **Dienstleistungseinheit:** In dieser Leistungskategorie sind aufeinander abgestimmte Dienste zusammengefasst, die ein bestimmtes Leistungsangebot aufrecht erhalten und dessen Nutzung ermöglichen. Darunter fällt z.B. die Verwaltung und Bereitstellung von Ressourcen. Wegen der i.d.R. freien Inanspruchnahme durch Kunden sind die Dienste hier partiell einer externen Steuerung unterworfen (externe Sicht; vgl. in Abschnitt 2.1). Ein Dienstleistungsprozess bezeichnet die umfassende Abfolge von Diensteinsätzen, mit der ein Kunde das Leistungsangebot in Anspruch nimmt.

- **Struktur-Management:** Die Leistungskategorie Struktur-Management charakterisiert das Zusammenspiel von (Verwaltungs-) Diensten, die Informationen über eine Organisationsstruktur als Service für andere Handlungen verwalten. Die Dokumentation einer Organisationsstruktur lässt sich als Plan interpretieren. Unterstützende Systeme im Struktur-Management sind wegen ihrer übergeordneten Position oft eigenständig einsetzbar, als Auskunftsdienste über die verwalteten Einheiten für andere Leistungsbereiche.

Generell ist es möglich, dass Leistungsbereiche der Kategorien Produktionsprozess und Dienstleistungseinheit von anderen Einheiten Leistungen in Anspruch nehmen können.

Die Kategorisierung eines Leistungsbereichs wird ausschlaggebend dafür sein, wie wir seine Struktur darstellen. Aus der UML sind jeweils die geeigneten Mittel auszuwählen, um die Zusammenhänge im Unternehmensgeschehen einerseits bei Produktionsprozessen mit planbaren internen Abläufen und andererseits bei wahlfreien Zugriffen der Kunden auf die Dienstleistungen aufzuzeigen. Außerdem sind Beschreibungsmittel zu wählen, um neben der

‚Dynamik' des Unternehmensgeschehens auch die Organisationsstrukturen, die .Statik', als Ordnungsgefüge abzubilden.

Wie können Sie sicher die Kategorien von zu unterstützenden Leistungsbereiche entscheiden? Dazu ist zu befragen, was den Nutzen ausmacht:

Handelt es sich um Administrationsaufgaben, die eine Organisationsstruktur als Rahmen für andere Handlungen einrichten – dann liegt die Kategorie Struktur-Management vor (vgl. Abschnitt 5.5). Ist das Zusammenspiel als schrittweise Herstellung eines materiellen oder immateriellen Produktes zu verstehen – dann liegt ein Produktionsprozess mit einer Ablaufstruktur vor (vgl. Abschnitt 5.3). Wird dagegen ein Leistungsangebot für Kunden übermittelt und aufrechterhalten, ist eine Kategorisierung als Dienstleistungseinheit vorzunehmen (vgl. Abschnitt 5.4).

Die Kategorien-Differenzierung hilft, den Blick für das Wesentliche zu gewinnen, für den Wald, in dem die Dienste und Arbeitsgänge, die Bäume, ihren Platz finden. Auf keinen Fall sollten Sie dabei IT-Aspekte zu stark berücksichtigen.

5.2   Elementardienste

Als Annäherung an das Anwendungsfeld und als Vorbereitung für eine intensivere Strukturanalyse sind Use Case-Diagramme (vgl. Abschnitt 4.3) im Sinne einer Stoffsammlung sehr nützlich. Für uns ist ein Use Case gleichbedeutend mit einem Elementardienst (bei Produktionsprozessen: *Arbeitsgang*, im Struktur-Management: *Verwaltungsdienst*; vgl. Abschnitt 2.1), wobei als *Akteure* (UML-Standard: Actor) die Rollen von Nutzer und Leistungserbringer aufzuführen sind: Ein Use Case entspricht einer betrieblichen Handlung mit einem (Teil-) Ergebnis, die ohne zeitliche Unterbrechung auszuführen ist und in der ein später noch genauer zu spezifizierender Dokumentationsdienst des Systems benötigt wird, was in Abschnitt 4.3 als *,äußere Perspektive'* in der Anforderungsanalyse bezeichnet wurde. Eine ähnliche Auffassung ist in Leffingwell, D.; Widrig, D. [2000], p. 52, mit den *Business Use Cases* anzutreffen. Die Use Cases markieren dann die Einsatzsituationen des zu bauenden Systems; die eigentliche Systemfunktionalität interessiert zu diesem Zeitpunkt deshalb noch nicht, weil zuerst geklärt sein muss, *worüber* etwas wann zu dokumentieren ist. Sofern umfassende Teilaktivitäten in Elementardiensten anstehen, sind dafür ggf. untergeordnete (Hilfs-) Use Cases zu konzipieren und mit Hilfe einer Includes-Beziehung mit ihrem elementaren Dienst zu verbinden.

Der Unterschied zwischen äußerer und innerer Perspektive im Use Case-Verständnis ist marginal – aber dennoch entscheidend (vgl. Abschnitt 4.3). Mit der inneren Perspektive fragt man nach Ereignissen, welche das System zu gewissen Reaktionen oder Diensten veranlassen; Grund und Sinn der Ereignisse sind eher sekundär. Dagegen wird mit der äußeren Perspektive die Einsatzsituation, eine Handlung im Leistungskontext, mit ihrer Bedeutung thematisiert. Vor der eigentlichen Systemkonzeption empfiehlt es sich nach unserer Auffassung, zuerst das Verständnis der Handlungen mit ihren Zusammenhängen aufzuarbeiten.

Begleitend zur weiteren Aufarbeitung des Anwendungsfeldes sollten die Use Cases sukzessive fortgeschrieben und, wie in Abschnitt 4.3 angeregt, thematisch gruppiert werden, um einen Überblick über inhaltlich aufeinander bezogene Einsatzsituationen zu erhalten. Auf der Macro-Ebene, im Bereich der arbeitsteiligen Leistungserbringung bei Produktionsprozessen und in Dienstleistungseinheiten, sind die wesentlichen Zusammenhänge im Leistungsgefüge primär mit Hilfe von Aktivitäts- und Zustandsdiagrammen aufzuarbeiten (vgl. die Abschnitte 5.3 und 5.4). Dennoch ist die vollständige Auflistung der (ggf. daraus übertragenen) Use Cases nützlich und unverzichtbar: Die einzelnen Dokumentationsdienste lassen sich hier näher spezifizieren und später bilden sie eine wichtige Basis für die Ermittlung der Testfälle.

Für Leistungsbereiche der Kategorie *Struktur-Management* mit ihren Dokumentationsdiensten über Organisationsstrukturen sind Use Cases selbst sogar als große Hilfe für die Strukturerschließung zu bewerten: Sie lassen die unterschiedlichen Elemente und Bezugsebenen des Organisationsgefüges zu Tage treten und bieten die beste Gelegenheit, um die IT-Dienste des Systems dazustellen – deshalb sollten sie in diesem Bereich grundsätzlich zur Anforderungsanalyse herangezogen werden. *Beispiel*: Stundepläne im Hochschulbereich sind befristete Organisationsstrukturen; zu ihrer Erstellung sind z.B. die Use Cases ‚*Aufnahme der Lehrenden*‘, ‚*Aufnahme der Veranstaltungen im Fachsemester des Studiengangs*‘, ‚*Zuordnung des Raums zur Vorlesung*‘ etc. anzutreffen, die auf die verschiedenen Objektarten der Organisationsstruktur aufmerksam machen. Das System muss das Einfügen von Elementen unterstützen und hauptsächlich auch die Organisationsregeln absichern helfen; so darf etwa zu einem Zeitpunkt nur eine Vorlesung in einem Raum stattfinden etc.

Für das *Struktur-Management* haben Use Case-Diagramme folgende Vorteile:

• Die einzelnen Bearbeitungsfunktionen der Struktur zur Aufnahme und zum Einordnen von Elementen lassen sich vollständig auflisten und thematisch überschaubar gliedern (was bei den anderen Kategorien allerdings leicht zur Unübersichtlichkeit führen kann); diese Nutzungssituationen lenken den Blick auf die zu verwaltenden Elemente und ermöglichen manchmal den einzigen Zugang, um das Organisationskonzept schrittweise aufzuarbeiten.

• Use Case-Diagramme geben den Blick frei für die Rollen und ihre Zugriffsrechte (was sich in den anderen Fällen nahezu von selbst ergibt).

Auch wenn Use Case-Diagramme einen guten Einstieg bieten, ein grundlegendes Verständnis für Leistungsbereiche der dynamischen Kategorien Produktionsprozess und Dienstleistungseinheit können sie kaum liefern, selbst wenn sie in Gruppen thematisch zusammengefasst sind. Use Cases lassen den Zusammenhang außer acht, dessen Berücksichtigung in diesen Bereichen aber unverzichtbar ist. Deshalb empfehlen wir für diese Kategorien vor allem Beschreibungsmittel, die den Zusammenhang hervorheben. Die Use Cases, die für die Testplanung immer eine Basis abgeben, fallen dann von selbst ab.

Wesentlich anders sieht es für die Kategorie Struktur-Management aus. Hier gibt es keine ‚sichtbaren' Ab- bzw. Verläufe, keine Handlungen oder Dienste mit direkt ablesbarem Nutzen. Nach unserer Erfahrung lenken Use Case-Diagramme beim Erschließen eines abstrakten statischen Organisationskonzepts am besten den Blick auf die einzelnen Elementarten und ihre Einbindung in das Gefüge, was das Modellieren der Informationsstrukturen sehr hilfreich unterstützt.

Im Unterschied zu anderen Quellen empfehlen wir, Use Cases (zunächst) nicht aus der System-Perspektive, etwa als zu erwartendes Verhalten des Systems (vgl. OMG[2010]; ch. 16.3.6, p. 628 ‚A use case is the specification of a set of actions performed by a system ...') zu betrachten oder mit Systemfunktionen gleichzusetzen. Dass später auch Code erzeugt werden muss, ist selbstverständlich und nicht zu übergehen. Mit hinreichend guten Programmierkenntnissen für Datenbank-Anwendungen, gestützt auf eine solide Software-Architektur, wird das Codieren in den meisten Fällen keine Schwierigkeiten bereiten. (Für komplexe Algorithmen lassen sich Aktivitätsdiagramme der Micro-Ebene heranziehen.) Mit der Konzentration auf den Code stehen Sie in der Gefahr, das Ganze und seine Zusammenhänge, die Sache, aus den Augen zu verlieren – was nicht ohne Risiko ist.

Alle weitergehenden Untersuchungsschritte sind davon abhängig, ob sich die Handlungen in die Kategorie eines Produktionsprozesses oder einer Dienstleistungseinheit einordnen lassen oder ob sie als Struktur-Management zu verstehen sind.

Beispiel 1. Konzertagentur – Use Case-Diagramme

Produktionsprozess: In unserem Anwendungsfeld sind kaum Produktionsprozesse zu identifizieren. Allenfalls fallen unter diese Kategorie die (schwach reglementierte) Planung der Konzerte mit der Verpflichtung der Künstler und Belegung der Säle sowie das (stark reglementierte) Einstellungsverfahren für Mitarbeiterinnen und Mitarbeiter (vgl. Abschnitt 2.1). Als Ersatz wählen wir ‚*Abo Verlängerung*' (vgl. auch unten Beispiel 2) mit den Arbeitsgängen bzw. Use Cases: ‚*Kunden anschreiben (Abo-Verlängerung)*', ‚*Kundenantwort dokumentieren*', ‚*Zahlungsaufforderung versenden*', ‚*Zahlungseingang dokumentieren*', ‚*Abo (mit Platzreservierung) verlängern*'.

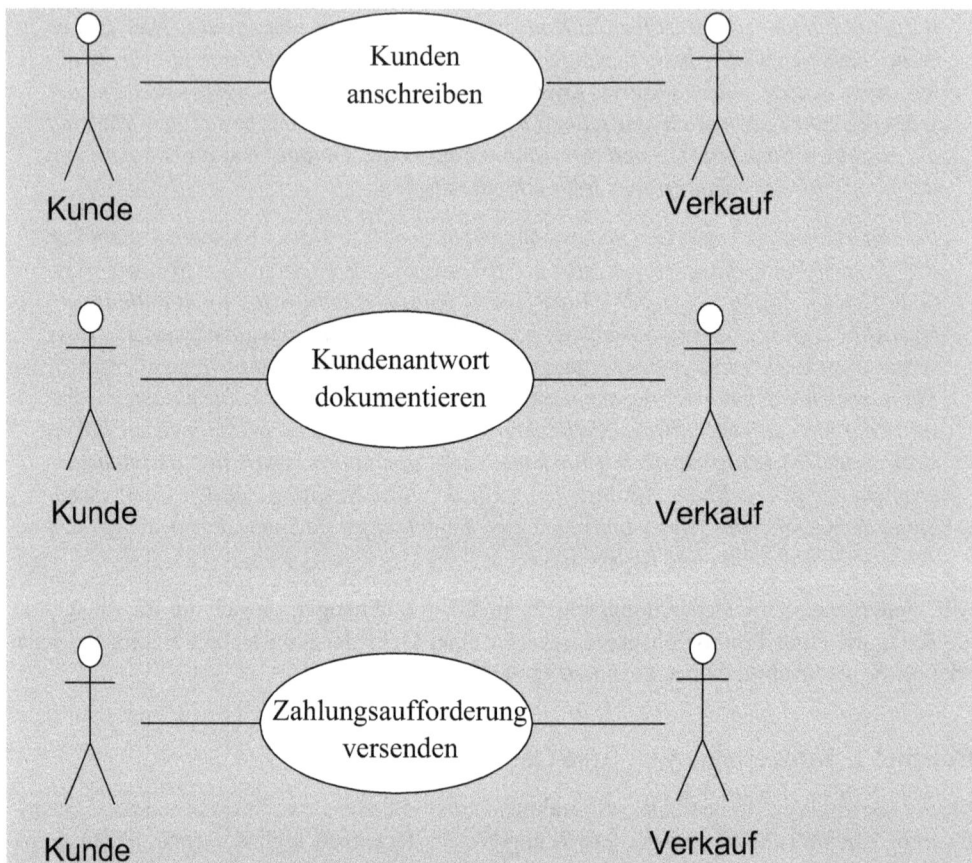

Abb. 5.1   *Use Cases für den komplexen Dienst ‚Abonnement-Verlängerung'*

Dienstleistungseinheit: Der telefonischen Verkauf von Konzertkarten entspricht einer Dienstleistungseinheit (vgl. in Abschnitt 4.6 das Beispiel 8 *‚Telefonischer Kartenverkauf (Vorkasse)'*) mit den Use Cases *‚telefonische Bestellannahme‘*, *‚Zahlungsaufforderung versenden'* etc. (ohne Abb.; vgl. dazu auch die Zustandsübergänge in Abb. 4.28).

Struktur-Management: Hier wählen wir die Saal-Verwaltung mit den Use Cases *‚Saal aufnehmen‘*, *‚Reihe aufnehmen‘*, *Sitzplatz aufnehmen'* (ohne Abb.).

Use Case-Spezifikation

Jeder Use Case ist als Einsatzsituation des zukünftigen Systems hinreichend zu beschreiben (ergänzt um Verwaltungsinformationen wie Autor, Status und Version; vgl. Abschnitt 7.3); dazu sollten Quellenverweise bzgl. der Ansprechpartner oder Dokumente (z.B. Protokolle) sowie die Nutzerrolle festgehalten werden. Häufig verfügen (allgemeine) Use Cases über unterschiedliche *Bearbeitungsvarianten*. Beispiel **Konzertagentur**: Für den Dienst (Use Case) *,telefonische Bestellannahme'* kommen die Varianten *,Vorkasse'*, *,Stammkunden'* (mit Rechnungsversand); *,Einzugsverfahren* (mit Bankeinzug)' in Betracht. Oder: Im Direktverkauf gibt es die Varianten *,Bargeldverkauf'* und *,EC/Kreditkarte'*. In der Use Case-Beschreibung sind alle Varianten aufzuführen und zu erläutern. Die gelegentlich erwähnte Möglichkeit, Varianten als Spezialfälle des allgemeinen Use Cases zu betrachten und graphisch darzustellen (mit dem Generalisierung/Spezialisierungssymbol aus Abschnitt 4.4.3), wird nicht als obligatorisch empfohlen. Was die zu entwickelnden Dokumentationsdienste betrifft, können übergreifende *Hilfsfunktionen* aufgelistet (und ggf. graphisch mittels einer «includes»-Beziehung" abgebildet) werden.

Use Case-Diagramme und Erhebungstechniken

Use Case-Diagramme sind immer dann das Mittel der Wahl, wenn am Anfang die Struktur des Anwendungsfeldes noch verschwommen ist. Sie lassen sich begleitend zur Dokumenten-analyse und zu Interviews entwickeln. Einsatzsituationen, die während eines Brainstormings zur Sprache kommen, sind damit gut abzubilden.

Andere Ansätze, etwa der mit der UML und der Firma Rational in Verbindung stehende *Rational Unified Process* (vgl. Kruchten, Ph. [1999]), nehmen Use Cases als Basisbausteine der Software-Entwicklung. Damit wird ein *Bottom Up-Ansatz* verfochten, dem wir bei dynamischen Leistungskategorien mit den tagtäglich zu erbringenden Leistungen skeptisch gegenüberstehen. Ohne die Einordnung in einen übergeordneten Kontext geht die Sicherheit, den Sinn und die vollständige Struktur erfasst zu haben, verloren.

Use Case-Diagramme erfüllen ihren Zweck, wenn sie den Verständniszugang zum Anwendungsfeld, seinem Leistungsgefüge, fördern. Die eigentliche Modellbildung beginnt anschließend damit, Leistungsbereiche der Kategorie *Produktionsprozess, Dienstleistungseinheit* oder *Struktur-Management* auszumachen und deren Struktur aufzuzeigen.

5.3   Produktionsprozesse und komplexe Dienste

Produktionsprozesse und komplexe Dienste werden nach einem festen Schema auf ein (Teil-) Ergebnis hin abgearbeitet. Aus einer anderen Perspektive lässt sich ein Produktionsprozess als *,Produktion'* oder *,zielgerichtete Transformation produktiver Faktoren'* auffassen (vgl. Rück, H.R.G. [2000]. S. 16). Als *Struktur* eines Leistungsbereichs von der Kategorie *Produktionsprozess* oder eines komplexen Dienstes wird die unterlegte Ablaufstruktur verstanden, welche die zeitlichen Abhängigkeiten der auszuführenden Handlungen, der Elementardienste (bzw. Arbeitsgänge) und komplexen Dienste, wiedergibt. Ihre Beschreibung, die *Prozessdarstellung,* erfolgt mit Hilfe von Aktivitätsdiagrammen der Macro-Ebene (vgl. Abschnitt 4.5). Aktivitätsdiagramme veranschaulichen, wie Leistungen zeitlich ,entstehen': Die *Knoten* dieser Graphen entsprechen elementaren oder komplexen Diensten, wo letztere selbst als eigenes Aktivitätsdiagramm darzustellen sind (s.u.); gerichtete Kanten zeigen die zeitlichen Nachfolgebeziehungen zwischen den Knoten auf.

Der zeitliche Zusammenhang der Handlungen kann auf folgende Weise geregelt sein:

Sequenz: Das Grundmuster eines Produktionsprozesses bzw. komplexen Dienstes bildet die direkte Abfolge nacheinander auszuführender Schritte (untergeordnete Dienste bzw. Arbeitsgänge), die *Sequenz*. Eine Sequenz entspricht der direkten Nachfolge-Beziehung (vgl. Abb. 4.21).

Alternativen (Verzweigung, Selektion): Für Nachfolge-Alternativen wird hier das Splitting Symbol mit der Eigenschaft {XOR} verwendet (vgl. Abb. 4.23); alle Handlungen, Entscheidungen mit eingeschlossen, werden stets *innerhalb* eines explizit ausgewiesenen Knotens, einem elementaren Dienst, ausgeführt. In den meisten Fällen steht am Ende eines Elementardienstes fest, was als Nächstes zu tun ist; in Fällen, in denen erst im Nachhinein eine Entscheidung über den Fortgang möglich ist, ist dafür ein eigener Knoten aufzuführen. Einzige Ausnahme: Zeitüberschreitungen, die z.B. zum Abbruch eines Produktionsprozesses oder komplexen Dienstes führen, finden als externe Bedingungen (z.B. in der Form ‚[timeout]‘) Berücksichtigung. Jede der alternativ auszuführenden Handlungen wird als ein Dienst (Aktivitätsknoten; elementar oder komplexer Dienst) aufgefasst. Steuerungsaspekte etwa zur Spezifikation eines Workflows (technisch) werden nicht beachtet.

Welcher Alternativ-Dienst auszuführen ist, wird entschieden anhand der an den Kanten notierten Bedingungen (Form: […], entsprechend der UML-Konvention), die sich gegenseitig ausschließen müssen (XOR-Verknüpfung).

Nebenläufige Handlungen: Nebenläufigkeit lässt die Fortsetzung mit mehreren gleichzeitigen (parallelen) Handlungen zu, was jeweils an eine Bedingung geknüpft sein kann, aber nicht muss. Die Darstellung ist mit Hilfe des Splitting-Symbols möglich (OR-Verknüpfung oder AND-Verknüpfung; vgl. Abb. 4.23).

Synchrone und asynchrone Iterationen: Produktionsprozesse und komplexe Dienste wurden mit einer Ablaufstruktur auf ein Ziel hin in Verbindung gesetzt. Eine besondere Konstellation stellt sich ein, wenn Dienste bis zum Erreichen des Ergebnisses wiederholt auszuführen sind, wobei zwischen *synchronen* und *asynchronen Iterationen* zu unterscheiden ist.

Im ersten Fall, der *synchronen Iteration* mit zeitlich nacheinander auszuführenden Iterationsschritten, wird oft eine Optimierung verfolgt, wo die Schritte bis zu einem zufrieden stellenden Ergebnis wiederholt werden. *Beispiel*: Beschaffungsmaßnahmen in Unternehmen oder im Öffentlichen Dienst verlangen aus ersichtlichen Gründen eine optimale Ausschreibung der Leistungen. Der erste Abschnitt des Vergabeverfahrens ist als Produktionsprozess bzw. Teilprozess mit einem fassbaren ‚Produkt‘ zu kategorisieren: dem Ausschreibungsdokument mit den spezifizierten Leistungen und dem Bieterverzeichnis. In mehreren Abstimmungsschritten zwischen Fachabteilung (Bedarfsstelle) und Beschaffungsstelle wird in einem iterativen Verfahren das optimale Ergebnis erarbeitet.

Im zweiten *asynchronen* Fall erfolgen die Dienstausführungen zeitlich nebenläufig, oft um ein optimales Ergebnis am Ende daraus auszuwählen. Als Beispiel kann die Stellenbesetzung dienen: Mehrere Bewerberinnen und Bewerber durchlaufen unabhängig voneinander das Vorstellungsverfahren mit anschließender Entscheidung.

Die Darstellung von Iterationen ist nicht unproblematisch. Der UML2-Standard kennt zwar ein (technisch auszulegendes) Konstrukt ‚*LoopNode*' (OMG [2010], ch. 12.3.35], ein graphisches Symbol dafür bietet er allerdings nicht an. Die übliche Schleifendarstellung verwendet Rücksprünge, was nur bedingt mit dem Verständnis eines Ablaufs auf ein Ende hin verträglich ist. Ausnahmsweise schlagen wir die folgenden, nicht vollständig UML-konformen Notationen vor:

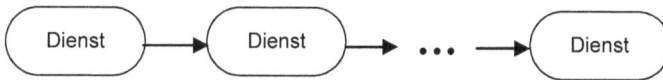

Abb. 5.2 *Synchrone Iteration*

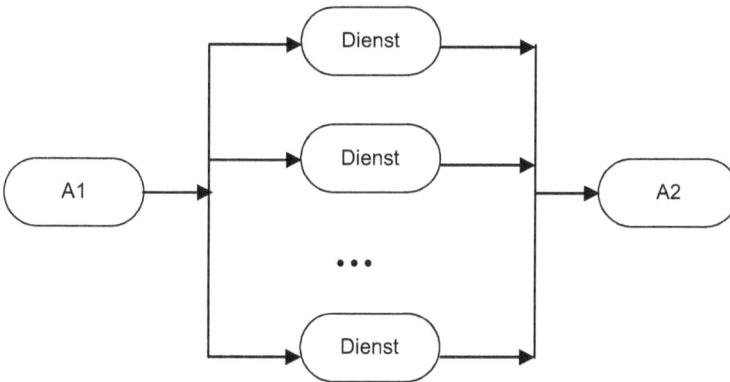

Abb. 5.3 *Asynchrone Iteration*

Für jede Iteration lassen sich zwei eindeutig bestimmte Bausteine (Dienste) ausmachen: der *iterierte Dienst*, der als (elementarer oder komplexer) Dienst wiederholt auszuführen ist, und die (gesamte) *Iteration,* die als übergeordneter Dienst alle Wiederholungen des iterierten Dienstes umfasst. Ggf. ist im Aktivitätsdiagramm nur die übergeordnete Iteration aufzuführen; die explizite Darstellung der Iteration selbst mit ihrem iterierten Baustein kann dann als separate Verfeinerung (s.u.) erfolgen. Wenn alle Iterationen auf diese Weise ausgegliedert werden, weisen Aktivitätsdiagramme ein charakteristisches *Strukturmerkmal* auf: sie entsprechen einem *gerichteten azyklischen Graphen* (engl.: *directed acyclic graph; DAG*), was auf der Macro-Ebene stets als Ablaufstruktur von komplexen Diensten bzw. Produktionsprozessen interpretierbar ist.

Aktivitätsdiagramme finden in der Praxis häufig Anwendung, um interne Steuerungs-aspekte von Funktionseinheiten aufzuzeigen, was wir in Abschnitt 4.5 der Micro-

Ebene zugeordnet haben – und was im Fokus des UML-Standards (OMG [2010]) zu liegen scheint. Allerdings versteht sich die UML als allgemeiner Sprachrahmen für eine eigens noch festzulegende Methode, ein Spielraum, der hier genutzt wird. Algorithmische Aspekte werden in der Anforderungsanalyse gelegentlich überbewertet; sie ergeben sich in einigen Fällen nahezu von selbst und sind nach unserer Einschätzung als zweitrangig zu bewerten. Wesentlich und wesentlich komplexer ist jedoch der Kontext, in dem ein Algorithmus seine Aufgabe zu lösen hat.

So gut azyklische Aktivitätsdiagramme sich als Ablaufdarstellungen deuten lassen – als schwierig erweist sich die Einbindung von Iterationen. Iterationen brechen den linearen Fluss wie Strudel den Stromverlauf. Deshalb gibt es bisweilen unterschiedliche Lager, was die Wertung von Iterationen in Geschäftsprozessen angeht. Selbst der UML-Standard vermeidet, wie erwähnt, eine klare Darstellungsform für sein Konstrukt ,LoopNode'. Die vorgeschlagene Behelfslösung zielt primär auf azyklische Graphen ab mit Auslagerung der iterierten Dienste in einer Verfeinerung (s.u.).

IT-Aktivitäten (Micro-Ebene) sind als Dokumentationshilfsdienste immer auf eine bestimmte Handlung (Macro-Ebene) bezogen. Es wird dringend geraten, beide Ebenen streng gegeneinander abzutrennen. Wie können Sie die Macro-Ebene von der Micro-Ebene unterscheiden? Aktivitäten der Macro-Ebene entsprechen menschlichen Handlungen, die aus der Geschäfts- oder Leistungsperspektive von außen beobachtbar sind, ein interpretierbares, nützliches Zwischenergebnis in einem Leistungsgeflecht erzielen und als Dienste bezeichnet wurden. In eher seltenen, vollständig reglementierten Fällen ist eine automatisierte Durchführung möglich. Weil der Arbeitsfluss danach unterbrochen und meistens von anderen Einheiten weiter vorangetrieben wird, ist der Stand zu dokumentieren (speichern). Die Aktivitäten der Micro-Ebene sind dagegen nach außen hin nicht sichtbar: Sie entsprechen Teilen eines automatisierten Dokumentationsdienstes, die innerhalb der Maschine abgearbeitet werden.

Beispiel 2. Konzertagentur – Aktivitätsdiagramm (Macro-Ebene).

Vor einer neuen Saison bietet die Konzertagentur ihren Abonnentinnen und Abonnenten eine Verlängerung des vormaligen Abonnements an, was in der entsprechenden Abo-Reihe die vorläufige Reservierung der alten Plätze zur Folge hat. Nach Eingang der Zahlung wird das Abonnement mit der endgültigen Platzbelegung fixiert; andernfalls erfolgt nach einer gewissen Frist die Freigabe der reservierten Plätze, wobei zuvor noch eine zweite Nachfrage erfolgt. Die Abfolge der Handlungen kann als komplexer Dienst ,Abo-Verlängerung' aufgefasst werden, der im günstigen Fall zu einem Ergebnis führt: dem verlängerten Abo-Vertrag. (Unter einer anderen Perspektive ließe sich ,Abo-Verlängerung' auch als Dienstleistungsprozess interpretieren; vgl. dazu unten Abschnitt 5.4 und Beispiel 1 in Abschnitt 5.2).

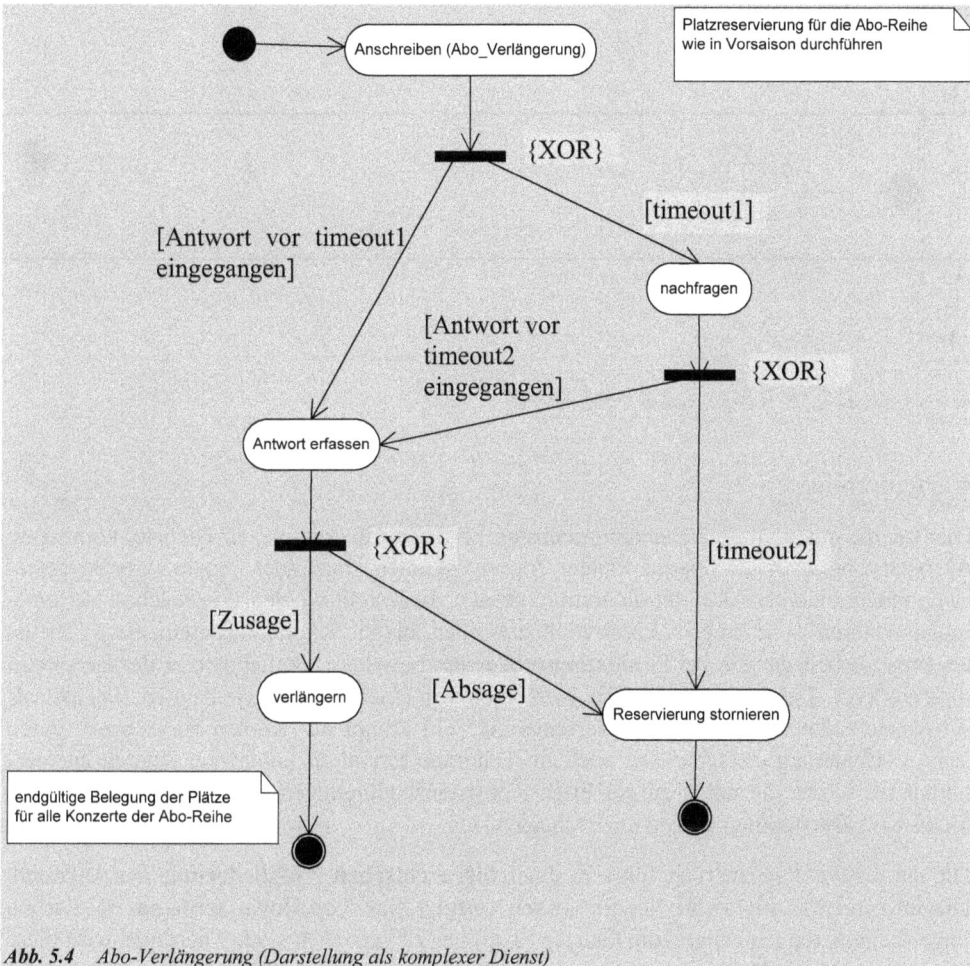

Abb. 5.4   Abo-Verlängerung (Darstellung als komplexer Dienst)

Organisatorische Gliederung (Swimlanes)

Um kenntlich zu machen, welche Organisationseinheit für eine Handlung verantwortlich ist, bietet sich die Anordnung der Aktivitätsknoten in organisatorischen Bahnen (sog. Swimlanes) an. Jeder Organisationseinheit wird eine Bahn mit den dort durchzuführenden Handlungen zugewiesen, wie das folgende abstrakte Beispiel zeigt.

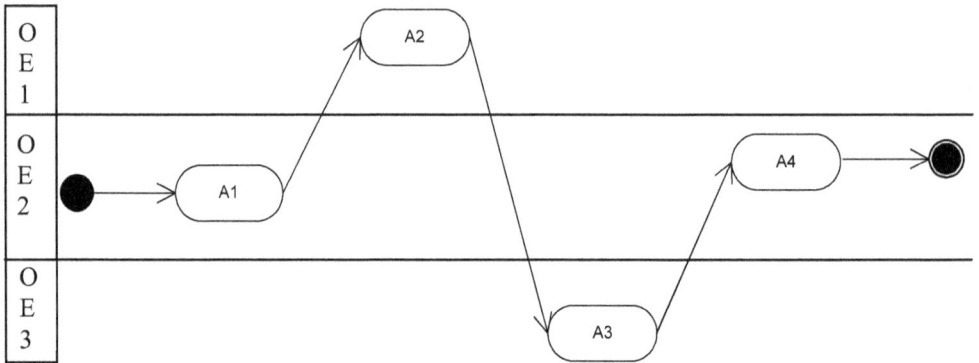

Abb. 5.5 *Swimlanes für 3 Organisationseinheiten (OE)*

Verfeinerungen

Dienste, die aus mehreren Elementardiensten bestehen, die komplexen Dienste, können im Aktivitätsdiagramm als übergeordneter Aktivitätsknoten abgebildet und in ihrer *Verfeinerung,* einem eigenen Aktivitätsdiagramm, separat dargestellt werden. Ein solches Verfeinerungsverfahren ist so lange sukzessive anzuwenden, bis die Knoten aus elementaren Diensten (bzw. Arbeitsgängen bei Produktionsprozessen) bestehen. Ähnlich wie in der *Structured Analysis* (vgl. DeMarco, T. [1979]) betrachten wir einen komplexen Knoten (Dienst) als substanziell identisch mit seiner Verfeinerung: Ein komplexer Knoten ist jederzeit durch seine Verfeinerung ersetzbar, wie auch ein Teilgraph formal als komplexer Knoten interpretierbar ist, sofern die unten aufgeführten Konsistenzbedingungen erfüllt sind; lediglich die Sicht- bzw. Darstellungsweisen unterscheiden sich.

Die sukzessive Verfeinerung führt zu einer **hierarchischen Aufgliederung** von Diensten. Die Interpretation hierarchischer Strukturen verfolgt eine Top Down-Strategie, bei der am Ende die feineren Einheiten vom Ganzen (Top) her zu verstehen sind. Allerdings wird diese Struktur im Normalfall kaum auf direktem Wege ermittelbar sein; vielmehr ist von einer Nachgestaltung des Leistungsgefüges auszugehen, wo sich der Blick erst nach und nach mit der Analysearbeit einstellt.

Die folgende *Konsistenzbedingung* stellt sicher, dass ein komplexer Knoten und seine Verfeinerung im erwähnten Sinn austauschbar sind:

Das Aktivitätsdiagramm der Verfeinerung – des komplexen Dienstes – verfügt über je einen *eindeutigen Start-* und *Abschlussknoten*. Grund: Wie der Startknoten den eindeutigen Beginn eines Dienstes markiert, so fasst der Abschlussknoten dessen Leistungsergebnis zusammen. In der Verfeinerung wird auf die symbolischen Start- und Endknoten (vgl. Abschnitt 4.5) verzichtet mit der Ausnahme, dass ein symbolischer Endknoten den Abbruch des zu verfeinernden Dienstes symbolisiert.

Abb. 5.6   *Aktivitätsdiagramm mit komplexem Dienst D1*

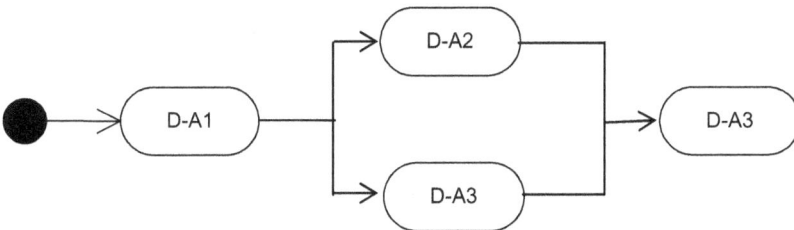

Abb. 5.7   *Verfeinerung von D1*

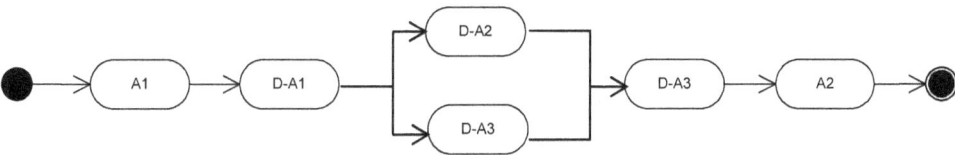

Abb. 5.8   *Integration der Verfeinerung von D1*

Graphen stellen auf anschauliche Weise Zusammenhänge zwischen gewissen Bausteinen dar: Bei Aktivitätsdiagrammen (Macro-Ebene) ist es die zeitliche Abfolge von elementaren oder komplexen Diensten. Damit Sie den Überblick behalten, wird die Zusammenfassung aufeinander bezogener Handlungen zu einem komplexen Dienst empfohlen, wenn sich damit ein sinnvolles, höherwertiges (Teil-) Ergebnis verbinden lässt und die genannte Konsistenzbedingung erfüllt ist.

*Der Vorteil der **hierarchischen Aufgliederung** liegt auf der Hand: Durch die Verdichtung auf höherwertige Teilleistungen und die Reduktion der Knotenanzahl in den Diagrammen bekommen Sie einen besseren Überblick über das Leistungsgefüge; Sie sind jederzeit in der Lage, sich mühelos vom Ganzen zu den Teilen vorzuarbeiten – ein hervorragender Weg, um die Komplexität des Beziehungsgefüges in den Griff zu bekommen. Wenn ein Graph zu viele Knoten enthält, droht der Überblick verloren zu gehen. Ein weiterer großer Vorteil solcher Ansätze: Die Verfeinerungen der Knoten lassen sich unabhängig voneinander betrachten.*

Prozessvarianten

Ähnlich wie bei Use Cases, wo mit verschiedenen Varianten zu rechnen ist, können auch (allgemeine) Produktions- und Dienstleistungsprozesse bzw. komplexe Dienste über unterschiedliche Ausführungsvarianten verfügen. Beispiel **Konzertagentur**: Der Dienstleistungsprozess *,Telefonischer Kartenverkauf'* aus Beispiel 3 unten ist für Neukunden mit Vorkasse konzipiert; schon für die *,telefonische Bestellannahme'* (Elementardienst, Use Case) sind in Abschnitt 5.2, Unterabschnitt *Use Case-Spezifikation* die alternativen Varianten *,Vorkasse'*, *,Einzugsverfahren'* (mit Bankeinzug) und *,Stammkunden'* (mit Rechnung) vorgestellt worden; je nach Startmodalität sind danach unterschiedliche Prozessvarianten mit Vorkasse, mit Einzugsverfahren oder Versand auf Rechnung auszuführen.

Ein *Vorschlag zur übergreifenden Darstellung* aller Prozessvarianten: Im Aktivitätsdiagramm mit der übergeordneten Prozessstruktur werden zunächst alle (elementaren oder komplexen) Dienste festgehalten, die in den Varianten-Strukturen anzutreffen sind. Mit einer eindeutig bestimmten Kantenfarbe für jede Prozessvariante wird die Ablaufdarstellung mit den gemeinsamen Diensten eingetragen, analog zu den U-Bahnnetzen in Großstädten, wo die farblich unterschiedenen Linien gemeinsame Bahnhöfe nutzen. Es ist im allgemeinen Fall davon auszugehen, dass einige Dienste für gewisse Varianten irrelevant sind (Leerdienste); so entfällt etwa beim *,Telefonischen Kartenverkauf (Einzugsverfahren)'* die Zahlungsaufforderung sowie der Rechnungsversand. In geeigneter Weise lässt sich darüber hinausgehend graphisch kennzeichnen, welche Elementardienst-Variante (d.h. Use Case-Variante) zu welcher Prozessvariante gehört.

IT-Dienste für Produktionsprozesse – Nutzen der Aktivitätsdiagramme

In Aktivitätsdiagrammen zur Darstellung von Produktionsprozessen bzw. komplexen Diensten sind die IT-Dienste leicht auszumachen: Sie entsprechen den Dokumentationsfunktionen hinter den Elementarknoten, den Elementardiensten bzw. Arbeitsgängen (vgl. auch Abschnitt 2.2). Aufgabe des Systems ist es, jedem Elementardienst seine benötigten Informationen bereit zu stellen und alles, was man über die Durchführung und das Ergebnis für das weitere Geschehen wissen muss, dokumentieren zu helfen.

Insgesamt unterstützen Aktivitätsdiagramme die systematische, zielstrebige Systementwicklung auf folgende Weise:

- *Informationsstrukturen:* Für die Dokumentation der Elementardienste mit ihren Leistungsergebnissen (Elementarknoten der Aktivitätsdiagramme) sind die entsprechenden Informationsstrukturen mit (direkten) Attributen sowie Verweisen auf einbezogene Gegenstände und Mittel zu spezifizieren. Als wichtiges Hilfsmittel bei der Entwicklung der Klassendiagramme lenken Aktivitätsdiagramme den Blick auf die zu dokumentierenden Handlungen als Dokumentationsobjekte und deren Bezug zu anderen Objekten. Das Klassendiagramm kann auf sehr einfache Weise schrittweise allein über diese Ausschnitte hergeleitet werden (vgl. die Abschnitte 6.2 und 6.3).
- *Graphische Nutzeroberfläche:* Für jeden Elementardienst ist ein Systemdienst mit geeigneter Oberfläche zu entwickeln. Dort ist alles, was über den bisherigen Verlauf, also die

Vorgängerknoten, wichtig zu wissen ist, zu präsentieren. Für die Dokumentation der Handlung sind Eingabefelder vorzusehen; außerdem muss die Möglichkeit bestehen, einbezogene Gegenstände aufzunehmen.

- *Nutzerführung:* Aktivitätsdiagramme zeigen die vorgegebene Abfolge der Dienste auf; das System kann im konkreten Fall an Hand des Entwicklungsstands entscheiden, welche Dokumentationsdienste aktivierbar sind. Außerdem lässt sich aus der Prozessdarstellung gut ablesen, wie die Fortschrittsüberwachung der Prozessinstanzen zu konzipieren und zu implementieren ist.

- *Ablaufsteuerung: Workflow Management-Systeme* (*WFMS*) steuern den Fortschritt von Produktionsprozessen oder komplexen Diensten, indem Arbeitsaufträge automatisch an zugewiesene Nutzerstationen weitergeleitet werden. Aktivitätsdiagramme geben eine gute Basis ab, um Workflows in geeignet aufbereiteter Form zu spezifizieren. Als Erweiterung etwa bietet sich die *Business Process Model and Notation* (BPMN; früher: *Business Process Modeling Notation;* vgl. OMG [2011]) an.

Prozessdarstellungen finden in der Praxis für unseren Aufgabenbereich allgemeine Anerkennung. Andere Autoren greifen dabei gern auf Ereignisgesteuerte Prozessketten (EPK) des ARIS-Konzepts von A.-W. Scheer zurück (vgl. Scheer, A.-W. [1998]). Unser Ansatz verzichtet auf das Einbeziehen von Ereignissen bei Produktionsprozessen; bei Dienstleistungen spielen sie im Zusammenhang mit Zuständen dagegen eine wichtige Rolle (vgl. den folgenden Abschnitt 5.4).

Produktionsprozesse und Erhebungstechniken

Ähnlich wie die Use Case-Diagramme sind auch die semantisch stärkeren Aktivitätsdiagramme begleitend zur Dokumentenanalyse einsetzbar, sofern dort Dienststrukturen auszumachen sind. In günstigen Fällen, wenn das Verständnis der Handlungszusammenhänge allen Beteiligten hinreichend klar ist, können sie während des Brainstormings erarbeitet werden; die Notation ist sehr eingängig und dürfte nur geringe Akzeptanzprobleme bereiten.

In Interviews und vor allem aber während deren Nachbereitung lassen sich Aktivitätsdiagramme einsetzen, um zeitliche Abhängigkeiten innerhalb von Produktionsprozessen und komplexen Diensten zu visualisieren. Wegen ihres anschaulichen Zugangs eignen sie sich gut zur Kommunikation und Abstimmung mit Beteiligen aus der Fachabteilung, was eine frühzeitige Validierung der Strukturen unterstützt. Aktivitätsdiagramme sind aufgrund ihrer klaren Aussagefähigkeit gut als Basis in Workshops einsetzbar, um die erarbeiteten Strukturen gemeinsam abzusichern bzw. anzupassen.

Mit den *Use Case-Diagrammen* ist folgender Abgleich vorzunehmen: Jeder Elementarknoten (Elementardienst bzw. Arbeitsgang) spiegelt einen Use Case wider. IT-Dienste mit ausschließlich lesendem Zugriff, die mithin keine neuen Sachverhalte aufnehmen und deshalb in den Aktivitätsdiagrammen nicht auftauchen, sind als Use Cases ergänzend dazustellen.

5.4   Dienstleistungseinheit

Nicht alle Leistungsbereiche passen in ein Prozess-Schema – als ‚Arbeiten auf ein Produkt hin'. Das Verwalten und Bereitstellen von Ressourcen, z.B. von Büchern in einer Bibliothek, ist wegen immer wiederkehrender Situationen und ohne den Aspekt des Herstellens eines Produktes nur schwer als Ablaufschema darstellbar. Ein Leistungsbereich, der Dienstleistungen erzeugt, verwaltet und deren Inanspruchnahme für Kunden ermöglicht, wurde in Abschnitte 2.1 als *Dienstleistungseinheit* kategorisiert. Die Zusammenfassung der betreffenden Handlungen zu einer Einheit – und ihr Analogon auf der Seite der IT-Dienste – liegt auf der Hand: Die Nutzung der Dienste ist gewissen Regelungen unterworfen, was einen engeren, vom Anwendungssystem zu unterstützenden Zusammenhang bedeutet. Beispiel *Bibliothek*: Ein Buch ist nur ausleihbar, wenn es entweder neu beschafft oder nach der letzten Ausleihe zurückgegeben wurde und umgekehrt darf die Rückgabe nur nach einer Ausleihe erfolgen. Im Vergleich zu Produktionsprozessen kann kaum von einem intern gesteuerten Ablaufplan der Dienste gesprochen werden; vielmehr ist die nicht steuerbare, eher zufällige externe Inanspruchnahme durch Kunden (über externe Dienste; vgl. Abschnitt 2.1) charakteristisch, allerdings nur mit eingegrenzten situationsbedingten Möglichkeiten. Wie in Abschnitt 2.1 erwähnt, sind Produktionsprozesse durch ihre interne Steuerung, Dienstleistungseinheiten und Dienstleistungsprozesse dagegen durch ihre externe Steuerung charakterisierbar.

Leistungsbereiche von der Kategorie Dienstleistungseinheit verbinden wir mit einem dauerhaft aufrechtzuerhaltenden zentralen Leistungsangebot. Ob seine Herstellung in den Aufgabenbereich einer Dienstleistungseinheit fällt, hängt von der Organisation der Leistungserbringung ab. Sofern sie eigenständig ausgeführt wird, unterlegen wir einen separaten Leistungsbereich mit einer Prozessstruktur; andernfalls wird sie mit einem Dienst in Verbindung gebracht. Wie üblich kann ein Leistungsangebot andere Leistungsangebote einbeziehen wie z.B. ein konkretes Abonnement aus einer Menge bestimmter Konzertkarten besteht. Die Verwaltung der reinen Angebotsstruktur grenzen wir als separate Dienstleistungseinheit (von der Kategorie Struktur-Management; vgl. Abschnitt 5.5) ab.

Die Differenzierung zwischen den Kategorien Produktionsprozess und Dienstleistungseinheit ist für die Entwicklung von Anwendungssystemen vorteilhaft und sogar sehr wichtig. Beide Handlungsfelder unterscheiden sich wesentlich in ihrer ‚Natur', in der Art ihres Nutzens – deshalb beleuchten ihre Modelle unterschiedliche Aspekte: Die Handlungen (Dienste) eines Produktionsprozesses laufen nach einem Plan auf ein Ende, das Hergestellte, zu; im Unterschied dazu ist die Organisation von Dienstleistungen mit Hilfe entsprechender Dienste, also deren Aufrechterhaltung und Inanspruchnahme durch Kunden, abzugrenzen. Die Art, aus der sich der Nutzen ergibt, kann dabei variieren: In der *Ressourcenverwaltung* z.B. ermöglichen und steuern die (Verwaltungs-) Dienste die aktuelle und zukünftige Nutzung; sie begleiten ihr ‚Angebot' kontrolliert in die ständig wiederkehrenden Einsätze hinein und führen es von einer Phase in die andere über. In anderen Fällen dagegen bewirken andauernde Handlungen (produktive Dienste) den Nutzen, wie z.B. bei Heilbehandlungen, Autoreparaturen etc.

Anders als bei Produktionsprozessen steht für eine Dienstleistungseinheit weniger das zeitliche Ablaufmuster der Dienste im Vordergrund, sondern das Abfolgemuster der einzelnen – teilweise durch Kunden ausgelösten – Phasen in der Leistungserbringung. Eine *Phase* entspricht entweder einer andauernden Handlung (produktiver Dienst) mit einer Zeitdauer oder einem passiven Zustand, der i.d.R. durch einen Dienst oder eine Zeitbedingung initiiert bzw. beendet wird. Der Phasenaspekt lässt die äußeren Eingriffe von Kunden bzw. den Aspekt der externen Steuerung gut zur Geltung kommen; diese Perspektive hilft die umfassende Nutzung eines Dienstleistungsangebots besser zu veranschaulichen als es mit Aktivitätsdiagrammen möglich wäre (vgl. auch unten den Unterabschnitt *Phasen, Zustände und Ereignisse*).

Dienstleistungsprozess und Trägermedium

In den als Dienstleistungseinheit kategorisierten Leistungsbereichen steht die Kundensicht mit der Frage, wie und unter welchen Bedingungen der Umgang mit dem Leistungsangebot möglich ist, im Vordergrund. Die Inanspruchnahme einer Dienstleistung hängt vorrangig von der souveränen Entscheidung der Kunden ab, weshalb sich der zeitliche Ablauf der Dienste nur schlecht im Voraus planen lässt. Dennoch kann nicht von einer beliebigen freien Zugriffsfolge die Rede sein, wie etwa für die Inanspruchnahme einer Ressource das Muster ‚Reservierung, Nutzung, Rückgabe' zu beachten (und exakt vom System zu unterstützen) ist, ähnlich wie bei Produktionsprozessen. Die Abfolgestruktur von Diensten, nach der ein Kunde eine Dienstleistung in Anspruch nehmen kann, wurde als *Dienstleistungsprozess* bezeichnet (vgl. Abschnitt 2.1). Ein Dienstleistungsprozess lässt sich in manchen Fällen in der Form eines Aktivitätsdiagramms darstellen; alternativ bietet sich aber auch die (allgemeinere und stets sinnvolle) Darstellung als Zustandsdiagramm an (vgl. Beispiel 2 mit Abb. 5.4 und das folgende Beispiel 3 sowie unten den Unterabschnitt *Zustandsdiagramme oder Aktivitätsdiagramme*). Im allgemeinen Fall darf ein Dienstleistungsprozess mehrere Positionen des Leistungsangebots einbeziehen.

Der konkrete Transfer einer Dienstleistung im Rahmen eines Dienstleistungsprozesses ereignet sich – physisch wahrnehmbar – in Raum und Zeit unter Einbeziehung gewisser Medien, die als *Trägermedien* der Dienstleistung bezeichnet werden (Rück, H.R.G. [1995], S. 15). Trägermedien können Sachgüter, Maschinen, Anlagen, Dokumente etc. aber auch Personen sein. Beispiele für Dienstleistungsprozesse und ihre Trägermedien: Ausleiheverfahren (Bibliothek) und Buch; Wagenwäsche und Autowaschstraße; Autoreparatur und Personal ggf. mit Betriebsmitteln und Ersatzteilen; Heilbehandlung und Personal sowie räumlicher Einrichtung; juristische Vertretung und Dokument auf einem bestimmten physischen Speichermedium (z.B. Klageschrift) etc.

Beispiel 3. Konzertagentur – Dienstleistungsprozess.

In Abschnitt 4.6, Beispiel 8, wurde (intuitiv) das Zustandsdiagramm von ‚*Telefonischer Kartenverkauf (Vorkasse)*' vorgestellt (vgl. Abb. 4.28) – als Zustandsdarstellung eines Dienstleistungsprozesses mit den Konzertkarten als Trägermedien. Die Struktur dieses Dienstleistungsprozesses (Ersatz für einen Produktionsprozess) als *Aktivitätsdiagramm*:

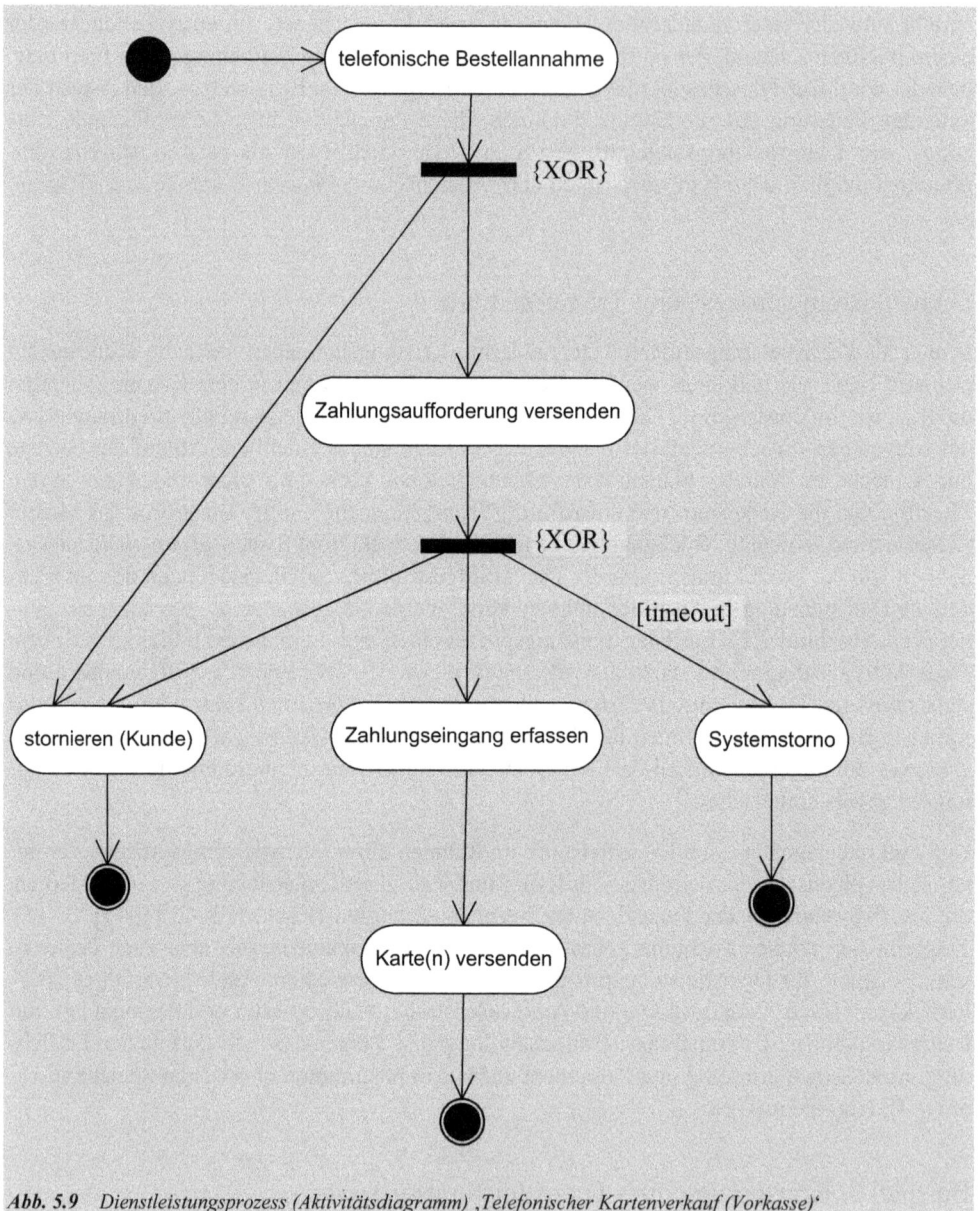

Abb. 5.9   *Dienstleistungsprozess (Aktivitätsdiagramm) ‚Telefonischer Kartenverkauf (Vorkasse)'*

Bemerkung: Beispiel 3 zeigt gewisse Schwächen von Aktivitätsdiagramm-Darstellungen für Dienstleistungsprozesse im Vergleich zu Darstellungen mit Hilfe von Zustandsdiagrammen. Bei Produktionsprozessen wurde stets davon ausgegangen, dass die Entscheidung über den weiteren Fortgang *innerhalb* der Knoten fällt; Aktivitätsdiagramme sind dann gut geeignet, die Steuerung der betreffenden Dokumentationsdienste bzw. deren Implementierung aus den Diagrammen abzuleiten. Bei Dienstleistungsprozessen lässt sich diese Annahme wegen der externen Eingriffsmöglichkeiten nicht mehr halten. In Abbildung 4.8 steht nach dem Dienst *Zahlungsaufforderung versenden'* keineswegs fest, welcher Schritt als nächstes folgen wird – was das Problem aufwirft, wie die XOR-Entscheidung im Code umzusetzen ist. Zustandsdiagramme wie etwa Abbildung 4.28 lassen dagegen sofort erkennen, wie die Steuerung der Dokumentationsdienste bei externen Zugriffen erfolgen kann.

Bei Dienstleistungseinheiten ist im allgemeinen Fall davon auszugehen, dass parallele, konkurrierende Dienstleistungsprozesse Zugriffskonflikte auf gemeinsamen Trägermedien auslösen können, was dann ausgesteuert werden muss. Der Unterabschnitt *Überlagerungen und Verfeinerungen von Zuständen* geht auf diesen Aspekt unten noch einmal näher ein. Dienstleistungsprozesse unterscheiden sich damit wesentlich von Produktionsprozessen, bei denen Zugriffskonflikte keine Beachtung finden.

Phasen, Zustände und Ereignisse

Phasen kennzeichnen (konkrete) Zeitabschnitte in der Entstehung und Entwicklung von Dienstleistungsprozessen; sie beziehen sich entweder auf die Vergangenheit (als faktisches Geschehen), die Gegenwart (als aktuelles Geschehen) oder die Zukunft (als eingeplant). Die Inanspruchnahme von Trägermedien durch Dienstleistungsprozesse bewirkt auch dort eine entsprechende Phasengliederung. Allerdings verfügen Trägermedien über eigene Phasen, die ausdrücken, ob eine Einbindung in Dienstleistungsprozesse überhaupt erlaubt bzw. auszuschließen ist. Ein Konzertsaal etwa kann die beiden Phasen *,bespielbar'* und *,unbespielbar'* besitzen. Solche Phasen werden als *primäre Phasen* des Trägermediums bezeichnet. Primäre (Grob-) Phasen, in denen eine Nutzung möglich ist, können dann von den Phasen der einbeziehenden Dienstleistungsprozesse überlagert und weiter untergliedert sein, weshalb hier von *induzierten Phasen* des Trägermediums gesprochen wird. Induzierte Phasen resultieren aus den Dienstausführungen oder zeitlichen Bedingungen, die sich primär auf die Dienstleistungsprozesse beziehen und deren Phasen initiieren. So wie Trägermedien über Phasen verfügen, die unabhängig von Dienstleistungsprozessen sind, ist auch bei einem Dienstleistungsprozess von Bearbeitungsphasen auszugehen, die unabhängig vom Trägermedium sind. Beispiel *Bibliothek*: Ein inventarisiertes Buch kann *,in den Katalog aufzunehmen'*, *,ausleihbar'* oder *,ausgelistet'* sein (primäre Phasen); im Fall *,ausleihbar'* wechselt es von einer Phase *,verfügbar'* zu *,ausgeliehen'* (induzierte Phasen), wo weitere Phasenuntergliederungen aufgrund von Verschränkungen mit anderen Ausleihverfahren möglich sind; für den Dienstleistungsprozess *,Ausleiheverfahren'* ist außerdem noch die Behandlung von Mahnungen und Mahngebühren relevant, was zu Phasen führt, die nichts mehr mit Phasen des Trägermediums Buch zu tun haben.

Um ihre Qualität zu verdeutlichen, verbinden wir jede Phase grundsätzlich mit einem *Zustand*: der Zustand eines Bezugsgegenstands macht kenntlich, was man von ihm zu dieser Zeit erwarten bzw. wie man mit ihm – nutzbringend einsetzend, vorbereitend, betreuend oder regenerierend etc. – *in dieser Situation* umgehen kann[7]: Er markiert, welche Einsatzmöglich-

---

[7] Die Begriffe Phase und Zustand verhalten sich ähnlich zueinander wie Objekt und Klasse: Phase (Inhalt) bezieht sich auf *konkret* stattgefundene, aktuelle oder geplante Zeitabschnitte eines Dokumentationsgegenstandes; da-

keiten ein Trägermedium dann zulässt bzw. welche Entwicklungsmöglichkeit ein Dienstleistungsprozess vor allem aus Sicht seines Kunden bietet. Die Zustandskennzeichnung vermittelt somit die Bedeutung einer Phase. Wenn eine Phase durch eine äußere Veranlassung von einer anderen abgelöst wird, gehen auf der Strukturebene die betreffen Zustände durch *Ereignisse*[8] ineinander über. Ereignisse identifizieren wir dann mit Elementardiensten des Leistungsbereichs (Strukturebene). Entspricht dagegen eine Phase einer andauernden Handlung, ist ihr Zustand mit einem (produktiven) Dienst gleichzusetzen; Beginn und Ende können dann als Ereignisse interpretiert werden, sie müssen es aber nicht. Phasen- bzw. Zustandübergänge können allerdings auch ohne einen Ereigniseintritt, etwa in Folge einer Zeitbedingung (timeout), stattfinden; allerdings muss es Hilfsdienste geben, die das Erfülltsein von Bedingungen dann prüfen.

Die Abfolge der Phasen eines Trägermediums oder eines Dienstleistungsprozesses findet auf der Strukturebene ihre Entsprechung in den zugehörigen Zustandsübergängen. Bei Trägermedien sind – entsprechend der Charakterisierung ihrer Phasen – *primäre* und *induzierte Zustände* zu unterscheiden. Primäre Zustände eines Trägermediums stecken einen Rahmen ab, der die Nutzungsmöglichkeit verdeutlicht; alle anderen Zustände und deren Zusammenhänge sind erst durch ihren Bezug auf Zustände von Dienstleistungsprozessen mit den möglichen Überlagerungen und mit dem Aussteuern von Ressourcenkonflikten interpretierbar – sie zeigen, wie man mit dem Trägermedium im Rahmen eines Dienstleistungsprozesses umgehen kann (vgl. unten den Unterabschnitt *Abhängigkeiten von Zuständen – Zustandskorrelationen*). Wie bei Phasen darf nur von einer partiellen Übereinstimmung der Zustände und Übergänge von Dienstleistungsprozessen und Trägermedien ausgegangen werden.

Unter der *Struktur* von Leistungsbereichen der Kategorie Dienstleistungseinheit verstehen wir die Darstellung der potenziellen Phasenverläufe von Dienstleistungsprozessen und ihrer Trägermedien in der Form von Zustandsdiagrammen. Ein Zustandsdiagramm beschreibt die *Form des allgemeinen Verhaltens* von Dokumentationsgegenständen auf der Klassenebene, zutreffend für jedes Objekt, das unter den Klassenbegriff fällt (vgl. Abschnitt 4.6). Was die induzierten Zustände der Trägermedien betrifft, die sich aus der Allokation durch Dienstleistungsprozesse ergeben, ist von einer *zyklischen Verlaufsdarstellung* mit der Wiederkehr bestimmter Zustände auszugehen. Zustände der Dienstleistungsprozesse dagegen entsprechen i.d.R. einem azyklischen Graphen, was ihre Darstellung als zielgerichtete Ablaufdarstellung als Aktivitätsdiagramme nahe legt (vgl. oben Beispiel 3 und die daran anschießende Bemerkung); um den engen Zusammenhang der Dynamik von Dienstleistungsprozessen und Trägermedien hervorzuheben und formal behandeln zu können, wird allerdings nur das Zustandsdiagramm als alleinige adäquate Darstellungsform angesehen (vgl. unten den Unterabschnitt *Zustandsdiagramme oder Aktivitätsdiagramme*).

Folgende Charakteristika wurden in Abschnitt 4.6 für Zustandsdiagramme hervorgehoben:

---

gegen markiert ein Zustand die *allgemeine* Struktur (Form) gewisser Phasen eines Gegenstandes (vgl. auch Abschnitt 2.1, Unterabschnitt ‚Begriffliche Abklärung').

[8] Ereignis wird für konkrete Begebenheiten wie auch für deren (abstrakte) Struktur (Form) gebraucht, ähnlich wie die Begriffe Dienst oder Produktionsprozess (vgl. Abschnitt 2.1) .

- Ein Objekt (Trägermedium, Dienstleistungsprozess) befindet sich zu jedem Zeitpunkt in *genau einer Phase* bzw. in *genau einem Zustand*, wobei Zustände in Unterzustände, Phasen in Teilphasen untergliedert sein können (s.u.);

- Phasen werden mit einer zu dokumentierenden Zeitdauer in Verbindung gebracht, dagegen ist für ein Ereignis (Dienstausführung) wichtig festzuhalten, dass es zu einem bestimmten Zeitpunkt eingetreten ist.

- Ein Zustandsübergang (Transition) kann an eine Bedingung, die sog. *Wächterbedingung*, gebunden sein. Der Unterschied zwischen Ereignis und Wächterbedingung: Ein Ereignis entspricht einer Handlung, verbunden mit einem Zeitpunkt des Eintritts, während eine Wächterbedingung als Zeitpunkt-unabhängig anzusehen ist.

- Ein Zustand darf durch ein Ereignis in sich selbst übergeführt werden; i.d.R. finden sich solche Übergänge durch Wächterbedingungen flankiert.

- Zustandsübergänge können auch ohne Ereigniseintritt stattfinden, in unserem Anwendungsgebiet nach Beenden einer andauernden Handlung (produktiver Dienst) oder durch Überschreiten einer zeitlichen Frist (formuliert als Wächterbedingung [timeout], z.B. wenn eine Reservierungsfrist in der **Konzertagentur** abgelaufen ist). In gewissen Fällen kann der Eintritt in den neuen Zustand mit der Durchführung eines Hilfsdienstes verbunden sein, er muss es aber nicht; in einer Bibliothek etwa ist eine Mahnung zu erzeugen, wenn der Dienstleistungsprozess *'Ausleihverfahren'* in den Zustand 'gemahnt' übergeht.

Beispiel 4. Konzertagentur – Zustandsdiagramm (Konzertkarte).

Der Dienstleistungsprozesses *'Telefonischer Kartenverkauf (Vorkasse)'* ist bisher unter verschiedenen Perspektiven betrachtet worden: Seine *Phasen* sind in Abschnitt 4.6, Beispiel 8 als *Zustandsdiagramm* analysiert worden (vgl. Abb. 4.28); die Abfolge der Handlungen (Dienste) mit ihrer Darstellung als *Aktivitätsdiagramm* findet sich in diesem Kapitel oben in Beispiel 3 (vgl. Abb. 5.9 und die anschließende Bemerkung). Wie lassen sich diese Strukturen mit dem natürlichen Dienstleistungsverständnis und seinem Nutzenaspekt verbinden? Dazu soll eine Zusammenschau der bisher untersuchten Aspekte zusammen mit der Zustandsanalyse des Trägermediums, der Konzertkarte, erfolgen:

Die Dienstleistung *'Konzertveranstaltung'* bezieht das Orchester, ggf. den Solisten oder die Solistin sowie dem Ort (Konzertsaal) als *Trägermedien* ein. Zu Beginn ist von einem (wie erwähnt kaum reglementierten und deshalb nur bedingt durch ein Anwendungssystem zu unterstützenden) Produktionsprozess auszugehen, der das Konzertprogramm als *Produkt* (Output) erarbeit. Die Vermittlung der *Zugangsberechtigungen*, die auch von einem externen Ticket-Service erbracht werden könnte, lässt sich als eine 'äußere' Dienstleistungseinheit, mit 'Konzertkarten' als Trägermedien, auffassen. Hierzu gibt es im ersten Schritt einen (internen) Dienst, der die Karten auf der Basis der Konzerttermine und der Saalpläne herstellt, ergänzt um den Dienstleistungsprozesse für Abonnements (Verlängerung, Verkauf) und für den Einzelkartenverkauf wie z.B. *'Telefonischer Kartenverkauf (Vorkasse)'* etc.

Die folgende Abb. 5.10 zeigt, wie der Dienstleistungsprozess *'Telefonischer Kartenverkauf (Vorkasse)'* die Zustände der eingebundenen Konzertkarte(n) induziert; die Zustände des Dienstleistungsprozesses (vgl. Abb. 4.28) 'Kunden-storniert' und 'System-storniert' finden bei Konzertkarten keine Entsprechung:

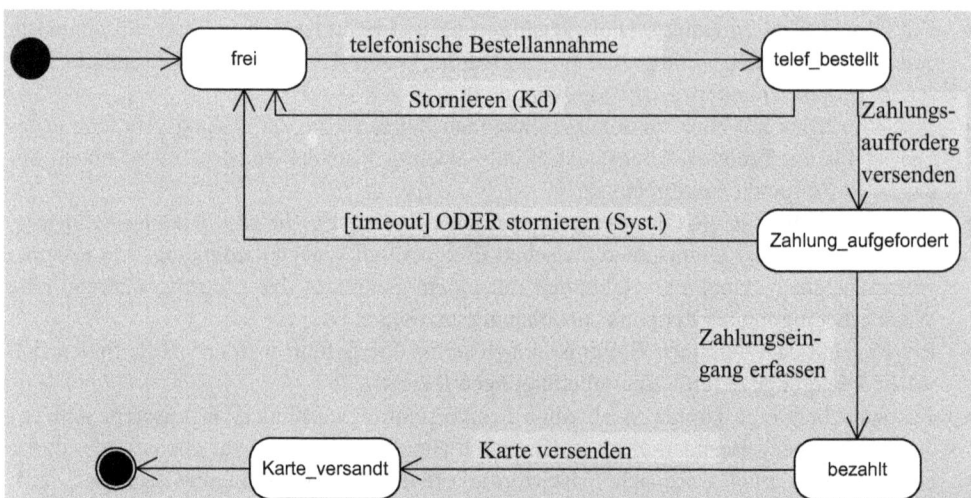

Abb. 5.10   *Zustandsdiagramm von 'Konzertkarte' im Kontext eines telefonischen Kartenverkaufs für Neukunden mit Vorkasse (Ausschnitt)*

Bezieht man im Einzelverkauf zusätzlich noch den *Direktverkauf* der Karten mit ein, so ist der (Folge-) Zustand *'direkt verkauft'* zu ergänzen.

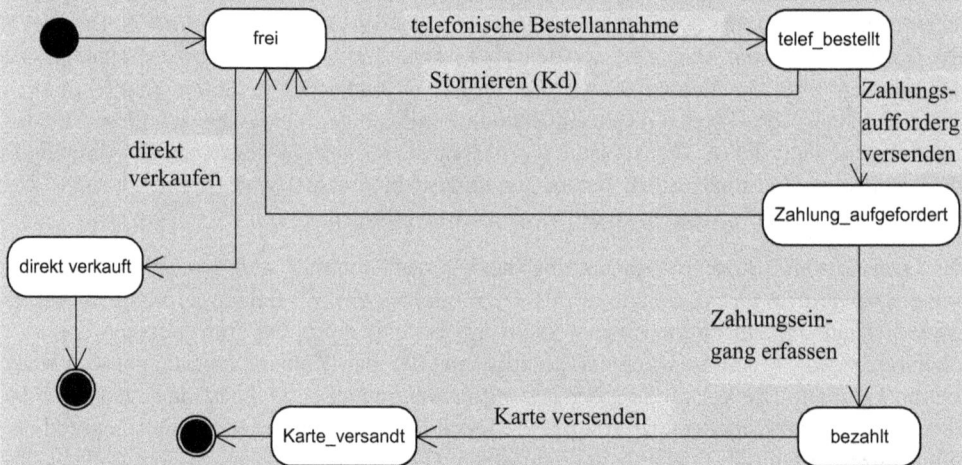

Abb. 5.11   *'Konzertkarte' im Einzelverkauf : Direktverkauf und 'Telefonischer Kartenverkauf (Vorkasse)' (Zu-standsdiagramm, ergänzte Version)*

Ähnliche Ergänzungen sind darüber hinaus noch für die anderen beiden Varianten *'Einzugs-verfahren'* und *'Stammkunden'* des Dienstleistungsprozesses *'Telefonischer Kartenverkauf'* einzuarbeiten.

Beispiel 4 setzt voraus, dass die Konzertkarten für den Einzelkartenverkauf freigegeben wurden. Insgesamt ist das Diagramm deshalb noch um Zustände zu ergänzen, die anzeigen, dass eine Konzertkarte für den Abonnementverkauf verserviert bzw. dort verkauft wurde. Die Erweiterung ist unten in Beispiel 5 zu finden.

Mit dem Beispiel der telefonischen Bestellung (Beispiel 8, Abschnitt 4.6) wurden Verkaufsprozesse und ihr Umgang mit Konzertkarten beschrieben (Abb. 4.28) – warum dann noch die Konzentration auf die Konzertkarte mit der nahezu redundanten Darstellung in Abb. 5.11? Um Dienstleistungsprozesse als Handlungsketten mit ihrem Bezug auf den jeweiligen Kunden kommt man nicht herum – ein Dienstleistungsprozess steht für die Leistungserbringung für einen bestimmten Kunden. Genügt es dann, nur Dienstleistungsprozesse und ihre Zustände zu berücksichtigen, um die Abfolge der Handlungen steuern zu helfen? Beide Darstellungen sind nützlich, keine ersetzt vollständig die andere: Zum einen hat ein Scheitern des Bestellprozesses (Dienstleistungsprozess)   direkte Auswirkungen auf den Zustand der Konzertkarte – sie wird wieder freigegeben; zum anderen ist es gelegentlich hilfreich ‚von außen‘ zu sehen, in welchem (abgeleiteten) Zustand sich das involvierte Trägermedium befindet. Schon oben haben die Ausführungen über primäre und induzierte Phasen/Zuständen gezeigt, dass Dienstleistungsprozesse die Zustände von Trägermedien beeinflussen – und die Zustände von Trägermedien sich auf den Verlauf von Dienstleistungsprozessen auswirken (vgl. auch die folgenden Unterabschnitte sowie Beispiel 6). Eine übergreifende gemeinsame Darstellung scheint auch deshalb problematisch, weil die beeinflussenden Ereignisse sich jeweils auf den Dienstleistungsprozess oder aber auf das Trägermedium beziehen können – was dann auch deutlich voneinander abzusetzen ist. Allerdings ist es dann wichtig, induzierte Zustände mit ihren verursachenden Zuständen konsistent zu verwalten.

Zustandsdiagramme haben für betriebliche Anwendungssysteme bisher nicht jene Wertschätzung erfahren, die ihnen zusteht, wofür drei Gründe anzuführen sind: *Erstens* werden sie ihrer Herkunft nach vorrangig mit der formalen Beschreibung von Automaten in Verbindung gebracht, was zur Verarbeitung von Unternehmensinformationen auf den ersten Blick nicht recht passen will. *Zweitens* sind Aktivitätsdiagramme einfacher zu bewältigen als Zustandsdiagramme; sie besitzen einen fest vorgezeichneten, relativ gut zu planenden und nachzuvollziehenden Verlauf auf das Ende des zu vervollständigenden Produktes hin, selbst wenn sie Verlaufsalternativen beinhalten. Aktivitätsdiagramme spiegeln einen festen – beherrschbaren – Ablauf wieder; Zustandsdiagramme zielen dagegen auf dynamische Verläufe ab, bei denen die Zeitpunkte der Eingriffe (Ereignisse) auf individuellen Entscheidungen basieren[9], wodurch die Reihenfolge der Schritte nicht oder wesentlich schwächer vorher bestimmbar wird. *Drittens* sind Zustandsdiagramme auch deshalb schwerer zugänglich, weil Zustände immer Verhältnisse zwischen Trägermedien und Kunden in Dienstleistungsprozessen widerspiegeln, wo verschiedene Dienstleistungsprozesse konkurrierende Zugriffe auf Trägermedien verursachen können. Aktivitätsdiagramme lassen sich dagegen auch für sich

---

[9] Bereits der Begriff „Ereignis" suggeriert ein Moment der Unbestimmtheit.

isoliert, ohne Verschränkungen mit anderen Handlungen oder externen Einflüssen, interpretieren.

Varianten von Dienstleistungsprozessen

Ähnlich wie Produktionsprozesse können auch Dienstleistungsprozesse über unterschiedliche *Varianten* verfügen; eine gemeinsame, übergreifende Darstellungen kann in der gleichen Weise erfolgen wie sie oben in Abschnitt 5.3, Unterabschnitt *Prozessvarianten,* beschrieben wurde, sofern Aktivitätsdiagramme als geeignete Mittel verwendbar sind. Eine Übertragung auf die Zustände der Trägermedien und Dienstleistungsprozesse mit einer ähnlichen vereinheitlichten Sicht scheint jedoch schwierig zu sein. Bereits das Beispiel ,*Telefonischer Kartenverkauf'* (vgl. Beispiel 3) mit den Varianten Verkauf mit Vorkasse, mit Einzugsverfahren bzw. Versand auf Rechnung zeigt sehr unterschiedliche Strukturen in den Zustandsdiagrammen des Trägermediums bzw. der Prozessvarianten.

Überlagerungen und Verfeinerungen von Zuständen

Unterschiedliche, konkurrierende Dienstleistungsprozesse (Instanzen) und ihre Zustände induzieren die Zustände ihres Trägermediums (bzw. ihrer Trägermedien) und führen dort zu möglichen Zustandsüberlagerungen. Und umgekehrt: Der Zustand eines Trägermediums drückt die damit verbundenen Erwartungs- und Nutzungsaspekte aus und beeinflusst so die möglichen Entwicklungsmöglichkeiten bzw. Zustandübergänge seiner Dienstleistungsprozesse. Beispiel *Bibliothek:* Auf den ersten Blick ist ein Buch (Trägermedium) im Leihverkehr ,*verfügbar'* oder ,*ausgeliehen'.* Offensichtlich ist ,*ausgeliehen'* ein induzierter Zustand, dessen Ursache der Dienstleistungsprozess *Ausleihverfahren* ist. *Ausleihverfahren* selbst besitzt die (groben) Zustände ,*reservierend',* ,*ausleihend'* und ,*zurückgegeben'.* Für ein verfügbares Buch ist bei der Ausleihe zu überprüfen, ob ggf. eine Vormerkung vorliegt. Der Buch-Zustand ,*verfügbar'* ist zu diesem Zweck weiter zu differenzieren in ,*nicht reserviert'* und in ,*reserviert'* (induzierter Zustand). Entsprechend ist der Zustand ,*ausgeliehen'* in ,*ausgeliehen ohne Vormerkung'* und ,*ausgeliehen mit Vormerkung'* aufteilbar, was sich aus der Überlagerung mit einem anderen *Ausleihverfahren* ergibt. Solche Verhaltensdifferenzierungen eines Trägermediums, die aus möglichen Überschneidungen von Dienstleistungsprozessen resultieren, werden mit Hilfe von Zustandsverfeinerungen in Unterzustände dargestellt (vgl. Abschnitt 4.6). In der Zustandsverfeinerung, wo sich Zugriffskonflikte behandeln lassen, sind dann überschneidungsfreie wie auch überschneidende Unterzustände mit ihren entsprechenden Übergängen anzutreffen.

Die Verfeinerung eines Zustandes entspricht wieder einem Zustandsdiagramm, um das differenziertere Verhalten mit Hilfe von Unterzuständen und deren Übergängen darzustellen. Zu beachten sind die in Abschnitt 4.6 erwähnten **Regeln**: Befindet sich ein Dienstleistungsprozess bzw. das Trägermedium in einem übergeordneten, zu verfeinernden Zustand, so trifft zu jedem Zeitpunkt stets *genau ein Unterzustand* in der Verfeinerung zu; mit dem Verlassen des übergeordneten Zustandes wird gleichzeitig jeder aktuelle Unterzustand aufgehoben. Wie das skizzierte Bibliotheksbeispiel zeigt, können Unterzustände den übergeordneten Verlauf beeinflussen, indem sie die Übergänge als Wächterbedingungen kontrollieren. Im Beispiel löst das Ereignis (Dienstausführung) ‚Ausleihen‘ auf der höheren Ebene den Übergang von ‚verfügbar‘ in ‚ausgeliehen‘ nur dann aus, wenn entweder der Unterzustand ‚frei verfügbar‘ anzutreffen ist oder im Unterzustand ‚reserviert‘ die reservierende mit der ausleihenden Person übereinstimmt – zu formulieren als Wächterbedingung.

Das Verfahren der sukzessiven Verfeinerung führt zu einer **hierarchischen Struktur** der Zustände (vgl. auch Abschnitt 4.6, Unterabschnitt *Ergänzungen*).

Wenn Sie die Struktur einer Dienstleistungseinheit aufarbeiten, sollten Sie zunächst nach den Zuständen der Trägermedien fragen: Unter welchen Bedingungen (Zuständen) sind diese in den Handlungen (Dienste) einsetzbar? Als nächstes kann das Zustandsdiagramm eines Dienstleistungsprozesses zunächst nur für den ‚Idealfall‘, ohne die Verschränkung mit andern Vorgängen, modelliert werden. Anschließend ist das Verhalten des Trägermediums mit allen seinen induzierten Zuständen aufzuarbeiten, mögliche Überlagerungen sind mit Hilfe von Unterzuständen einzuarbeiten, die Darstellung der Dienstleistungsprozesse ist zu vervollständigen.

Noch einmal zum Bibliotheksbeispiel von oben (Überblick): Bücher sind ‚verfügbar‘ oder ‚ausgeliehen‘ – Zustände, die von dem ‚Ausleihverfahren‘ (Dienstleistungsprozess) mit den externen Diensten (Ereignissen) ‚Buchausleihe‘ und ‚Buchrückgabe‘, induziert sind.

Für den Fall einer notwendigen Reservierung (externer Dienst ‚Buchreservierung‘) durchläuft der Dienstleistungsprozess ‚Ausleihverfahren‘ die Zustände ‚reservierend‘ ‚ausleihend‘ und ‚zurückgegeben‘, sofern er nicht vorzeitig abgebrochen wird (1. Ebene). Ein ‚Ausleihverfahren‘ im Zustand ‚reservierend‘ verharrt zunächst im Wartestatus (Unterzustand: ‚reservierend/Reservierung offen‘; 2. Ebene); falls keine älteren Reservierungen vorliegen, versetzt eine Buchrückgabe (Ereignis) das Ausleihverfahren dann in den Unterzustand ‚reservierend/Reservierung aktiviert‘ (2. Ebene; mit entsprechenden induzierten Zuständen von Buch). Eine Buch-Reservierung nutzt allerdings nichts, wenn die reservierende Person nicht über die Verfügbarkeit des Buches informiert wird; deshalb ist ‚reservierend/Reservierung aktiviert‘ in ‚Kunde ist zu informieren‘ und ‚Kunde ist informiert‘ (3. Ebene) zu verfeinern. Der Ablauf des befristeten Zustandes ‚Kunde ist informiert‘ führt automatisch zur Aufhebung der Reservierung bzw. zum Abbruch des Vorgangs (Dienstleistungsprozesses; Ereignis-loser Übergang mit Timeout-Wächterbedingung).

Das Zusammenspiel der konkurrierenden Dienstleistungsprozesse lässt sich leicht koordinieren, wenn die Prozess-Zustände mit ihren Übergängen auf die induzierten Buch-Zustände übertragen und verwaltet werden. So ist die Durchführung des Dienstes ‚Ausleihen‘ nur sinnvoll, wenn sich wie oben erwähnt das Buch in dem induzierten Zustand ‚verfügbar/nicht reserviert‘ befindet oder wenn der (induzierte) Zustand ‚verfügbar/reserviert‘ vorliegt und die reservierende mit der ausleihenden Person identisch ist – was ideal im Modell als Wächterbedingung [‚verfügbar/nicht reserviert‘ ODER (‚verfügbar/reserviert‘ UND Personen_ID der Reservierung = Personen_ID des Nutzers)] darstellbar ist.

Das System soll später – exakt – die aufgezeigten Übergänge (Dienste) unterstützen bzw. automatisch durchführen, so dass nur noch die Dokumentation sinnvoller Handlungen unterstützt wird.

Nach dem UML2-Standard sind Verfeinerungen innerhalb des übergeordneten Zustandsknotens (im betreffenden Zustandsdiagramm; vgl. Abschnitt 4.6) darzustellen, was zu sperrigen Diagrammen führen kann. Deshalb wird hier der abweichende Vorschlag empfohlen, Verfeinerungen als eigene separate Diagramme darzustellen, ohne die Bedeutung und Ausdruckskraft der Modelle zu verändern; als Verweis ist lediglich die eindeutige Bezeichnung des übergeordneten Zustands aufzuführen (ggf. optional ergänzt um eine Dezimalpunkt-Notation wie bei Datenflussdiagrammen der Structured Analysis, um hierarchische Beziehungen auszudrücken).

Beispiel 5. Konzertagentur – Zustandsverfeinerung

Vor Saisonbeginn werden Konzertkarten für den Abo-Verkauf reserviert (Abo-Verlängerung oder neue Abos; Zustand: *‚Reserviert(Abo)'*). Zunächst erhalten die Abonnement-Kunden der letzten Saison ein Angebotsschreiben für die Verlängerung (Dienstleistungsprozesse *‚Abo-Verlängerung'*), alle anderen Konzertkarten bleiben zunächst für Neu-Abonnements (Dienstleistungsprozess *‚Neu-Abonnement'*) reserviert. Scheitert eine Abo-Verlängerung, werden diese Plätze noch eine Zeitlang für Neu-Abonnements offen gehalten. Nach einer angemessenen Frist erfolgt für alle nicht belegten Konzertkarten die Freigabe für den Einzelverkauf (als Dienstausführung; Zustand: *‚freigegeben(Direktverkauf)'*).

Die induzierten Konzertkarten-Zustände:

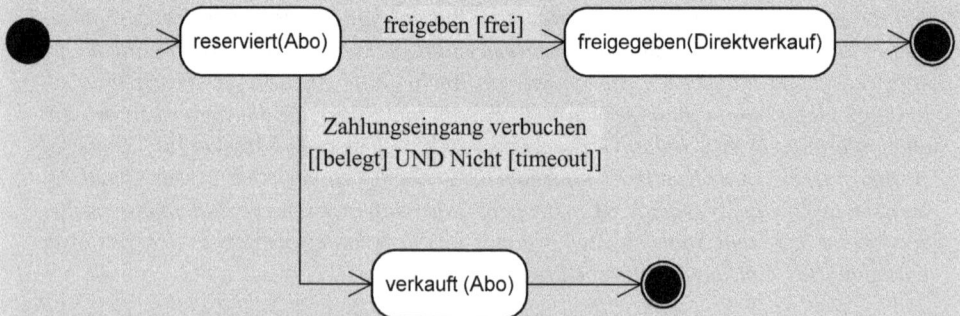

Abb. 5.12   Grobphasen für Konzertkarten (induzierte Zustände)

Der Zustand *‚Reserviert(Abo)'* selbst lässt sich, je nach Resonanz auf die Nachfrage, weiter differenzieren (Unterzustände; vgl. auch den komplexen Dienst *‚Abo-Verlängerung'* in Abb. 5.4).

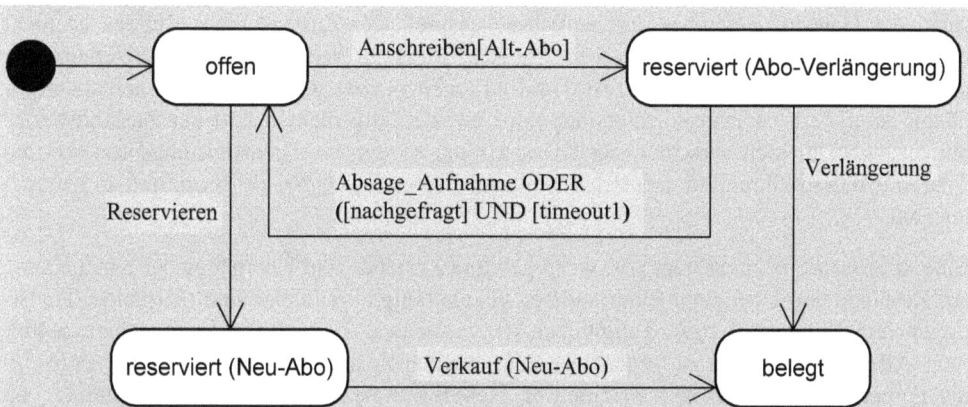

Abb. 5.13   *Verfeinerung (Differenzierung) des Zustands ‚Reserviert(Abo)' von Konzertkarten: Unterzustände von ‚Reserviert(Abo)'*

Noch einmal ist der Zustand *‚reserviert(Abo-Verlängerung)'* danach zu differenzieren, ob bereits eine Nachfrage bzw. Erinnerung stattgefunden hat; nur dann wird nach einer gewissen Frist ([timeout1]) die Reservierung aufgehoben. Man beachte dabei, dass eine Verlängerung oder Absage des Kunden (Ereignis bzw. Dienst) gleichzeitig jeden der folgenden Unterzustände aufhebt:

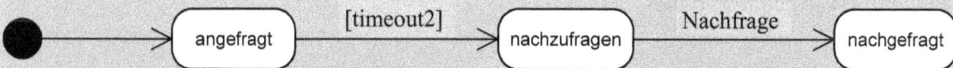

Abb. 5.14   *Verfeinerung des Zustands ‚reserviert(Abo-Verlängerung)'*

In ähnlicher Weise sind die Zustände *‚reserviert(Neu-Abo)'* und *‚freigegeben(Direktverkauf)'* zu differenzieren; Abb. 5.11 (ohne Finalzustände) entspricht einer Verfeinerung des letztgenannten Zustandes.

Dienstleistungsprozesse belegen in diesem Beispiel ihre Trägermedien stets exklusiv; komplexere Verschränkungen ähnlich wie im Bibliotheksbeispiel sind deshalb ausgeschlossen.

Abhängigkeiten von Zuständen – Zustandskorrelationen

Kaum beachtet scheint bisher der Befund, dass sich Zustände zweier in einem Zusammenhang stehender Dokumentationsgegenstände während der Zeit ihres Zusammenspiels gegenseitig beeinflussen. Induzierte Zustände von Trägermedien haben bereits Zustandsbeziehungen bei Dienstleistungsprozessen thematisiert (vgl. oben den Unterabschnitt *Phasen, Zustände und Ereignisse*); ähnliche Zusammenhänge leuchten bei Aggregationen (vgl. Abschnitt 4.4) direkt ein, denn der Zustand eines Teils ist gewiss nicht ohne Auswirkung auf den Zustand des Ganzen. Einfaches anschauliches Beispiel: Der Zustand eines Reifens ist nicht ohne Einfluss auf den Zustand des betreffenden Fahrzeugs. Wenn Objekte mit eigenem Verhalten in einer Beziehung stehen, ist damit zu rechnen, dass ihre Zustände voneinander abhängig sind. Mit Zustandskorrelationen wird auf den allgemeinen Fall der Zustandsbeziehungen von Objekten verschiedener Klassen hingewiesen, wo Dienstleistungsprozesse und Trägermedien mit ihren induzierenden bzw. induzierten Zuständen als Spezialfall zu betrachten sind.

Eine *Zustandskorrelation* liegt vor, wenn gewisse Zustände und Übergänge der einen Klasse auf Zustände und Übergänge einer anderen eineindeutig übertragbar sind (Zustände, Transitionen und Ereignisse) bzw. Teilgraphen der jeweiligen Zustandsdiagramme übereinstimmen. Allerdings ist dabei zu fordern, dass ein an einer Zustandskorrelation beteiligtes Ereignis immer eindeutig auf sein bestimmtes Ziel-Objekt bezogen wird. Die Parallelität von Zuständen und Transitionen verschiedener Klassen legt eine formale Betrachtung mit strengen mathematischen Beschreibungsmitteln nahe, auf die hier aber lediglich hingewiesen werden soll.

Zustandskorrelationen sind zu erwarten, wenn Gegenstände in einen gemeinsamen Zusammenhang – mittels einer Beziehung – eingebunden sind, was hier im Kontext betrieblicher Handlungen zu verstehen ist (vgl. auch den Unterabschnitt *Beziehungen* in Abschnitt 6.2). Zustandskorrelationen liegen etwa nahe, wenn Dienstleistungsprozesse andere Dienstleistungen einbeziehen und die Zustände der Trägermedien gegenseitig aufeinander Einfluss ausüben. Sie können sich über gemeinsame hierarchische Zustandsverfeinerungen auf Unterzustände erstrecken. Weitere Zusammenhänge bestehen zwischen Zuständen konkurrierender Instanzen von Dienstleistungsprozessen. Korrelierende Zustände lassen sich übersichtlich in Tabellenform gegenüberstellen.

Beispiel 6. Konzertagentur – Zustandskorrelationen

Auch Konzertsäle können plötzlich unbespielbar sein; der Durchschlag eines Saalausfalls (Zustand ‚unbespielbar‘) auf die Konzertaufführung (Zustand: ‚ausfallend: Saal unbespielbar‘) und den Kartenverkauf (Zustand der Konzertkarten: ‚nicht verkäuflich: Saal unbespielbar‘) ist offensichtlich – drei Klassen, deren Zustände aufeinander bezogen sind. Es ist leicht zu erkennen, wie sich die Zustände der Trägermedien *Saal* und *Konzert* gegenseitig beeinflussen und als Zustandskorrelation interpretieren lassen. *Anmerkung*: Einen Hinweis auf derartige Zusammenhänge liefert das Klassendiagramm: Die Objekte der Klassen *Saal, Konzert* und *Konzertkarte* stehen in einer Aggregations- bzw. Kompositionsbeziehung zueinander.

Andere Zustandskorrelationen ergeben sich, wie bisher betrachtet, über die Zustände von Dienstleistungsprozessen und Trägermedien: Beispiel 8 in Abschnitt 4.6 (vgl. Abb. 4.28) beschreibt das Verhalten des telefonischen Kartenverkaufs (Dienstleistungsprozess); die betreffenden induzierten Zustände der Konzertkarte(n) sind in diesem Kapitel in Beispiel 4 (vgl. Abb. 5.10) anzutreffen. Zwar zielen manche Ereignisse auf den telefonischen Kartenverkauf ab (wie z.B. ‚*Zahlungsaufforderung versenden*‘ etc.); dennoch ist die Übertragung der Zustände auf das Trägermedium Konzertkarte allgemein hilfreich: Wer sich für eine noch reservierte Karte interessiert, darf sich eine reelle Chance ausrechnen, wenn die Frist bis zum Systemstorno ([timeout]) nur noch wenige Minuten dauert und das Systemstorno die Karten dann wieder freigibt.

Zustandsdiagramme oder Aktivitätsdiagramme

Einsatzgebiete mit arbeitsteiliger Leistungserbringung wurden als Produktionsprozess oder Dienstleistungseinheit kategorisiert mit den passenden Darstellungsmitteln bzw. Modelltypen: Aktivitätsdiagramme bilden den (inneren) Ablauf auf ein herzustellendes Produkt ab und sind als Transformation interpretierbar; wichtig sind hier die Handlungen (Dienste) – die Knoten des Diagramms –, in denen die Leistungen hergestellt werden. Für die äußere Sicht auf das Leistungsangebot, jetzt als Dienstleistung aufgefasst, fiel dagegen die Wahl der Darstellungsform auf Zustandsdiagramme für Dienstleistungsprozesse und ihre Trägermedien: Zustandsdiagramme beschreiben im weitesten Sinne, wie Kunden in welchen Situationen mit einem Leistungsangebot umgehen bzw. es in Anspruch nehmen können. Wichtig sind hier die Phasen, als Zustände charakterisiert (bzw. abstrahiert), und die Übergänge, ausgelöst durch Handlungen (Dienste, Ereignisse) oder Bedingungen. Aktivitätsdiagramme zielen primär auf die Abfolge von Handlungen nach einem festen Schema ab, Zustandsdiagramme dagegen auf das Schema der äußeren Umgangsmöglichkeiten mit Dienstleistungen, deren Trägermedien und Dienstleistungsprozessen.

Schon die formalen Struktureigenschaften der assoziierten Graphen lassen, wie oben vermerkt, vermuten, dass Aktivitätsdiagramme als azyklische Graphen im Vergleich mit Zustandsdiagrammen auch aus pragmatischer Sicht nur von eingeschränkter Natur sind (vgl. den Abgleich in Abschnitt 4.6, Unterabschnitt *Zustandsdiagramme und Aktivitätsdiagramme*): Jeder Produktionsprozess oder komplexe Dienst lässt sich von außen immer mit seinen Zuständen in Verbindung bringen. Die mit den Elementardiensten (bzw. Arbeitsgängen) einhergehende *Produktion* (vgl. die Einführung des Abschnitts 5.3) ist dabei als Transformation von Zuständen des herzustellenden Produktes aufzufassen. *Zustände* geben Auskunft über den aktuellen Entwicklungstand; Ereignisse sind entweder als Elementardienste (grobe Sicht) oder als Anstoß bzw. als Beendigung von andauernden elementaren Diensten (feinere Sicht) anzunehmen. Im letzten Fall wird die Dienstausführung als Zustand durch ein Start-Ereignis initiiert und durch ein Abschluss-Ereignis terminiert. Für lang andauernde Dienste, die in Teilschritte mit Zwischenergebnissen aufteilbar sind, liegen Zustandsverfeinerungen auf der Hand.

Nicht jede Folge von zeitlich voneinander abhängigen Ereignissen ist allerdings als azyklische Kette von Elementardiensten auf ein Ziel hin interpretierbar. Die Verwaltung einer Ressource etwa ist im Normalfall auf Dauer angelegt, mit wiederkehrenden Nutzungsphasen und Pflegemaßnahmen – ohne einen zeitlichen Endpunkt als Ziel. Seine Entsprechung findet ein solches Verhalten in einem *zyklischen Zustandsdiagramm*, im Gegensatz zu den azyklischen Graphen von Produktionsprozessen und (komplexen) Diensten.

Bereits in Abschnitt 2.1 wurden die Kategorien Produktionsprozess und Dienstleistungseinheit unter der Steuerungsperspektive gegeneinander abgegrenzt: Bei Produktionsprozessen gehen wir von der Abarbeitung der Arbeitsgänge (Elementardienste) nach einem festen

Schema aus; zu welchem Zeitpunkt die Handlungen ausgeführt werden, liegt in den Händen des Unternehmens bzw. der betreffenden Organisationseinheit, ohne dass intern veranlasste Interaktionen mit Kunden ausgeschlossen sein sollen. Deshalb wurde bei Produktionsprozessen von der internen Sicht bzw. internen Steuerung gesprochen. Die Entscheidung über den Fortgang einer Handlungsfolge fällt direkt beim Abschluss eines Arbeitsgangs oder in einem separaten Schritt, was adäquat als Aktivitätsdiagramm darstellbar ist.

Dagegen ist eine Dienstleistungseinheit durch eine zumindest teilweise Inanspruchnahme (externer) Dienste durch Kunden charakterisiert, was kaum einer intern steuerbaren Abfolge auf ein Ziel hin entspricht und als äußere Sicht bzw. externe Steuerung bezeichnet wurde. Um die möglichen Verläufe der freien, nicht im Voraus bestimmbaren Kundenzugriffe aufzuzeigen, wurden Zustandsdiagramme zur Beschreibung des Verhaltens von Trägermedien und Dienstleistungsprozessen gewählt, womit sich auch Zugriffskonflikte hinreichend gut beschreiben lassen. Zustandsdiagramme sind das beste Mittel, um die Dynamik einer Klasse, das allgemeine Verhalten der Objekte in der Zeit mit den möglichen Entwicklungsphasen und den beeinflussenden Ereignissen, aufzuzeigen.

Aber auch in der Kategorie Dienstleistungseinheit spielt der Aspekt der Abfolge von Diensten eine wichtige Rolle: Eine Dienstleistung für einen Kunden wird stets in einer zeitlichen Folge von aufeinander bezogenen Handlungen (Diensten) erbracht, was als Dienstleistungsprozess verstanden wird. Der Unterschied zu Produktionsprozessen: Zumindest gewisse Dienste werden von Kunden veranlasst, was erhebliche Auswirkungen auf die Steuerung der Handlungsfolge hat. Darüber hinaus werden die Zeitpunkte der Dienstausführungen durch mögliche Zugriffskonflikte auf den Trägermedien beeinflusst, was wiederum von der Inanspruchnahme der Dienstleistung durch andere Kunden abhängt.

Generell wird die Kategorie Dienstleistungseinheit als Verallgemeinerung der Kategorie Produktionsprozess betrachtet. Ein elementarer Knoten eines Aktivitätsdiagramms (Elementardienst, Arbeitsgang) entspricht einem andauernden (produktiven) Dienst.

IT-Dienste für Dienstleistungseinheiten – Nutzen der Zustandsdiagramme

In der Kategorie Dienstleistungseinheit sind die *Dienste*, etwa die Ereignisse im Zustandsdiagramm, durch adäquate interaktive IT-Dienste zu unterstützen. Entspricht ein Zustand einer andauernden Handlung (produktiver Dienst), ist für deren Durchführung ein entsprechender Dokumentationsdienst vorzusehen, ähnlich wie bei Arbeitsgängen im Produktionsprozess; in diesen Dokumentationsdienst ist das Start-Ereignis zu integrieren. Übergänge, die ohne Einwirkung eines Ereignisses stattfinden (Ereignis-lose Übergänge), sind i.d.R. von Wächterbindungen flankiert. Falls eine zeitliche Fristüberschreitung den Zustandübergang veranlasst, ist dafür eine entsprechende *Batch-Anwendung* als Überwachungsfunktion einzurichten, die ggf. den Zustandswechsel oder andere Maßnahmen durchführt (Beispiel: Mahnwesen).

Für gewisse externe Verwaltungsdienste, wie etwa das Reservieren von Ressourcen, bietet sich die Möglichkeit an, den Kundinnen und Kunden die direkte Zugriffsmöglichkeit, etwa als Web-Anwendung, zu ermöglichen.

Für die identifizierten IT-Dienste sind die jeweiligen Informationsstrukturen und Dokumentationsformen (Nutzeroberflächen) festzulegen. Im Einzelnen helfen Zustandsdiagramme bei folgenden Entwicklungsaufgaben:

- *Informationsstrukturen:* Die Zustandsdiagramme von Dienstleistungseinheiten weisen auf folgende Dokumentationsobjekte hin: auf die Trägermedien und die zu dokumentierenden Dienstleistungsprozesse bzw. deren Dienste (vgl. Abschnitt 6.2). Es ist wichtig, die Trägermedien mit Zustandsattributen zu versehen.

- *Graphische Nutzeroberfläche:* Mit den Informationen über die Trägermedien im Zentrum muss die Oberfläche das Initialisieren der Dienstleistungsprozesse ermöglichen; je Dienstleistungsprozess sind Controls (Befehlstasten) vorzusehen, mit denen sich die korrespondierenden Dokumentationsdienste für die Ereignisse (Dienste) aktivieren lassen.

- *Nutzerführung:* Zustandsdiagramme zeigen für Dienstleistungsprozesse anschaulich und präzise, welche Handlungen (Dienste als Ereignisse bzw. anhaltende produktive Dienste) in einem Zustand erlaubt bzw. mit ihm verbunden sind – wobei die Steuerung als optimale Nutzerführung über das Aktivieren bzw. Deaktivieren der Controls erfolgen kann. Auf diese Weise wird die Dokumentation unzulässiger Handlungen verhindert.

- *Batch-Anwendungen:* Zustandsübergänge können sich einstellen, wenn eine Bedingung zu einem Zeitpunkt zutrifft, wie etwa im Mahnwesen. Permanente Überwachungsfunktionen, die solche Bedingungen wie Fristüberschreitungen in Dienstleistungsprozessen kontrollieren, wurden von den individuell auszuführenden Diensten abgesondert. Falls die Übergangsbedingungen erfüllt sind, erfolgt der Zustandsübergang automatisch, ohne individuelle Eingriffe – was das System dann automatisch überprüfen und ggf. im Bestand markieren muss; begleitende Maßnahmen sind im Regelfall darüber hinaus automatisch durchzuführen. Zustandsübergänge, die ohne Veranlassung eines Ereignisses stattfinden, sind deshalb grundsätzlich von einem IT-Dienst in der Form einer periodisch auszuführenden Batch-Anwendung vorzunehmen. In den Zustandsdiagrammen lassen sich solche Anwendungen eindeutig lokalisieren.

Dienstleistungseinheiten und Erhebungstechniken

Zustandsdiagramme für Trägermedien und Dienstleistungsprozesse ordnen wir derselben Ebene zu wie Aktivitätsdiagramme für Produktionsprozess- bzw. Dienstabläufe – zwei alternative Kategorisierungen für permanente Leistungsbereiche. Deshalb gelten hier ähnliche Empfehlungen wie oben. Wieder ist ein Abgleich mit dem *Use Case-Diagramm* vorzunehmen: Jeder spezifische elementare Dienst wie auch jede Batch-Anwendung ist als Use Case aufzunehmen und zu spezifizieren. Im Unterschied zur Strukturaufbereitung von Produktionsprozessen wird empfohlen, nicht nur die Abfolge von Handlungen in den Dienstleistungsprozessen (dargestellt als Zustandsdiagramm oder ggf. als Aktivitätsdiagramm) zu analysieren, sondern gleichzeitig die Verschränkungen dieser Prozesse und die entsprechenden Zustände der Trägermedien in der Form von Zustandsdiagrammen mit einzubeziehen. Wie bei Produktionsprozessen und komplexen Diensten sind ergänzend alle IT-Dienste mit ausschließlich lesendem Zugriff als Use Cases zu ergänzen.

Im Anwendungsfeld sollten Sie Leistungsbereiche abstecken, die Sie nach den drei Al-
ternativen kategorisieren: Produktionsprozess, Dienstleistungseinheit oder Struktur-
Management, wobei zu klären ist, welcher Leistungsaustausch zwischen ihnen be-
steht. Das Aufgliedern des Anwendungsfeldes in solche Bereiche hilft Ihnen, den Ü-
berblick für die Systementwicklung zu behalten und den Sinn und Nutzen nicht aus
dem Auge zu verlieren; denn dort sind die auszuführenden Handlungen enger aufein-
ander abgestimmt, was sich im System durch einen engeren Datenaustausch zwischen
den unterstützenden IT-Diensten widerspiegelt.

Ein umfassendes Anwendungsfeld wird mehrere Leistungsbereiche, herstellende, lie-
fernde und ordnende, umfassen. Vor allem muss geklärt werden, welches Produkt bei
einem Produktionsprozess hergestellt wird bzw. welche Trägermedien bei Dienstleis-
tungseinheiten im Mittelpunkt stehen und welche Dienstleistungsprozesse und inter-
nen Dienste zu konzipieren sind.

5.5 Struktur-Management

Mit den Kategorien Produktionsprozess und Dienstleistungseinheit wurden Leistungsbereiche analysiert, die aktiv an der Erstellung des ständigren Leistungsangebots beteiligt sind.
Jegliche Handlungen sind allerdings stets auf eine Infrastruktur als organisatorischem Rahmen angewiesen; denn Dienste sind Handlungen von Personen mit Werkzeugen, Anlagen
und ggf. Gütern an bestimmten Orten etc., was manchmal zu dokumentieren ist. Ein Leistungsbereich, der die Dokumentation bzw. Entwicklung eines Organisationsgefüges, seinen
Plan, für das operative Geschäft zur Verfügung stellt, wird als *Struktur-Management* kategorisiert. *Beispiele* aus Abschnitt 2.1: die Dokumentation von Gebäudestrukturen oder die
Verwaltung eines Organigramms und, darauf aufbauend, die Spezifikation der Zugangsberechtigungen zu Räumen für die automatisierte Zugangskontrolle. Dienste im Struktur-
Management haben die Aufgabe, mit der Aufnahme und Änderung von Elementen eine Organisationsstruktur zur Verfügung zu stellen, wobei gewisse Organisationsregeln einzuhalten
sind. Offensichtlich drängt sich für diese Leistungsbereiche die Automatisierung in Form
von IT-Diensten eines Informationssystems geradezu auf. Wegen ihrer Unabhängigkeit vom
operativen Betrieb sind die Systeme oft auch ‚stand alone' einsetzbar. Wie in Abschnitt 2.1
erwähnt, ist zwischen befristeten und unbefristeten Strukturen zu unterscheiden.

Die betriebliche Informationsverarbeitung ist ohne Komponenten der Kategorie *Struktur-*
Management als Basis kaum vorstellbar. Derartige IT-Dienste sollten in separaten Kompo-
nenten klar abgetrennt werden. Die Verwaltung einer Gebäudestruktur mit Ebenen und
Räumen etwa ist als eigene Komponente zu konzipieren und zu implementieren; die Nutz-
anwendungen für das Reservieren und Belegen der Räume sind als eigener Bereich (der
Kategorie Dienstleistungseinheit) zu behandeln. Wie dieses Beispiel zeigt, ist das Struktur-
Management bei unbefristeten Strukturen als *Administrationsaufgabe* zu verstehen. Diese
Sicht ist auf die Anwendungssysteme selbst übertragbar: (Verwaltungs-) Dienste zur Admi-
nistration eines Anwendungssystems mit dem Einrichten von Nutzerrollen und ihren
Zugriffsrechten sind einem Leistungsbereich von der Kategorie Struktur-Management zuzu-

ordnen. Die Notwendigkeit, operative und administrative Bereiche zu trennen, liegt auf der Hand.

Grundlage des Struktur-Managements ist ein explizit formuliertes oder allgemein bekanntes Organisationskonzept mit Regeln für den Zusammenhang der Elemente. Die Organisationsstruktur von Gebäuden mit der streng hierarchischen Untergliederung ‚Gebäude – Ebene – Raum' etwa wird als allgemein bekannt vorausgesetzt. Generell sind hierarchische Strukturen mit einer festen Ebenenzahl (mit i.A. unterschiedlichen Elementtypen wie im Beispiel der Gebäude-Struktur) als einfach anzusehen und rekursive Hierarchien mit variabler Ebenenzahl (Beispiel Organigramm) als relativ einfach; Hierarchien sind mit überschaubarem Aufwand implementierbar (z.B. als Treeview). Andere Strukturen wie z.B. das Organisationskonzept einer Systemlandschaft mit unterschiedlichen Element-Typen und Abstraktionsebenen (vgl. unten den Unterabschnitt *Schichten* sowie den Unterabschnitt *Klassifizierung* in Abschnitt 6.3) sind weniger leicht zugänglich und verlangen dann nach einem explizit formulierten Organisationskonzept mit Beschreibung der involvierten Elementarten und Organisationsregeln, was sich später in der Darstellung des Beziehungsgefüges niederschlagen wird.

Beispiel 7. Konzertagentur – Saalpläne

Das Dienstleistungsangebot der Konzertagentur nutzt die Säle und mit deren Bestuhlung als Spielstätte. Die Bereitstellung der Saalpläne, wo sich die Bestuhlung ggf. nach unterschiedlichen Veranstaltungsarten richtet, die Kategorieneinteilung der Plätze für die Veranstaltungsarten und die Zusammenstellung der Abonnementreihen werden als separate Leistungsbereiche von der Kategorie *Struktur-Management* zusammengefasst.

Wie generell bei Plänen liegt der Nutzen solcher Leistungsbereiche im schnellen Zugriff auf die Informationen über die verwalteten Elemente und deren effiziente Einbeziehung in das Geschehen bzw. in dessen Dokumentation. In der Regel ist bei unbefristeten Organisationsstrukturen von stabilen Inhalten mit geringer Änderungshäufigkeit auszugehen – sehr im Unterschied zu den anderen beiden Leistungskategorien, wo die ständig auszuführenden (und zu erfassenden) Handlungen mit ihren zeitlichen Abhängigkeiten und ihrem Verlauf im Mittelpunkt stehen. Deshalb darf das Struktur-Management als statische Leistungskategorie (zeitlicher Bezug: Geltung innerhalb eines *Zeitraums*) bezeichnet werden, wohingegen Produktionsprozesse und Dienstleistungseinheiten mit ihrer immer wieder durchzuführenden Leistungserbringung (zeitlicher Bezug ist i.A. der *Zeitpunkt* der Durchführung) die *dynamischen* Leistungskategorien repräsentieren. Es ist daher nicht überraschend, dass für Einsatzgebiete der Kategorie *Struktur-Management* die Informationsstrukturen, also das Klassendiagramm, als wichtigstes Beschreibungsmittel anzusehen sind (vgl. Kapitel 6).

Die Nutzung der materiellen oder immateriellen Gegenstände setzt geordnete Verhältnisse, also eine gute Organisation, voraus, um einen guten Überblick und den schnellen Zugriff zu ermöglichen. Dies ist ein ideales Einsatzgebiet für Anwendungssysteme – und in manchen Fällen eine große Herausforderung für das Entwicklungsteam. Warum? Weil man erst einmal das unterlegte Organisationskonzept erkennen und darstellen muss. Im Unterschied zu den beiden anderen Leistungskategorien gibt es keinen Fixpunkt wie etwa das herzustellende Produkt oder die Dienstleistung mit ihrem Trägermedium, wo Sie Handlungs- und Einsatzsituationen und deren Sequenzen durchspielen können. Organisationsgefüge sind nicht auf solche Handlungssequenzen angewiesen; sie stellen sich einem oft als monolithische Gebilde entgegen, was den Zugang, die Einsichten in das ,wozu' und das ,wie', erschwert. Als Hilfe sei empfohlen, dass Sie sich mit der Textbeschreibung des Organisationskonzeptes ,frei schreiben'. Die Beschreibung der Organisationsregeln mit den Verwaltungsobjekten und ihren Zusammenhängen einschließlich der Notation der Multiplizitäten lässt dann meistens auch das Wesentliche, den Zweck, hervortreten. Beispiel **Konzertagentur.** *„Eine Abo-Reihe umfasst mehrere Konzerte, während ein Konzert in mehreren Abo-Reihen auftreten kann". Aufzuführen sind allgemein auch die Use Cases, mit denen Elemente aufgenommen und in das Gefüge eingestellt werden. Die Beschreibungen der Beziehungen und die Berücksichtigung von Existenzabhängigkeiten in den Beziehungen sind später leicht in Informationsstrukturen bzw. Datenbankstrukturen (Abschnitte 6.3 und 6.5) zu übertragen.*

Erweiterungen, Tools

Im Unterschied zu den beiden anderen Kategorien sind die Leistungen im Struktur-Management, die dokumentierten Organisationsstrukturen, im Normalfall nicht an einen speziellen Leistungsbereich im Unternehmen gebunden, sondern global als Hilfsdienste nutzbar. Dieser Kategorie ordnen wir auch Datenbank-Anwendungen zu, die als *Tools* zu verstehen sind, wie z.B. Terminkalender, Modellierungstools zur Unterstützung der Software-Entwicklung (CASE-Tools; Computer Aided Software Engineering-Tools), Tools zur Verwaltung eines LANs mit der Dokumentation der Komponenten und Verbindungen etc. Systeme dieser Art bieten die größten Gestaltungsspielräume, was die Art der zu verwaltenden Elemente und was deren Beziehungen bzw. die Funktionalität des Systems betrifft. In diesem Bereich ist es oft unumgänglich, das Organisationskonzept mit der Beschreibung des Beziehungsgefüges in Textform offen zu legen. Beziehungen entstehen hierbei durch (erlaubtes) Einfügen von Elementen in das Gefüge, was die Systemfunktionen ermöglichen müssen; hierbei sind Existenzabhängigkeiten von Elementen – welche Elemente setzen welche anderen voraus – zu überprüfen bzw. zu erzwingen. Mit Blick auf die erwähnten Freiräume ist es notwendig, den Funktionsumfang zu Beginn des Projektes präzise festzuschreiben, ggf. mit alternativen Lösungsvorschlägen (vgl. Abschnitt 7.1). Um der Auswahl unter den Alternativen eine nachvollziehbare Grundlage zu geben, sind die Entwicklungskosten gegen den erwarteten Nutzen abzugleichen (vgl. auch ,Priorisierung' in Abschnitt 7.3).

Bei Tools wird primär von einem komplexen Organisationsgefüge ausgegangen. Es werden auch solche Tools hier mit eingeschlossen, die auf der Grundlage einer komplexen Struktur übergreifende Hilfsaktionen durchführen. Beispiel: Für ein Tool zur Verwaltung einer Gebäudestruktur mit seinen Zugangsberechtigungen wird die Dokumentation der Zugänge als nachgeordnete Funktionalität bewertet und in die Toolkonzeption mit einbezogen.

Schichten

Der Aufbau komplexer Organisationsstrukturen lässt sich oft auf mehrere Strukturschichten aufgliedern. Dabei beschreiben die Elemente einer höheren Schicht gewisse Merkmale von Elementen der nächst niedrigeren Schicht. *Beispiel aus dem Hochschulbereich*: Der (konkrete) Stundenplan eines bestimmten Fachsemesters (untere Schicht) setzt sich aus Veranstaltungen zusammen, die im Katalog des Modulhandbuchs (höhere Schicht) mit bestimmten ‚allgemeinen' Eigenschaften wie z.B. die Bezeichnung, Credit Points etc. vorgegeben sind. Die Elemente der höheren Schicht, die in Abschnitt 6.4 als Gruppenobjekte bezeichnet werden, sind als Formteile aufzufassen, deren Konkretisierungen auf der niedrigeren Ebene anzutreffen sind. Ein derartiges Beziehungsmuster, wo eine höhere Ebene die niedere ‚abstrahiert', finden wir z.B. vor zwischen einem Katalogartikel, der allgemeine Eigenschaften der konkreten Artikel festhält, und einem konkreten Artikel. Für das Modellieren von Informationsstrukturen ist es sehr wichtig, solche Klassifikationsbeziehungen aufzudecken und zu organisieren. Wenn Gegenstände sich in Gruppen mit gemeinsamen Attributausprägungen aufteilen lassen, dann *muss* der gemeinsame Informationsteil als eigener abstrakter Gegenstand, der die strukturelle Einschränkung vorgibt, separiert werden (vgl. Unterabschnitt *Klassifizierung – Inhaltsebene* in Abschnitt 6.4 und Unterabschnitt *Redundanzfreie Daten* in Abschnitt 6.5).

Einzelne Schichten einer Organisationsstruktur sind manchmal in Bereiche aufteilbar; Verknüpfungen von Elementen sind sowohl innerhalb einer Schicht als auch zwischen Bereichen aus benachbarten Schichten möglich. Im Beispiel **Konzertagentur** nehmen wir die beiden Bereiche ‚*Konzertarten*' (Attribute: Anzahl pro Saison, Spielort etc.) und „*Abo-Arten*' (Anzahl der Konzertarten pro Saison etc.) als Gruppenobjekte einer höheren Abstraktionsebene an. Die Basis, also die konkreten Konzerte und die daraus gebündelten Abo-Reihen, sind als Instanzen dieser Schablonen zu verstehen. Die Schichten bzw. Schichtenbereiche sind jeweils separat als eigene Teilstrukturen aufzufassen und durch geeignete IT-Dienste zu unterstützen; ihnen sind die entsprechenden Use Cases zuzuweisen. Abschnitt 6.4 zeigt mit Beispiel 6, wie sich darauf aufbauend die Informationsstrukturen entwickeln lassen.

Ein gutes Modell zeichnet sich durch Einfachheit und Selbstverständlichkeit aus – das Ergebnis intensiver Arbeit. Im Nachhinein sind die Schwierigkeiten oft nicht nachvollziehbar, die sich anfangs in den Weg stellten. Besondere Sorgfalt sollte für das Aufdecken von Klassifikationen bzw. das Isolieren von Gruppenobjekten aufgebracht werden. Sie bilden eine tragende Säule für die optimale Strukturdarstellung eines Organisationsgefüges. Die ‚allgemeinen' Klassifikationsmerkmale lenken das Augenmerk auf einen (Gruppen-) Gegenstand in einer abstrahierten, allgemeineren Perspektive. Die Separation der allgemeinen Aspekte von den spezifischen ist ein zentraler Beitrag für eine ‚rationelle' Bearbeitung, außerdem wird damit einem Grundübel des Informationsmanagements, der Redundanz, entgegen getreten.

IT-Dienste für das Struktur-Management

Leistungsbereiche von der Kategorie *Struktur-Management* bieten Dokumentationsdienste über Organisationsstrukturen für andere Handlungen, letztlich für die konkrete Leistungserbringung, an. Während Produktionsprozesse und Dienstleistungseinheiten die Unternehmensleistungen mit wiederholt durchzuführenden Handlungen erzeugen und das System dabei lediglich unterstützende Dokumentationsfunktion besitzt, liefern in dieser Leistungskategorie die Informationen bzw. die bereitstellenden Dienste selbst den Nutzen. Deshalb bilden Anwendungssysteme hier das zentrale Arbeitsmittel; sie müssen IT-Dienste umfassen, die

- neue Elemente in die Organisationsstruktur einfügen sowie Änderungen ermöglichen,
- das Einhalten der (teilweise komplexen) Organisationsregeln gewährleisten, indem nur erlaubte Strukturänderungen zugelassen werden,
- den Zugriff auf die Elemente und das Navigieren durch das Organisationsgefüge unterstützen.

Struktur-Management und Erhebungstechniken

Statische Beziehungsgefüge sind auf den ersten Blick in ihrer Struktur oft nicht leicht zu durchschauen. Vielfältige Elementtypen und Beziehungsarten können einen direkten Zugang erschweren. In solchen Fällen gilt es, die Organisationsidee, zu welchem Zweck welche Elemente zueinander in Beziehung stehen, zu erschließen. Sehr hilfreich kann dabei sein, die Elemente und ihre Beziehungen als Organisationsregeln schriftlich festzuhalten. Als Herausforderung ist vor allem das Erarbeiten der Abstraktionsschichten anzusehen, wo mit Hilfe von Gruppenobjekten allgemeine Aspekte auszumachen und zu modellieren sind – als Strukturcharakteristikum, auch um redundante Informationen zu vermeiden; nicht erkannte Redundanz lässt immer auf inadäquate Informationsstrukturen schließen (vgl. Abschnitt 6.5).

Komplexe Organisationsstrukturen mit unterschiedlichen Elementtypen und Schichten können auch deshalb mit einem erschwerten Zugang verbunden sein, weil im Vergleich zu anderen Kategorien erstens der Orientierungspunkt – das Produkt bzw. die Dienstleistung mit ihrem Trägermedium – fehlt; zweitens sind keine Handlungen zu beobachten, die immer wieder zur Herstellung oder Bereitstellung von konkreten Leistungen auszuführen sind, und drittens gibt es kaum zeitlich voneinander abhängige Handlungen. Der Zugang gelingt sicher dann, wenn das ‚Wesen der Organisationsstruktur‘ Schritt für Schritt aufgedeckt wird: Was wozu nach welchen inneren, natürlichen Zusammenhängen verwaltet wird.

Interviews mit den oft wenigen Verantwortlichen für eine Organisationsstruktur helfen, die Organisationsidee und den Zweck zu eruieren, präzise Erwartungen aufzunehmen und Lösungsvorschläge zur Diskussion zu stellen. Sofern neue Organisationskonzepte zu konzipieren sind, bietet Brainstorming eine gute Chance, die Ideen und Erwartungen zu Beginn zu bündeln und den groben Rahmen der Komponenten abzustecken. Für neu zu schaffende, komplexe Organisationsformen sind ggf. alternative Lösungsvorschläge mit unterschiedlichem Umfang oder Komfort zu entwerfen. Unter den vorgestellten Kategorien bietet das Struktur-Management die größten Gestaltungsfreiräume, stellt aber in manchen Fällen auch große Herausforderungen an das Analyse-Team.

Use Case-Diagramme sind in dieser Kategorie eine gute Hilfe, zumal zeitliche Abhängigkeiten zwischen den Verwaltungsaktionen kaum eine Rolle spielen. Sie lenken den Blick darauf, was in das Gefüge aufzunehmen und in Beziehung zueinander zu setzen ist. Für komplexere Strukturen sollte das Organisationskonzept beschrieben werden, vor allem mit einer Auflistung der Beziehungen einschließlich der Angabe ihrer Multiplizitäten. Wie angedeutet, sind Abstraktionsebenen – als Vorgaben für die nächste konkretere Ebene – ausfindig zu machen und die entsprechenden Use Cases zu ergänzen.

5.6 Reports

Statistische Auswertungen als Reports über die operativen und dispositiven Handlungen stehen in der Nähe zu dem weiten Bereich der *Business Intelligence* mit den Data Warehouses als Basis, was in diesem Buch nicht näher betrachtet wird. So wichtig Reports für unternehmerische Entscheidungen sein mögen, hinsichtlich ihrer Spezifikation und Implementierung messen wir den Reportkomponenten von Anwendungssystemen keine größere Bedeutung bei. Schließlich kann es sich dabei immer nur um Verknüpfungen von Informationen aus dem operativen Bestand handeln, was auf der Grundlage wohl verstandener Informationsstrukturen mit den Sprachmitteln der Datenbanktechnologie (SQL) keine großen technischen Schwierigkeiten bereitet. Aus den Klassendiagrammen der UML (vgl. Kapitel 6) sind die Verknüpfungen unter Verwendung der sog. Aggregatfunktionen leicht ablesbar. Was die ästhetische Aufbereitung solcher Auswertungen angeht, darf der Arbeitsaufwand jedoch nicht unterschätzt werden.

Reports werden oft spontan nachgefragt, manchmal auch mit nachlassendem Interesse, wenn sie nicht sofort zur Verfügung stehen. Für die effiziente Generierung sind solide entwickelte, einfache und klar verständliche Datenstrukturen unabdingbar.

5.7 Anmerkungen

Das Anwendungsfeld, die Unternehmensleistungen und deren Erbringung, bilden für unseren Ansatz die absolute Bezugsbasis, wo Anwendungssysteme als Dokumentationsdienste Hilfe leisten. Was hat die Kategorisierung von Leistungsbereichen und die Darstellung der Anwendungsfeldstruktur mit Anforderungen an Anwendungssysteme zu tun?

Anforderungen?

Anwendungssysteme müssen Informationen aufnehmen und zur Verfügung stellen. Und Informationen sind stets als Informationen über bestimmte Dokumentationsgegenstände für bestimmte Nutzungssituationen zu verstehen; sie haben einen *Bezug* und einen *Zweck* im umfassenden Kontext der Leistungserbringung. Es bleibt zu klären, in welcher Form sie zu speichern und wie sie an der Graphischen Nutzeroberfläche aufzunehmen und zu präsentieren sind. Handlungen stehen aber mit ihrem Beitrag zur Leistungserbringung untereinander in einem Zusammenhang, was rekonstruierbar sein muss bzw. im Datenbestand als Beziehungen abzubilden ist. Die Kategorien wollen helfen, Bezugspunkte – herzustellende Produkte, Dienstleistungen mit Dienstleistungsprozessen und einbezogenen Trägermedien, die Infrastrukturdokumentation – festzumachen und Interpretationsmuster für die Abhängigkeiten von Handlungen anzubieten. Dienste, die einen Leistungsbereich gemeinsamen versorgen, werden zu höheren Einheiten gebündelt, weil sie mehr voneinander wissen müssen. Dienste aus unterschiedlichen Einheiten sind dagegen als relativ unabhängig voneinander anzusehen. Entsprechend sind die Dienstbündel des Anwendungssystems zu konzipieren; so wie die Dienste zusammenhängen, so sind auch die korrespondierenden IT-Dienste miteinander verflochten, weil das System auf der Basis des gemeinsamen ‚Wissens‘, dem Datenbestand, aufbaut.

Ergebnis ist die Darstellung der *Struktur des Anwendungsfeldes* als *Modell*, bestehend aus den Strukturen der kategorisierten Leistungsbereiche. Obwohl Diagrammtypen der UML gewählt wurden, ist die Darstellung frei von IT-Aspekten. Dennoch lassen sich daraus exakt die IT-Dienste ableiten, was Abschnitt 5.8 noch einmal zusammenfasst.

Wertfreie Darstellungen ohne Absicht sind ohne Sinn. Schließlich dreht sich alles ausschließlich um den zielsicheren Bau von Anwendungssystemen. Das ‚Vermessen‘ des Anwendungsfeldes mit der Analyse der Handlungen und ihrer Zusammenhänge – fern aller Informationstechnologie – ist jedoch nützlich, weil das Anwendungssystem später genau diese Strukturen widerspiegeln wird.

Verständnisgrundlage

Die am Ende des zweiten Kapitels angesprochene erkenntnistheoretische Position versteht Leistungen nicht als isolierte Entitäten. Sie sind als durch Handlungen erbrachte Leistungen zu begreifen, als Handlungszusammenhänge – und außer Leistungen und dem, was in die Leistungserbringung einbezogen wird, gibt es keine anderen primären Bezugspunkte. Dokumentationsgegenstände gewinnen ihre Bedeutung – und ihren Begriff – erst aus ihrer Rolle in der Leistungserstellung. Ähnlich gibt es für uns keine Zustände an sich von Objekten – Zustände ergeben sich daraus, wie man mit den betreffenden Objekten in Handlungen umgeht bzw. umgehen kann. Insbesondere stellt diese Perspektive das handelnde Subjekt in den Mittelpunkt. Handlungen sind nur aus der Perspektive von Menschen, die ein Interesse bzw. direkt oder indirekt einen Nutzen davon haben, interpretierbar, selbst wenn sie durch vollständige Reglementierung automatisiert ausführbar sind. Zustände sind dann als Bearbeitungshorizonte von Gegenständen (z.B. Trägermedien) zu begreifen, die anzeigen wollen, welche Bearbeitungsalternativen dem verantwortlichen Subjekt in der aktuellen Situation gegeben sind. Wie ein Trägermedium ohne seine Nutzung in Handlungen unbedeutend ist, so sind Zustände weniger auf Trägermedien an sich bezogen als vielmehr auf *Trägermedien in gewissen Handlungen* bzw. *Dienstleistungsprozessen*. Aus den Handlungszusammenhängen erschließt sich, wann, wozu und was die IT-Dienste später wie und womit unterstützen sollen.

Mit Blick auf das Einsatzpotenzial der Anwendungssysteme interessiert die Form der Leistungserbringung, wozu eine statische Kategorie und zwei dynamische mit der externen bzw. internen Sicht vorgeschlagen wurden. Wie in Abschnitt 2.2 angesprochen, setzt der Einsatz von Anwendungssystemen geordnete Arbeitsweisen voraus, wo Handlungen stets nach einem festen Muster – berechenbar – erfolgen. Mit Hilfe der *kategorialen Strukturanalyse* sind diese Formen aufzudecken und zu dokumentieren, woraus dann, wie gezeigt, exakt die notwendigen IT-Dienste ableitbar sind. Deshalb sind die Modelle der Strukturanalyse als ein Teil von Bauplänen zu verstehen, nach denen das System zu bauen ist. Ähnlich wie im Hochbau geben sie eindeutig nachprüfbare Vorgaben für die Konstruktion ab, die später als Kontrollinstrument bei der Abnahme der Systeme verwendbar sind. Die Struktur eines Anwendungssystems spiegelt so die Struktur seines Anwendungsfeldes wieder; indem die Dokumentationsdienste nur die zulässigen Dienste unterstützten, helfen sie auf der anderen Seite die Erbringung der Leistungen zu steuern.

Im Bereich betrieblicher Anwendungssysteme ist bisher vorrangig die Prozessmodellierung zum Zuge gekommen. Nach unserer Auffassung lassen sich mit der Prozessperspektive jedoch entscheidende reale Gegebenheiten wie etwa die beschränkte Verfügbarkeit von Ressourcen und den daraus folgenden organisierten Umgang mit ihnen nur unzureichend abbilden; der Aspekt der Verschränkungen von Vorgängen über gemeinsame Trägermedien und die abzuleitende Steuerungsunterstützung des Systems lässt sich damit nicht adäquat darstellen. Die (komplexeren) Zustandsdiagramme leisten hier erheblich bessere Unterstützung, erfordern allerdings auch ein größeres Maß an Erfahrung und Konzentration. Ähnlich ist für uns die Unterscheidung zwischen Produktionsprozessen bzw. komplexen Diensten auf der einen Seite und Dienstleistungsprozessen auf der anderen trotz ihres gemeinsamen Ablaufsaspektes wesentlich.

Die Kategorisierung von Leistungsbreichen strebt einen integralen Ansatz an, der den Nutzen der Handlungen und den Nutzen der IT-Dienste in einen Zusammenhang setzt, wo unterschiedliche Aspekte nach unterschiedlichen Darstellungsmitteln verlangen. Allerdings sind die Kategorien Produktionsprozess und Dienstleistungseinheit nicht absolut gegeneinander abgrenzbar, da die Dienstleistungseinheit als Verallgemeinerung von Produktionsprozess anzusehen ist. Dagegen ist die Separation der Kategorie Struktur-Management von diesen beiden essentiell: Es sind zwei verschiedene Dinge, der Bau eines Hauses und das Bewohnen des Hauses oder die Dokumentation einer Infrastruktur und die Nutzung derselben.

Wie in Abschnitt 5.5 erwähnt, wird die Administration eines Anwendungssystems der Kategorie Struktur-Management zugeordnet. Voraussetzung dazu ist die Dokumentation der Systemstruktur, die ihrerseits sich auf der Leistungsstruktur des Anwendungsfeldes gründet. Requirements Engineering in unserer Perspektive ist von der Kategorie Struktur-Management, das wie alle administrativen Aufgaben mit einer großen Verantwortung für den Alltagsbetrieb verbunden ist. Eine besondere Herausforderung ist in der Bereitstellung geeigneter Tools zur Verwaltung der Strukturen und ihrer Zusammenhänge zu sehen.

Abschnitt 5.4 thematisiert auch Zusammenhänge von Zuständen unterschiedlicher Dokumentationsgegenstände. Wie erwähnt, liegt es nahe, mathematische Mittel zur Beschreibung derartiger Affinitäten anzuwenden, was aber nicht im Interesse dieses Buches liegt.

Vorgehen und Ausblick

Umfassende Anwendungsfelder sind in der Regel in mehrere kategorisierbare Leistungsbereiche zu untergliedern. Es ist Aufgabe der Analysephase, mit der Strukturanalyse die entsprechenden Einheiten ausfindig zu machen und darzustellen.

Anders als es die Reihenfolge der Abschnitte in diesem Kapitel vorgibt, sollten zunächst Einheiten der Kategorie Struktur-Management erschlossen werden. Aufbauend auf der Struktur des Anwendungsfeldes sind anschließend die Informationsstrukturen (Kapitel 6) zu bestimmen; zu jedem im Modell identifizierten Elementardienst (Use Case) wird nach diesem Verfahren die Struktur seines Dokumentationsobjekts ermittelt (vgl. Abschnitt 6.3).

Wenn Sie die Strukturanalyse des Anwendungsfeldes durchführen arbeiten Sie, wie am Ende des Abschnitts 2.1 angedeutet, ähnlich wie ein Maßschneider oder eine Maßschneiderin, der bzw. die zuerst das aufmisst, wofür das Produkt gedacht ist, und erst danach seine bzw. ihre ,eigentlichen' Aktivitäten startet. Mit der Struktur des Anwendungsfeldes und den Datenstrukturen haben Sie einen Bauplan, aus dem Sie wie beschrieben die Funktionalität des Systems ablesen können – und nach dem sich zielsicher das System bauen lässt. Es scheint, dass bei aller Freude und Konzentration auf die Implementierung die Gefahr droht, das eigentliche Anliegen, die Zweckbestimmung des Produktes, aus den Augen zu verlieren, mit entsprechenden riskanten Ergebnissen. Die wiederkehrende Rückbesinnung auf das Anwendungsfeld und den Sinn und Zweck der Anwendungssysteme kann durchaus die Entwicklungseffizienz steigern helfen. Jedoch: Neben gutem Willen und der richtigen Einstellung des Entwickler-Teams kommt es auch auf ein begünstigendes Umfeld an; vor allem Auftraggeber dürfen nicht durch erhöhten Erwartungsdruck ein solides reflektives Vorgehen verhindern.

Folgende Fragen helfen bei der Kategorisierung von Leistungsbereichen:

- *Wird mit den Handlungen ein Ergebnis hergestellt, gibt es dafür eine Ablaufstruktur, das die Durchführung intern regelt?*
- *Liegt der Nutzen der Handlungen in der von außen angeforderten Inanspruchnahme oder Übernahme einer Leistung? In diese Kategorie fällt z.B. das Management von materiellen Ressourcen, die – immer wieder – bereitgestellt, benutzt, gepflegt werden.*
- *Wird ein Organisationsgefüge, eine Infrastruktur oder ein Plan, verwaltet, um auf die Gegenstände schnell zugreifen zu können?*

Bei guter Arbeit werden Ihre Strukturen am Ende einfach und selbstverständlich erscheinen. Bis dorthin ist es allerdings meistens ein steiniger, mühsamer Weg, mit gelegentlichen glücklosen Gliederungsversuchen – dennoch wirtschaftlich lohnend und oft spannend. Ein optimales Modell lässt sich auf direktem Weg, ,straight forward' in klar gegliederten Code übertragen.

Das Aufdecken der adäquaten Anwendungsfeldstruktur ist als die kritischste Tätigkeit im Entwicklungsprozess einzustufen. Um die *bestmögliche Form* – die einfachste – zu finden, sind oft mehrere Strukturentwürfe anzufertigen. Dieser Gestaltungsprozess ist mit der Entwurfsplanung von komplexern Gebäuden vergleichbar, wo es im Normalfall wohl auch mehrerer Ansätze bedarf. Dass es hierfür kein technisches ‚Verfahren‘ geben kann, liegt auf der Hand: Das Erkennen des Gesamtzusammenhanges lässt sich kaum in einem linearen Prozess Schritt für Schritt erarbeiten. Entgegen anderer Vorschläge empfehlen wir, den konkreten Bau, das Codieren, erst auf einem fundierten, soliden Plan zu beginnen. Dass nachträgliche Änderungen nicht zu vermeiden sind, muss akzeptiert werden; deren Auswirkungen sind umso geringer, je besser der Plan ist.

5.8   Zusammenfassung

Dieses Kapitel wollte aufzeigen, wie sich die Funktionen eines Anwendungssystems auf den Strukturen seines gegebenen bzw. geplanten Anwendungsfeldes gründen lassen: Sachliche Anforderungen an das zu bauende System sind dabei als Anforderungen an Dokumentationsfunktionen für die Elementardienste (als Use Cases interpretiert) zu verstehen. Aus den Modellen[10] ist eindeutig zu erkennen, wo die unterstützenden IT-Dienste zu finden sind; sie sind je nach Kategorie auf folgende Weise zu identifizieren

- *Produktionsprozesse, komplexe Dienste*: Dokumentationsdienste für die Arbeitsgänge (Elementarknoten des Aktivitätsdiagramms) sowie Such- und Lesefunktionen für die entsprechenden Use Cases;
- *Dienstleistungseinheiten*: Interaktive Anwendungen für die Dokumentation der Ereignisse (als Elementardienste) bei den Zustandsübergängen und Batch-Anwendungen für Ereignis-lose, zeitlich bedingte Übergänge; ggf. Zugriffsmöglichkeit für Kunden auf gewisse externe Verwaltungsdienste (über das Internet); ferner Dokumentationsdienste für die andauernden (produktiven) Dienste, die sich hinter gewissen Zuständen verbergen; ergänzende Such- und Lesefunktionen für die betreffenden Use Cases;
- *Struktur-Management:* Use Case-Diagramm, das auf die zu realisierenden Verwaltungsfunktionen verweist; ein detailliertes Verständnis wird sich aus den Ausführungen in Abschnitt 6.3 erschließen.

Die Modelle zeigen außerdem exakt, welche Dokumentationsdienste im aktuellen Stand aktivierbar bzw. welche zu unterbinden sind, was die Nutzersteuerung des Systems präzise beschreibt. Wie die zugehörigen Informationsstrukturen noch festzulegen sind, wird im nächsten Kapitel 6 behandelt. Die sachlichen Anforderungen umfassen dann neben der Strukturdarstellung außerdem die Spezifikationen der Use Cases, die den elementaren Diensten entsprechen, und die zugeordneten Informationsstrukturen (vgl. Abschnitt 6.3): Die Struktur des Anwendungsfeldes bestimmt die Struktur des Anwendungssystems (vgl. auch Maciaszek, L.A. [2005], p. 113).

---

[10] Im Rahmen der UML werden die Begriffe *Modell* und *Diagramm* synonym gebraucht

In den Ausführungen des Kapitels knüpft Abschnitt 5.1 zunächst an die Kategorie-Vorschläge des Kapitels 2 an und fasst noch einmal die zentralen Begriffe zusammen. Mit Use Cases ist eine erste Annäherung an das Einsatzgebiet möglich, worauf Abschnitt 5.2 eingeht und einen Spezifikationsvorschlag vorstellt. Später werden in den kategorisierten Leistungsbereichen die Elementardienste als Use Cases identifiziert. In der Kategorie Produktionsprozess bieten sich Aktivitätsdiagramme auch dank ihres einfachen Zugangs zur Strukturdarstellung an (Abschnitt 5.3). Besonderes Gewicht legt dieses Kapitel auf die Kategorie Dienstleistungseinheit (Abschnitt 5.4). Dienstleistungen werden in Dienstleistungsprozessen erbracht auf der Grundlage von Trägermedien. Es wird der Zusammenhang zwischen den Handlungen in Dienstleistungsprozessen und den Zuständen der involvierten Trägermedien beleuchtet, ebenso wie mit Blick auf gemeinsam genutzte Trägermedien die Konkurrenzverhältnisse von Dienstleistungsprozessen beleuchtet werden. Als Beschreibungsmittel zur Strukturdarstellung in dieser Kategorie dienen Zustandsdiagramme und Zustandskorrelationen. Mit Hilfe von Zuständen lassen sich die Verschränkungen von Dienstleistungsprozessen, die durch Zugriffe auf gemeinsame Trägermedien entstehen, anschaulich beschreiben.

Die Verwaltung von (statischen) Verzeichnissen, Plänen oder allgemeinen Organisationsstrukturen umfasst die Kategorie *Struktur-Management* (Abschnitt 5.5). Als wichtiges Beschreibungsmittel sind Use Cases anzusehen, später komplettiert durch die Informationsstrukturen (Kapitel 6). In diese Kategorie sind Tools einzuordnen, denen ein komplexes Organisationsgefüge zugrunde liegt. Abschnitt 5.6 geht noch kurz auf Reports ein; sie sind als nachgeordnet einzustufen, weil sich ihre Struktur von den unterlegten Informationsstrukturen ableiten lassen.

6   Informationsstrukturen

Anwendungssysteme verwalten Informationen – daher überrascht es nicht, dass die Struktur der zu speichernden Informationen als ihr tragender Pfeiler verstanden wird. Die Strukturierung der Informationen nimmt deshalb zu Recht eine zentrale Stellung in der Planung und Entwicklung solcher Systeme ein. Historisch belegen lässt sich diese Wertschätzung mit der Erfolgsgeschichte des Entity-Relationship-Ansatzes (nach Chen, P. P.-S. [1976]) gleichermaßen in Theorie und Praxis. Ein Entity Relationship-Modell gestattet es, die Datenbankstrukturen direkt abzuleiten. In der Objekt-orientierten Entwicklung findet dieser Ansatz seine Fortsetzung mit dem Klassendiagramm der UML (vgl. Abschnitt 4.4).

Dieses Kapitel möchte Hilfestellung zum Verständnis und zum systematischen, nachvollziehbaren Erschließen der Klassendiagramme geben. Aber nicht nur im Externspeicher sind Information auf Strukturen angewiesen, auch für ihre Aufnahme und Ausgabe müssen geeignet strukturierte Nutzeroberflächen (Graphischen Oberflächen; GUIs) zur Verfügung stehen. Abschnitt 6.6 geht kurz auf Präsentationsstrukturen ein.

6.1   Perspektive

Klassendiagramme können bei größeren Projekten eine zwei-, meistens sogar dreistellige (Klassen- bzw.) Knotenanzahl umfassen, was die Verständlichkeit solcher Modelle erheblich beeinträchtigt. Im Gegensatz zu Aktivitäts- oder Zustandsdiagrammen haben Verfahren zur hierarchischen Untergliederung im Sinne von Verfeinerungen hier kaum eine Chance: Während einzelne Handlungen *in* einem Zusammenhang stehen und zu höheren Einheiten aggregierbar sind, helfen Informationen, den Zusammenhang von Handlungen herzustellen. Deshalb stellt sich die Frage, wie sich Klassendiagramme auf nachvollziehbare Weise systematisch so entwickeln lassen, dass eine Rekonstruktion des Entwicklungsprozesses später möglich wird. Die Praxis wählt oft folgenden Weg: Nach Identifikation der relevanten Objekte bzw. einzelner Klassen im Anwendungsfeld, etwa mit Hilfe der Use Case-Diagramme, werden die Beziehungen aufgespürt und in das Klassendiagramm eingeflochten. Das Nachvollziehen derart erstellter Modelle dürfte im Nachhinein nicht leicht fallen, wie auch Fragen nach deren Adäquatheit und Vollständigkeit sich wohl nur schwer beantworten lassen.

Unser Vorgehen unterscheidet sich essenziell von den Vorschlägen in der Literatur. Es zielt darauf ab, Klassendiagramme Schritt für Schritt anhand einer Orientierungslinie zu entwickeln. Dazu bedarf es einer Basis, auf der sich solche Schritte gründen lassen, die wir – selbstverständlich – im Gefüge der Leistungserstellung, in der Struktur des in Leistungsbereiche aufgegliederten Anwendungsfeldes, suchen. Im letzten Kapitel 5 wurden dazu die Leistungskategorien *Produktionsprozess, Dienstleistungseinheit* und *Struktur-Management* mit ihren Darstellungsformen vorgestellt.

Informationen – worüber und wozu? Abschnitt 2.2 (vgl. den Unterabschnitt *Formulare*) wollte das Informationsverständnis klären: Informationen sind grundsätzlich zielgerichtet, aufzufassen als Informationen *über* Bezugsgegenstände und als Informationen *für* Interessierte. Unserer Perspektive zielt auf Informationen ab, welche die Leistungserstellung dokumentieren, um später daran anknüpfen bzw. das Geschehen für bestimmte Zwecke rekonstruieren zu können. Notgedrungen muss allen Beteiligten die Rolle der in den Handlungen benutzten und festzuhaltenden Gegenstände offensichtlich sein, insbesondere, um die betreffende Dokumentationsform spezifizieren zu können. Ähnlich lässt sich ein Ordnungsgefüge nur dann sicher verwalten, wenn die Zusammenhänge der Elemente offensichtlich sind. Damit beantwortet sich auch die Frage, was als *Attribut* (Merkmal) und was als *Objekt* (Gegenstand, Entity) aufzufassen ist: Alles, womit man arbeitet bzw. worüber man sich etwas merken will, ist ein Gegenstand, unabhängig von der Anzahl seiner Attribute; alle anderen Werte sind als auf Gegenstände bezogenen Attributwerte zu behandeln. Einfaches *Beispiel*: Wer Farben verkauft oder herstellt, macht ‚Farbe' zum Gegenstand; wer beim Kauf eines Konsumguts auf die Farbe achtet, behandelt ‚Farbe' als Attribut des betreffenden Objektes.

Jeder Art von Dokumentationsgegenständen wie Handlungen, einbezogene Mittel, Personen oder die Elemente eines Ordnungsgefüges wird generell eine *Klasse* zugewiesen. Mit einer ‚Klasse' verbinden wir einen bestimmten Begriff, der die Bedeutung der darunter fallenden Objekte vermittelt: wie man mit ihnen umgehen kann bzw. welchen Sachverhalt sie meinen (vgl. Abschnitt 4.1). Dazu ist eine geeignete Klassenstruktur festzulegen. Vorrangig sind dabei die Zusammenhänge, in denen die Gegenstände in einem Leistungs- oder Ordnungsgefüges stehen, zu berücksichtigen, was sich als *Objektbeziehungen* ausdrückt. Informationen über isolierte Gegenstände, die keinen Bezug zueinander haben, sind mit der Ausnahme von puren Verzeichnissen kaum von Interesse. Andererseits interessieren Beziehungen nur, wenn sie im Kontext der Leistungserbringung stehen.

Dieser Ansatz, der die Verschränkung von sachlichen Anforderungen und Modellierung zum Ziel hat, stützt sich auf folgendes Verständnis: *Beziehungen zwischen Dokumentationsgegenständen (Objekten) entstehen in den Handlungen des Anwendungsfeldes – als Elementardienste oder gleichbedeutend als Use Cases aufgefasst – mit dem zu dokumentierenden Einbeziehen von Personen oder (materiellen oder immateriellen) Gegenständen in das Geschehen.*

Im Bereich der *dynamischen Leistungskategorien* ist diese Einstellung leicht nachzuvollziehen, wenn man sich die Durchführung der Handlungen veranschaulicht. Im Beispiel **Konzertagentur** z.B. setzt eine telefonische Konzertkarten-Bestellung den Kunden bzw. die Kundin und die gewünschten Karten in eine Beziehung zu diesem Vorgang. Entsprechend vollzieht sich die Dokumentation des Geschehens: Zur Aufnahme des Vorgangs (Dienst ‚telefonische Bestellannahme') werden die Karten und der Kunde bzw. die Kundin an der Graphischen Nutzeroberfläche in die Dokumentation ‚einbezogen'. Eine andere Art von Einbeziehung entsteht, wenn ein Dienst an einen bereits durchgeführten angeknüpft, z.B.

wenn die Dokumentation eines Zahlungseingangs automatisch oder manuell einer Kartenbe-stellung zugewiesen wird.

Auch Organisationsstrukturen sind keine monolithischen Gebilde, sondern entstehen Schritt für Schritt. Im *Struktur-Management* ordnen die Handlungen (Verwaltungsdienste) die Ele-mente einer Infrastruktur Schritt für Schritt in die Struktur ein, um später darauf wieder zugreifen zu können. In allen Fällen ‚entstehen' auch hier Beziehungen aus Handlungen.

Letztlich führt dieser Zugang zur Verankerung der Informationsstrukturen in den Strukturen des Anwendungsfeldes: Beziehungen gründen sich ausschließlich auf Unternehmenshand-lungen, sie sind keine anonymen oder eigenständigen Phänomene, sondern sie werden dort während der Leistungserbringung mit dem Zugriff auf andere Objekte ‚gemacht'. Handlun-gen *setzen* materielle oder immaterielle Gegenstände *in eine Beziehung zum Leistungsergeb-nis*. [11] Jedem einbezogenen Gegenstand, jeder einbezogenen Person oder jedem Element in einer Organisationsstruktur kommt dabei eine *Rolle im Beziehungsgeflecht* zu. Ohne es sich bewusst zu machen, legen wir diesen Bezugsrahmen, der den Sinn stiftet, unserem alltägli-chen Handeln immer zugrunde.

Abschnitt 3.1 wollte darauf hinweisen, dass sich erfolgreiches Handeln nicht notwendiger-weise als bewusst reflektiertes Handeln vollziehen muss; um die optimale Form des Informa-tionsgefüges zu finden, ist die Reflexion und das Bewusstmachen des Geschehens jedoch unumgänglich. Neben der Analyse von Zusammenhängen sind vor allem auch die Bedeu-tungsebenen der Begriffe zu differenzieren und geeignete eindeutige Bezeichnungen einzu-führen – eine Voraussetzung für die Spezifikation optimaler, redundanzfreier Informations-strukturen. Begriffen, die sich auf eine verallgemeinerte Stufe beziehen, kommt ein wichti-ges Rationalisierungspotenzial zu, wie das folgende Beispiel zeigt: Mit ‚*Artikel*' kann sowohl die (abstrakte) schematische Katalog-Beschreibung eines Gegenstandes (mit Artikel-Nr., Bezeichnung etc.) als auch der konkrete Gegenstand gemeint sein, wie schon in Abschnitt 5.5, Unterabschnitt *Schichten* erwähnt. Die schematische Beschreibung der allgemeinen Artikel-Eigenschaften bietet immense Vorteile: Mit dem abstrakten Gegenstand ‚Artikel' kennt man schon im Voraus gewisse Eigenschaften der konkreten Artikel; für letztere fallen ergänzend nur noch spezifische Eigenschaften wie z.B. die Farbe oder bei hochwertigen Produkten die individuelle Produkt-Nr. an (zu weiteren Ausführungen vgl. Abschnitt 6.4, Unterabschnitt *Klassifizierung – Inhaltsebene*).

Der begrifflichen Klärung kommt nicht immer jene Aufmerksamkeit zu, die für ein op-timales Informationsmodell notwendig wäre. Glossare (Repositories, Data Dictiona-ries), die als unverzichtbar anzusehen sind, ersetzen keineswegs das Ausleuchten der Bedeutungsebenen, zumal wenn dort sperrige Beschreibungen anzutreffen sind. Der objektiv kaum messbare Nutzen solcher Reflexionsarbeit ist für Außenstehende manchmal nicht leicht nachzuvollziehen. Dennoch muss diese Klärungsarbeit geleis-tet werden, weil die sichere Verwaltung der Informationen eine sichere Verständi-

---

[11] Diese Perspektive steht indirekt im Einklang mit Empfehlungen in der Literatur zur Textanalyse, wo aus Textbe-schreibungen Substantive als Kandidaten für Klassen und Verben als Kandidaten für Beziehungen zu markieren sind (vgl. z.B. Balzert, H. [2001], S. 233), allerdings dort ohne den expliziten Bezug zum Leistungskontext.

gungs- und Kommunikationsbasis voraussetzt. Die begriffliche Klärung, das Wissen
um die Bedeutung und den Nutzen der Bezugsobjekte in ihrem Leistungskontext, ist
die unverzichtbare Basis für eine solide und systematische Entwicklungsarbeit.

In der Objekt-orientierten Software-Entwicklung umfasst eine Klasse die beiden Struktureinheiten mit Attributen (Merkmalen) und Operationen; dem funktionalen Teil, den Operationen, ordnen wir in der Analyse eine weniger gewichtige Rolle zu, sie wird erst später in der Design-Phase relevant. Attribute sind immer als elementar zu betrachten. Für Merkmale mit komplexen Ausprägungen wie z.B. Listen etc. werden (hierarchisch) untergeordnete Hilfsklassen (im Sinne einer Komposition; s.u. oder Abschnitt 4.4.2) eingeführt.

Ausschließlich auf der Struktur des Anwendungsfeldes gründen sich unsere Informationsstrukturen, dargestellt in der Form von UML-Klassendiagrammen. Situation für Situation, also Use Case für Use Case, ist zu untersuchen, ob Attribute und Beziehungen zur Dokumentation der Handlungen bzw. der Ergebnisobjekte anfallen oder ob nur die Durchführung ohne weitere Angaben festzuhalten ist (vgl. Abschnitt 2.1). Dass es hierzu eines systematischen, nachvollziehbar geleiteten Vorgehens bedarf, liegt auf der Hand. Abschnitt 6.3 will bezogen auf die spezifischen Leistungskategorien eine Anleitung hierzu geben. Das gesamte Klassendiagramm ergibt sich dann – bis auf Strukturoptimierungen (vgl. Abschnitt 6.4) – lediglich aus dem Zusammenfügen aussagekräftiger Ausschnitte; andere darüber hinaus gehende Objekt-Beziehungen haben dabei keinen Raum.

6.2   Objekt-Beziehungen

Für die Charakterisierung von Beziehungen bietet UML unterschiedliche Darstellungsformen an (vgl. Abschnitt 4.4.2). Gestützt auf die in Abschnitt 6.1 beschriebene Perspektive, dass Beziehungen zwischen Gegenständen (Objekten) ‚entstehen‘, wenn sie in Handlungen (Use Cases) einbezogen oder einordnet werden, möchte dieser Abschnitt eine allgemeine Anleitung zur Gestaltung von Klassendiagrammen geben. Damit wird ein Beitrag zur ‚*Stil-bildung*‘ angestrebt, um die Lesbarkeit und das Verständnis der Modelle zu fördern. Folgende Beziehungsarten zwischen Objekten sind darstellbar:

Eine **Aggregation** umfasst ein (materielles oder immaterielles) Ganzes, das *Aggregat*, das aus anderen eigenständigen Teilen, den *Komponenten*, besteht. Eine Aggregation ist – ob explizit ausgewiesen oder nicht – als Ergebnis einer Handlung zu verstehen. Auch wenn der Unterschied zwischen Aggregation und Assoziation (s.u.) nicht sehr groß ist, so verbindet man mit Aggregationen in der *Software-Umsetzung* folgende hilfreiche Funktion: Gewisse Funktionsaufrufe lassen sich an das Aggregat richten, das daraufhin eine Weiterleitung an seine Komponente(n) veranlasst (sog. *Delegation* von Operationen; vgl. B. Oesterich [2009], S. 52).

Beispiel 1. Konzertagentur – Aggregation

Der Konzertsaal lässt sich – ggf., aber nicht zwingend – als Bestandteil einer Konzertveranstaltung verstehen. Der Saal ist jedoch nicht an die Veranstaltung gebunden – wie auch umgekehrt ein Konzert u.U. in einen anderen Saal verlegt werden kann. Teil eines Klassendiagramm-Ausschnitts zum Use Case ‚*Konzert planen*':

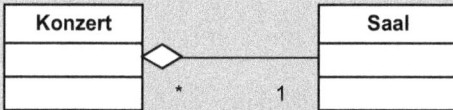

Abb. 6.1 Konzert – Saal (Aggregation)

Eine **Komposition** hebt hervor, dass streng untergeordnete Teile, die *Komponenten*, zu einem (zu dokumentierenden) Ganzen, der *Komposition*, gehören. Eine Komposition drückt wie die Aggregation eine Teil-Ganzes-Beziehung aus, allerdings mit der Existenzabhängigkeit der Teile vom Ganzen. Wieder bietet sich die Delegation von Operationen an Komponenten an.

Objekt-Aspekte, die über mehrfache Ausprägungen verfügen, sind als Komponentenklasse zu modellieren und auf der Nutzeroberfläche (GUI) als Liste abzubilden. *Beispiel*: die Liste der Telefon-Nummern einer Person. Kompositionen verwenden wir hauptsächlich zur Auflösung von n:m-Beziehungen. Auf den ersten Blick besteht zwischen ‚*Bestellung*' und ‚*Artikel*' eine n:m-Beziehung; mit Hilfe der (Beziehungs- oder Link-) Klasse ‚*Bestellposition*' zerfällt sie in die beiden 1:n-Beziehungen zwischen *Bestellung*' und ‚*Bestellposition*' sowie zwischen ‚*Artikel*' und ‚*Bestellposition*' (vgl. Abschnitt 4.4.2, Unterabschnitt *Ergänzungen*). Ein Objekt der Klasse ‚*Bestellung*' wird dabei als Dokumentation einer Handlung verstanden, die neben ‚*Kunde*' auch ‚*Artikel*' einbezieht und damit die ‚*Bestellpositionen*' erzeugt. Ohne die Einbindung in eine Bestellaktivität, dem ‚Ganzen'. haben Bestellpositionen keinen Sinn.

Beispiel 2. Konzertagentur – Komposition

Die Säle eines Gebäudes und deren Sitzplätze sind jeweils als Komponenten einer Komposition zu verstehen; mit dem Abriss des Gebäudes verschwinden auch die Säle; wird ein Saal entfernt, werden auch seine Sitzplätze aufgelöst. Klassendiagramm-Ausschnitt zum Use Case ‚*Konzertsaal aufnehmen*' (Kategorie Struktur-Management)

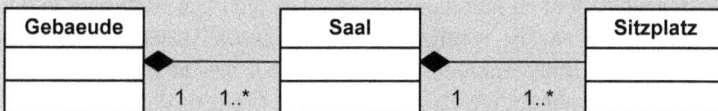

Abb. 6.2 Gebäude – Saal – Sitzplatz (Komposition)

Eine **Assoziation** drückt aus, dass ein wohl-interpretierbarer Bezug zwischen den Objekten besteht, der nicht als Teil-Ganzes-Verhältnis zu verstehen ist. Für das Beispiel **Konzertagentur** bezieht sich eine Bestellung eindeutig auf einen Kunden; weder ist der Kunde als Teil einer Bestellung anzusehen (sonst müssten Kunden an den Bestellungen haften) noch ist eine Bestellung Teil eines Kunden (Konzertbesucher müssten dann ihre Bestellungen ins Konzert mitnehmen).

Beispiel 3. Konzertagentur – Assoziation

Die Zuordnung einer Konzertkarte zum Sitzplatz wird als Assoziation aufgefasst. Betreffender Use Case: ‚*Konzertkarten generieren*' (Kategorie Dienstleistungseinheit).

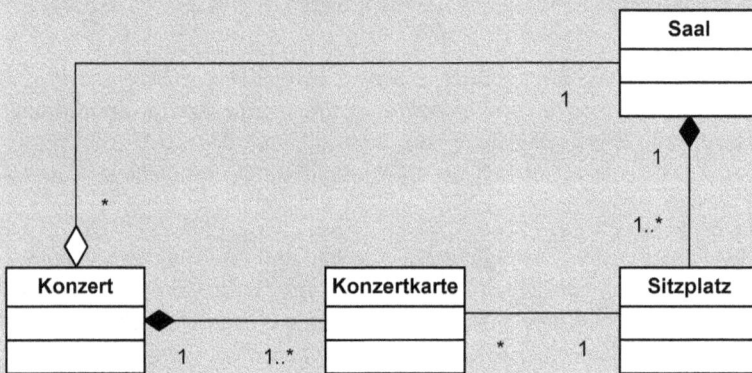

Abb. 6.3   *Konzertkarte – Sitzplatz (Assoziation)*

Aggregation und Komposition lassen sich leicht unterscheiden: Die Komponenten einer Aggregation müssen bereits *vor* der (endgültigen) Aufnahme der Aggregation existieren; dagegen wird eine Komposition immer *vor* ihren Komponenten, im Normalfall unmittelbar vor ihnen, erzeugt. Komponenten von Aggregationen sind im Lauf der Zeit austauschbar, sehr im Unterschied zu denjenigen einer Komposition.

Aggregationen oder Kompositionen sollten im strengen Sinn nur Anwendung finden, wenn ein natürliches Teil-Ganzes-Verständnis vorliegt, wo sich die Teile unter das Ganze unterordnen. Der Aufwand lohnt sich: Die präzise, wie selbstverständlich wirkende Modellierung lässt wenig Spielraum für Missverständnisse, die Team-Mitglieder sind in der Lage, die Bedeutung für das Anwendungsfeld schnell zu rekonstruieren. Gelegentlich trifft man in der Literatur und Praxis Kompositionen an, die weniger eine Teil-Ganzes-Beziehung als vielmehr die Existenzabhängigkeit von Objekten kennzeichnen wollen – was aber bereits schon die Multiplizität ‚1' an der existenzunabhängigen Klasse ausdrückt (vgl. Abschnitt 4.4.2; vgl. auch den nächsten Unterabschnitt *Existenzabhängigkeit*). Ähnlich findet man ‚reine' Referenzen (Assoziationen) manchmal als Aggregation abgebildet; zwar sind in gewisser Hinsicht Kundendaten Teil einer Bestellung – die Kunden selbst sind es im präzisen Sinn, wie erwähnt, jedoch nicht.

Empfehlung. Bei allen Beziehungen sollten von Beginn an die Multiplizitäten an den beteiligten Klassen notiert werden. An Kompositionen allerdings ist die Multiplizität eindeutig bestimmt: Im nicht-rekursiven Fall stehen Komposition und Komponente immer in einer 1:n-Beziehung („1:*' oder „1:1..*") – (nur) hier ist die explizite Angabe „1' an der Komposition überflüssig; für eine rekursive Komposition wäre stattdessen dort „0..1:*' zu notieren.

Beziehungen sind stets als *gerichtet* aufzufassen – vom Einbeziehenden, der Handlung bzw. ihrem Dokumentationsobjekt, auf das dort Einbezogene hin –, was sich im Klassendiagrammen aber nicht explizit darstellen lässt.

Vererbungsbeziehungen zwischen Klassen (als Generalisierung/Spezialisierung) haben wenig mit den hier thematisierten Objektbeziehungen zu tun – selbst wenn ein Klassendiagramm beide Beziehungstypen zusammen beinhalten darf. Auf ihre Bedeutung wird in Abschnitt 6.4 näher eingegangen.

Existenzabhängigkeit

Kompositionen drücken die Existenzabhängigkeit der Teile von ihrem Ganzen aus. Aber auch bei Assoziationen kann Existenzabhängigkeit auftreten; das Beispiel zur Einführung der Assoziationen oben zeigt etwa, dass Bestellungen auf einen Kunden angewiesen sind. Die Untersuchung der Existenzabhängigkeit hilft vor allem bei schwerer zugänglichen Informationsstrukturen wie sie manchmal in der Kategorie *Struktur-Management* anzutreffen sind, schrittweise Aspekte eines Beziehungsgefüges zu erschließen. Im den Bereich dynamischer Kategorien kann ein Objekt nur dann von einem anderen abhängig sein, wenn das unabhängige Objekt *vor* dem Entstehen der Beziehung bereits existiert, was den Blick auf die Handlungen lenkt: Das existenzabhängige Objekt entsteht dort mit dem Einbeziehen des unabhängigen Objekts. Auf ihre Weise spiegelt die Existenzabhängigkeit die zeitliche Ordnung, wie Objekte nacheinander entstehen, in den Informationsstrukturen wider. Diese Orientierung ist in Ansätzen zur Datenmodellierung bereits als Grundlage einbezogen worden, etwa mit dem Strukturierten Entity-Relationship-Modell (SERM; vgl. Sinz, E.J. [1988]).

Kompositionen werden, wie erwähnt, gern (missbräuchlich) benutzt, um die Existenzabhängigkeit zwischen Objekten auszudrücken, etwa wenn „*Bestellung*' und „*Artikel*' gleichzeitig als Kompositionen mit gemeinsamer Komponentenklasse „*Bestellposition*' auftreten. Um den Modellen eine größere Ausdruckskraft zu verleihen, wird dagegen folgende *Stil-Vorgabe* empfohlen: Eine Klasse sollte niemals als Komponentenklasse in *mehreren* Kompositionen auftreten; *diejenige Klasse ist als Komposition auszuzeichnen, bei deren Instanziierung* – als Dokumentation einer bestimmten Handlung – *alle oder zumindest einige Teile gleichzeitig erzeugt und zusammengefasst werden*. An Hand der Nutzeroberflächen lassen sich leicht die „richtigen' Komposition erkennen: Wenn mit der Neuaufnahme eines Objekts einer Klasse (Anlegen eines Dokuments) in der zugeordneten GUI gleichzeitig eine Liste mit Verweisen zu versorgen ist, dann liegt eine Komposition vor; ihre Komponentenklasse entspricht der Liste. Im Beispiel „*Bestellung*' stellt man die Bestellpositionen als Liste in einer Bestellung her – ein Artikel wird dagegen kaum zusammen mit seinen Bestellpositionen aufgenommen oder bearbeitet. Deshalb verwendet das Modell die Komposition „*Artikel*' –„*Bestellposition*'

und die Assoziation (s.u.) ‚Artikel' – ‚Bestellposition'. Die Multiplizität ‚1' an ‚Artikel'
drückt aus, dass ‚Bestellposition' davon existenzabhängig ist.

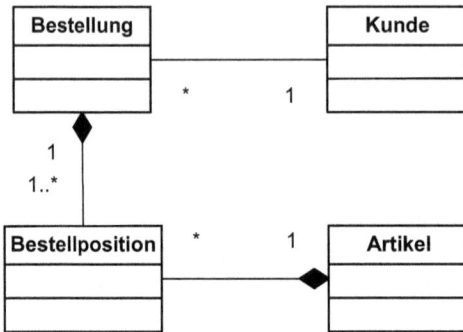

Abb. 6.4   *Bestellung: Kompositionen (abgelehnte Lösung)*

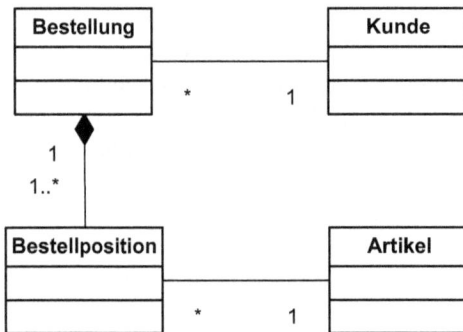

Abb. 6.5   *Bestellung: Komposition und Assoziation (bevorzugte Lösung)*

*Wenn Sie mit der Neuaufnahme eines Dokumentes auch mehrfache Bezüge auf Objek-
te einer anderen Klasse herstellen (anschaulich: in einer Liste in der GUI zusammen-
klicken) – dann erzeugen Sie eine Komposition, falls die einbezogenen Objekte auch
danach noch in anderen Vorgängen nutzbar sind; spätere Aktualisierungen und Fort-
schreibungen der Liste sind natürlich nicht ausgeschlossen. Die Bezüge der Listenob-
jekte auf die einbezogenen Objekte der anderen Klasse sind als Assoziationen zu modellieren. Ähnlich wie im Bestellbeispiel werden etwa die Konzertkarten – eine Auflösung der n:m-Beziehung zwischen ‚Konzert' und ‚Sitzplatz' – für das Konzert ‚hergestellt', kaum jedoch für die Sitzplätze des Konzertsaals (vgl. auch Abb. 4.13). Eher
selten kann es vorkommen, dass die Auflösung zu zwei gleichrangigen Assoziationen
führt. Beispiel: Eine Kontenbewegung (z.B. zwischen zwei internen Unternehmens-
konten) ist mit einer Assoziation zum Quell- und zum Zielkonto zu modellieren, da ei-*

ne Bewegung einem eigenständigen Akt (als Dokumentation einer Handlung) entspricht, der auf zwei Konten verweist.

Existenzabhängigkeit ist eine sachlich bedingte Eigenschaft einer Klasse; die Aufnahme eines Objektes setzt den Bezug auf ein bereits existierendes Objekt als notwendig voraus. Nur im Sonderfall der rekursiven Kompositionen (Beispiel: Directory) können gewisse Objekte der Klasse, die ‚Wurzelobjekte‘, ohne Verweis auf andere eingefügt werden, alle anderen sind auf bereits vorhandene Objekte der Klasse bezogen. Die Existenzabhängigkeit wird von marktgängigen relationalen Datenbankmanagementsystemen (DBMS) als *referenzielle Integrität* auf folgende Weise unterstützt: In der Relation (Tabelle) der existenz*abhängigen* Klasse verweist ein Fremdschlüssel auf die Relation der existenz*unabhängigen* Klasse und deren Primärschlüssel, so wie allgemein bei der Abbildung von 1:n-Beziehungen verfahren wird; für solche Fremdschlüssel-Referenzen erlauben die Datenbankmanagementsysteme zu vereinbaren, ob mit dem *Löschen eines referenzierten Objektes* (Tabellenzeile)

- alle *referenzierenden* Objekte (Zeilen) gleichzeitig mitzulöschen sind (CASCADE) oder
- das Löschen untersagt wird, sofern noch eine Referenz besteht (RESTRICT) oder
- die Fremdschlüssel-Referenz, die nach dem Löschen des referenzierten Objektes keinen Sinn mehr macht, mit einem sog. Nullwert (als Fehlwert) oder einem anderen Defaultwert aktualisiert wird (SET NULL- bzw. SET DEFAULT-Klausel).

Für physische Löschungen (Alternative: Status-Kennzeichnung der Objekte bzw. Zeilen als ‚gelöscht‘) wird für Existenzabhängigkeiten i.A. empfohlen, bei *Kompositionen* die CASCADE-Variante, bei *Assoziationen* die RESTRICT-Variante und bei *Aggregationen*, je nach Fall, die RESTRICT- oder die SET NULL- bzw. SET DEFAULT-Variante zu verwenden.

Beispiel 4. Konzertagentur – referenzielle Integrität

Komposition: Mit dem Löschen eines Gebäudes sind auch die Säle zu entfernen (CASCADE; vgl. Abb. 4.10)

Assoziation: Zwischen Kunde und Abonnement wird eine Assoziation (Typ 1:n; mit Existenzabhängigkeit) angenommen. Das Entfernen eines Kunden ist zu unterbinden, solange noch eine Abonnement-Zuordnung besteht (RESTRICT).

Aggregation: Zwischen Konzert und Saal besteht eine Aggregation (vgl. Abb. 4.8). Sollte eine Saalzuordnung revidiert werden, ist der Verweis mit einem Nullwert zu belegen (SET NULL); der Abschluss der Konzert-Dokumentation erfolgt erst nach einer Saal-Zuordnung.

Konsequenzen

Der beschriebene Zugang kann kaum zu n:m-Beziehungen führen: Das Einbeziehen eines Objektes in eine Handlung ist stets eindeutig auf diese bezogen – die Dokumentation des Einbeziehens steht deshalb in einer eindeutigen Beziehung zum Gesamtdokument der Handlung. n:m-Beziehungen können sich beim freien semantischen ‚Assoziieren‘ einstellen; sie drücken faktisch aus, dass eine Beziehung vorliegt, ohne deren Bedeutung, ihren Bezug zur

Sache, tiefer zu reflektieren. Dieser Ansatz schlägt dagegen vor, sich ausschließlich an der der Sache, dem Leistungsgeschehen mit seinen Handlungen, zu orientieren und als Faktum zu dokumentieren, dass Handlungen andere Gegenstände einbeziehen, wie das Bestell-Beispiel oben zeigt. Der Verzicht auf n:m-Beziehungen bringt nur Vorteile mit sich: Das Klassendiagramm etwa lässt sich direkt, ohne Ergänzung durch Beziehungsobjekte (Link-Objekte), in relationale Datenbankstrukturen übertragen.

Beispiel 5. Konzertagentur – n:m-Beziehungen

Eine Abonnementreihe („*AboReihe*') umfasst mehrere Konzerte („*Konzerte*'), ein Konzert kann in mehreren Abo-Reihen aufgeführt sein – eine typische n:m-Beziehung. Um diese Beziehung, ihre Substanz, besser zu verstehen: Abo-Reihen werden vom Konzertmanagement (u.a.) aus Konzerten für den freien Verkauf zusammengestellt. Deshalb ist „*AboReihe*' als Komposition zu modellieren, wo die Instanzen der Komponentenklasse mit der (künstlichen) Bezeichnung „*Konzert_in_AboReihe*' auf die betreffenden Objekte in „*Konzert*' verweisen. Ein spezifisches Attribut von „*Konzert_in_AboReihe*' ist z.B. *Anzahl_Abo_Plaetze*, das die Anzahl der Plätze, die durch die Abo-Reihe schon im Voraus für das betreffende Konzert belegt sind, festhält. Wie eine Abo-Reihe an der Nutzeroberfläche zusammengestellt wird, ist leicht vorstellbar. Folgt man konsequent dem Vorschlag, Klassendiagrammausschnitte handlungsbezogen (oder: Use Case-bezogenen) zu entwickeln, können n:m-Beziehung niemals auftreten.

Auch *multiple Beziehungen* (vgl. Abschnitt 4.4.2) haben bei diesem Vorgehen kaum eine Chance. Während sich beim freien Aufspüren der Beziehungen durchaus zeigen könnte, dass Objekte aus mehr als zwei Klassen in einem gemeinsamen Zusammenhang stehen, kommt bei unserem Vorgehen immer nur das Einbeziehen von Objekten in einzelne Handlungen als zentralem Bezugsobjekt zum Vorschein, was ausschließlich zu binären 1:n-Beziehungen führt. Ebenfalls haben *Assoziationsklassen* (vgl. Abschnitt 4.4.2) als isolierte Aspekte keine Chance: Eine Beziehung versteht sich als interpretierbarer Verweis oder Bezug einer Handlung auf einen dort involvierten oder erzeugten Dokumentationsgegenstand. Neben dem Verständnis als puren Verweis im Kontext der Leistungserbringung, dessen Sinn nicht in der Dokumentation ausgedrückt wird – dann wäre der Verweis wieder als ein Objekt aufzufassen, was zu einem endlosen Rekurs führen würde – sondern im Anwendungsfeld zu finden ist, gibt es keinen Raum für andere Bedeutungen von Beziehungen.

Am Ende setzt sich ein Klassendiagramm aus den lokalen Ausschnitten der Use Cases zusammen, in denen ausschließlich *binäre 1:n-Beziehungen* vorkommen – einfache, klare Modellelemente, die im Kontext des Anwendungsfeldes und insbesondere der betreffenden Einsatzsituationen leicht verständlich und nachprüfbar sind. Solche Modelle erlauben eine transparente, nahezu automatisierbare Transformation in relationale Datenbankstrukturen, wie Abschnitt 6.5 zeigt.

Das Verständnis des Anwendungsfeldes aus der Perspektive, was die Mitarbeiterinnen und Mitarbeiter wozu und womit tun, und die Vorstellung der Dokumentation mit Hilfe von Formularen ist eine wichtige Hilfe für das Entwickeln der Klassendiagrammausschnitte. Ein Formular steht für die Beschreibung eines Objekts, etwa einer

Handlung oder eines materiellen Gegenstands (ggf. in einem Ordnungsgefüge); auch Listen können dort als Bestandteile vorkommen. Es liegt auf der Hand, welchem ‚Ganzen' Sie die Listenzeilen als Teile zuweisen. Aus der semantischen Vogelflugper- spektive auf das Anwendungsfeld können Sie einzelne Zusammenhänge, Beziehungen, ausmachen und in das Klassendiagramm einfügen – ohne expliziten Bezug auf den Gesamtzusammenhang. Die Frage, ob das Modell schließlich optimal ‚angemessen' ist bzw. ob die Unternehmenshandlungen mit den auf dem Modell gegründeten Do- kumentationsdiensten tatsächlich auch optimal mit Informationen versorgt werden, lässt sich dann allerdings nicht einfach beantworten, sehr im Unterschied zu einem Vorgehen, das von der Frage nach dem ‚Wozu' getrieben wird. Bisweilen wurden Ratschläge als ‚state of the art' proklamiert, ohne dass eine wissenschaftliche Legiti- mation hinsichtlich ihrer Praktikabilität und Güte erfolgte – mit durchaus fraglichem Nutzen für die Praxis (wie etwa in den Achtziger Jahren der Universalrelationen- Ansatz für die Entwicklung von Datenbankstrukturen; vgl. auch Abschnitt 6.7).

Ohne es zu beabsichtigen, steht unsere Interpretation der Beziehungen in Einklang mit der sprachlichen Implementierungsebene, wo es ebenfalls keine eigenständigen Beziehungskonstrukte, sondern nur Referenzen gibt. Vom allgemeinen Verständnis her ziehen Beziehungsaspekte, wenn man sie aus ihrem Kontext loslöst, ein Problem nach sich: Für sich isoliert betrachtet wird eine Beziehung notgedrungen zu einem (Betrachtungs-) Gegenstand, zum Objekt – was die sprachliche Trennung zwischen Objekt und Beziehung damit zunichte macht. Deshalb sind in unserer Perspektive die Beziehungen ausschließlich als Verweise im Kontext von Handlungen zu verstehen; mit einem Verweis wird dokumentiert, dass das referenzierende Objekt mit der Hand- lung neu entsteht und dass auf einen bereits bestehenden referenzierten Dokumentati- onsgegenstand in der Handlung Bezug genommen wird.

6.3 Systematisches Vorgehen und Design-Aspekte

Strukturdarstellungen von Leistungsbereichen in einem Anwendungsfeld lassen sich als Basis nutzen, um alle Handlungen, die durch Dokumentationsdienste zu unterstützen sind, zu orten, ihre Zusammenhänge aufzuzeigen und die ihnen zugeordneten Informationsstrukturen systematisch zu entwickeln.

Allgemeines Vorgehen

Jeder Durchführung eines zu dokumentierenden Use Cases – Elementardienst, Arbeitgang bei Produktionsprozessen, Verwaltungsdienst im Struktur-Management – wird mit ihrem Zeitpunkt, bei einem länger andauernden Dienst ggf. mit ihrem Zeitintervall, versehen. Dazu wird eine (nicht notwendigerweise eigene) *Ziel-Klasse* für die Ergebnisdokumentation be- stimmt. Für Handlungen, die – dokumentierenswerte – Personen, Gegenstände oder Doku- mente einbeziehen oder über die spezifische Eigenschaften festzuhalten sind, muss eine *eigene Ziel-Klasse,* zu verstehen als Formular- oder Beleg-Form, mit den betreffenden Attributen und Beziehungen (Assoziation, Aggregation, Komposition; s.o.) zu den entsprechenden Klassen eingeführt werden (vgl. Abschnitt 6.1); andernfalls, wenn lediglich zu vermerken ist, dass die Ausführung erfolgte, kann das Dokument des vorausgegangenen Elementardienstes mit einem geeigneten Zustandsvermerk und ggf. Zeitstempel versehen werden, sofern dieses immer existiert und eindeutig bestimmt ist. Im Beispiel *Bibliothek* etwa folgt jede Buchrückgabe eindeutig auf die Ausleihe, was sich in einem gemeinsamen Dokument vermerken lässt; eine Vormerkung kann vor der Ausleihe veranlasst worden sein, sie muss es aber nicht, weshalb für die Ausleihe ein neues Dokument in einer eigenen Klasse zu erzeugen ist. Jede Klasse darf nur elementare Attribute besitzen; andernfalls, wenn ein Merkmal über mehrfache Ausprägungen verfügt, ist dazu eine separate (Hilfs-) Klasse einzuführen und über eine Komposition anzubinden (vgl. Abschnitt 6.2). Mit diesem Vorgehen entstehen Use Case-bezogene Klassendiagrammausschnitte, auf denen sich später die Dokumentationsdienste des Anwendungssystems sicher konzipieren und implementieren lassen. Außerdem erfolgt damit gleichzeitig der erste Zugriff auf das Transaktionskonzept: Jedem Use Case als einer nicht zu unterbrechenden Handlung wird mit einer *Transaktion,* also einer als atomar charakterisierten, nicht zu unterbrechenden Abfolge von Datenbankzugriffen, in Verbindung gesetzt; später ist diese Auslegung in Sonderfällen ggf. noch zu modifizieren.

Das Klassendiagramm insgesamt ergibt sich, wie am Ende von Abschnitt 6.1 erwähnt, allein aus dem Zusammenfügen der einzelnen Ausschnitte an Hand der überlappenden Klassen (vgl. den folgenden Unterabschnitt). Letzterer Aspekt ist so zu deuten, dass ein Use Case das Ergebnis eines anderen einbezieht.

Synthese

Jede der relevanten Einsatzsituationen, die als Elementardienste (Use Cases; bei Produktionsprozessen: Arbeitsgänge, im Struktur-Management: Verwaltungsdienste) zu verstehen sind, liefert einen Ausschnitt des Klassendiagramms. Im Mittelpunkt stehen die Ziel-Klassen zur Dokumentation der Handlungen, ergänzt um die Beziehungen zu den Klassen der dort einbezogenen Objekte. Das Gesamtmodell ergibt sich dann aus dem Zusammenzufügen der einzelnen Ausschnitte in einem trivialen Syntheseschritt; Klassen, die in zwei Ausschnitten gleichzeitig auftreten, sind zusammenzulegen (vgl. oben den Unterabschnitt *Allgemeines Vorgehen*). Das Resultat muss am Ende ein *zusammenhängender Graph* sein; andernfalls entspricht das Anwendungsfeld zwei getrennten Bereichen, die keinen direkten Austausch, keine gemeinsame Schnittstelle, haben und sich deshalb in zwei unabhängigen Projekten bearbeiten lassen – oder es wurden Einsatzsituationen übersehen, deren Informationsausschnitte den Zusammenhang herstellen könnten. Zum Schluss sollte das Klassendiagramm durch ergänzende Generalisierungs-/Spezialisierungsbeziehungen einer Strukturoptimierung unterzogen werden (vgl. Abschnitt 6.4), was sich bei intensiver Analyse und präziser begrifflicher Arbeit teilweise schon vorher einstellt. Dies betrifft allerdings nur Beziehungen zwischen Klassen, Objekt-Beziehungen bleiben dabei unangetastet. Generalisierungs-/Spezialisierungsbeziehungen sind eine große Hilfe für die Organisation des Codes: gemeinsamer Code wird nur einmal implementiert.

Mit dem Rückgriff auf die zeitlichen Zusammenhänge, ablesbar in den Aktivitäts- bzw. Zustandsdiagrammen, lässt sich die Stimmigkeit der erarbeiteten lokalen Ausschnitte und des ganzen Modells nachvollziehen. Wenn auch individuelle Modellierungsstile sich nicht vermeiden lassen (z.B. für die Verwendung von Aggregationen oder Assoziationen), so ist bei diesem Vorgehen mit einer relativen Eindeutigkeit des Beziehungsgefüges bzw. der daraus abgeleiteten Datenbankstrukturen zu rechnen. Und: Es sind exakt diejenigen Beziehungen im Modell zu finden, die in der ‚Natur‘ des Leistungsgefüges vorkommen.

Mit diesem Vorgehen wollen wir nicht nur Beschreibungsmittel, sondern vor allem Orientierungshilfe geben, um Modelle nachvollziehbar und qualitativ bewertbar erstellen zu können. Wenn Sie unsere Grundlage, die Leistungsstruktur des Anwendungsfeldes, akzeptieren, können Sie die beiden Fragen

- *Wie findet man genau die zu modellierenden Objekte bzw. Klassen?*
- *Wie findet man die Beziehungen zwischen Klassen?*

sicher beantworten, auch wenn der ‚gestalterische Blick‘ etwa für die unterschiedlichen Bedeutungsebenen auf Erfahrung angewiesen ist. Zur ersten Frage: In den dynamischen Leistungskategorien sind Handlungen mit eigenen Attributen und Beziehungen und alles was darin eingebunden oder dort erarbeitet wird als Objekte mit eigener Klassenstruktur einzustufen. Handlungen werden zu eigenen Dokumentationsobjekten oder schreiben andere fort; oder im Kontext von Handlungen werden Objekte einbezogen, worüber *Informationen vorhanden sein müssen. Im Unterschied dazu vermitteln Attribute,* was *über ein Objekt festzuhalten ist.*

Zur zweiten Frage: Beziehungen fallen nicht vom Himmel, sie werden ausschließlich in den Handlungen hergestellt: in den dynamischen Leistungskategorien mit dem Anknüpfen an Vorgängeraktivitäten bzw. -dokumente oder durch das Einbeziehen von Personen oder Gegenständen, was Auskunft darüber gibt, wie und womit die Handlungen ausgeführt wurden bzw. werden sollen. Für das Unternehmensgeschehen und die Leistungserbringung ist das Nachvollziehen von Zusammenhängen von vitalem Interesse. Gelegentlich anzutreffende Entscheidungsprobleme, ob ein Zusammenhang als Beziehung oder als eigenständiges Objekt zu modellieren ist, lösen sich mit dem beschriebenen Vorgehen von selbst auf.

Im Struktur-Management sind Klassen für die Elementarten des Gefüges zu modellieren. In komplexeren Strukturen kann das Modellieren der Beziehungen eine Herausforderung sein. Folgt man dem Verfahren, nach dem die Struktur auf der Grundlage des Organisationskonzeptes an Hand der Use Cases (d.h. Verwaltungsdienste) schrittweise aufgebaut wird, ergibt sich auch hier ein über die lokalen Ausschnitte verständliches und nachvollziehbares Modell.

Der beschriebene Weg legt den Verdacht eines Bottom Up-Vorgehens nahe. Jedoch sind die lokalen, auf die Use Cases gestützten Informationsstrukturen ausschließlich an die Struktur des Anwendungsfeldes gebunden, die selbst mit dem Blick für das Ganze nach einem Top Down-Ansatz zu entwickeln ist (vgl. auch Abschnitt 6.7).

Das vollständige Klassendiagramm, wie vorgestellt, bezieht sich ausschließlich auf den Dokumentationsaspekt der Leistungserbringung. Darüber hinaus lässt es sich durch Klassen erweitern, die lediglich einen Beitrag zur Organisation der Dokumentationsdienste liefern, was weniger der Anforderungsanalyse mit den semantischen Informationsstrukturen als vielmehr dem Entwicklungsabschnitt Design, der ‚Werkplanung' des Systems, zuzurechnen ist. Beginnend mit der Kategorie *Struktur-Management*, den Voraussetzungen für die direkte Leistungserbringung, wird im Folgenden auf spezifische Besonderheiten beim Modellieren von Leistungsereichen der jeweiligen Kategorien kurz eingegangen.

Struktur-Management

Die Dokumentation einer Infrastruktur bzw. eines Plans stellt Elemente in einem Zusammenhang dar, wobei die Organisationsregeln durch das System zu überwachen bzw. umzusetzen sind: Erlaubte (Verwaltungs-) Dienste sind anzubieten, unzulässige Strukturoperationen sind zu unterbinden. Als Grundlage dienen das Organisationskonzept und die Use Cases für das Einfügen von Elementen in das Ordnungsgefüge. Wenn das Organisationskonzept nicht als allgemein bekannt gilt, ist es in textueller Form abzufassen. Die Organisationsregeln sind dabei separat als textuelle Beschreibung der Beziehungen zwischen den zu verwaltenden Elementen zu formulieren, wobei die Aspekte Existenzabhängigkeit und Multiplizität Berücksichtigung finden sollten. Darauf aufbauend können die Klassendiagrammausschnitte erstellt werden; für jede Element-Art ist eine eigene Klasse einzurichten, ergänzt durch die Beziehungen, die mit der Aufnahme ihrer Elemente (durch Verwaltungsdienste) entstehen. Anders als bei den dynamischen Leistungskategorien, wo Use Case für Use Case entlang der zeitlichen Entwicklung gesondert bearbeitet wird, bietet es sich hier an, auch umfassendere Klassendiagramausschnitte für mehrere eng aufeinander bezogene Element-Arten in einem Schritt zu modellieren, sofern sie leicht verständlich sind. Ein Organigramm etwa ist direkt modellierbar, auch wenn mehrere Element-Arten im Modell vorkommen.

Gewisse Organisationsstrukturen lassen sich in hierarchische Schichten aufgliedern (vgl. Abschnitt 5.5, Unterabschnitt *Schichten*; vgl. auch Beispiel 7b unten): Nimmt man auf der untersten Ebene die Nutzungsgegenstände der Organisationsstruktur an, so verallgemeinern oder klassifizieren die abstrakteren Strukturen einer höheren Schicht die Elemente der tiefer liegenden; unabhängig von der Kategorie des Leistungsbereichs wird in Abschnitt 6.4 diese Fragestellung noch genauer behandelt. Gestützt auf die Strukturvorgaben der höheren Ebene(n) muss das System die Aufnahme von Elementen und ihr Eingliedern in erlaubte Beziehungen unterstützen und kontrollieren. Nachdem die gesamte Schichtensstruktur festgelegt wurde, ist das Verfahren zur Modellierung der Klassendiagramausschnitte schichtweise von oben nach unten anzuwenden.

Beispiel 6. Konzertagentur – Klassendiagramm (Struktur-Management)

Die Aufnahme der Konzertsäle mit ihrer Bestuhlung ist der Kategorie *Struktur-Management* (vgl. Abb. 6.2 in Beispiel 2) zuzuordnen.

Im Unterschied zu diesem überschaubaren Beispiel gestaltet sich die Organisation der Abonnement-Reihen mit ihren Variationen als deutlich komplexere Aufgabe (vgl. auch Beispiel 5 oben). Um das Klassendiagramm erstellen zu können, müssen die Organisationsregeln dieser zeitlich befristeten Struktur skizziert werden (Klassennamen in Klammern). Dies schließt ein, dass auch der Weg, wie das Organisationsgefüge Schritt für Schritt entsteht, veranschaulicht wird. Für die skizzenhafte Aufarbeitung der Informationsstrukturen werden folgende Use Cases mit den sich daraus ergebenden Beziehungen herangezogen:

1. Use Case *‚Abo-Reihe aus Konzerten zusammenstellen'*: Jede Abo-Reihe (*‚AboReihe'*) umfasst mehrere Konzerte (*‚Konzert'*) – ein Konzert kann in mehreren Abo-Reihen vorkommen.
2. Use Case *‚(Konzert-) Kategorien für eine Abo-Reihe festlegen'*: Es existiert ein Kategorie-Verzeichnis (*‚Kategorie'*): Jede Abo-Reihe hat mehrere Kategorien (wo jeder Kategorie ihr Preis zugeordnet ist) – eine Kategorie wird von mehreren Abo-Reihen herangezogen.
3. Use Case *‚Bestuhlung (maximal) eines Saals aufnehmen'*: Jeder Saal hat (genau) eine maximale Bestuhlung (Bestandteil: *‚Sitz'*) – jeder Sitz gehört zu genau einer Bestuhlung. *Erläuterung*: Sitze können in verschiedenen Konzerten unterschiedlichen Kategorien zugeordnet sein.
4. Use Case *‚Saalplan für einen Saal erstellen: die Sitze jeweils einer Kategorie zuordnen'*: (a) Ein Saal kann mehrere Saalpläne (*‚Saalplan'*) mit Plätzen (*‚Platz'*) besitzen – jeder Saalplan ist auf genau einen Saal bezogen. (b) Jeder Platz ist auf genau einen Sitz (der maximalen Bestuhlung) bezogen – ein Sitz kann mit mehreren Plätzen (unterschiedlicher Saalpläne) in Verbindung stehen. (c) Jeder Platz ist einer Kategorie zugeordnet – eine Kategorie umfasst mehrere Plätze.
5. Use Case *‚Die Veranstaltungsorte (Säle) einer Abo-Reihe zuordnen'*: Eine Abo-Reihe kann an mehreren Veranstaltungsorten (*‚Saal'*) stattfinden – ein Veranstaltungsort kann von mehreren Abo-Reihen verwendet werden.
6. Use Case *‚Jedem Saal der Abo-Reihe (*‚AboReiheSaal'*; s.u.) einen Saalplan zuordnen'*: Eine Abo-Reihe besitzt für jeden benutzten Saal genau einen Saalplan (unabhängig vom jeweiligen Konzert) – ein Saalplan (eines Saales) kann von mehreren Abo-Reihen benutzt werden. *Bemerkung*: Es muss sichergestellt sein, dass die zugewiesenen Kategorien von Abo-Reihe und Saalplan übereinstimmen!

In (1), (2) und (5) sind n:m-Beziehungen zwischen *‚AboReihe'* und *‚Konzert'*, zwischen *‚AboReihe'* und *‚Kategorie'* sowie zwischen *‚AboReihe'* und *‚Saal'* anzutreffen; das Herstellen der genannten Zuordnungen führt zur Auflösung dieser Beziehungen, etwa mit Hilfe der Klassen *‚Konzert_in_AboReihe'* (vgl. Beispiel 5), *‚AboReiheKategorie'* sowie *‚AboReiheSaal'*. Auch wenn eine Abo-Reihe über die Konzerte indirekt ihre Veranstaltungsorte ‚kennt', so ist mit Blick auf die Zuordnung eines Saalplans (vgl. (6)) eine (einmalige) direkte Zuordnung vorzunehmen (u.zw. zu *‚AboReiheSaal'*).

Das Klassendiagramm wird Schichten-bezogen entwickelt:

- Oberste Schicht: Klassen *‚AboReihe'*, *‚Konzert'*, *‚Kategorie'* (Hilfsklasse zum Verwalten der Kategorie-Ausprägungen) und *‚Saal'* (als Komposition mit Komponentenklasse *‚Sitz'*).
- Mittlere Schicht: (a) *‚Konzert_in_AboReihe'* (vgl. Beispiel 5); (b) *‚AboReiheKategorie'* (Zuordnung; beteilige Klassen: *‚AboReihe'*, *‚Kategorie'*); (c) *‚AboReiheSaal'* (Zuordnung; beteilige Klassen: *‚AboReihe'*, *‚Saal'*); (d) *‚Saalplan'* mit *‚Platz'* (ordnet jedem Sitz im Saalplan via Platz eine Kategorie zu; Komposition; beteilige Klassen: *‚Saal'* mit *‚Sitz'* und *‚Kategorie'*).
- Basisschicht: *‚AboReiheSaalplan'* (ordnet einem Saal in der Abo-Reihe einen der möglichen Saalpläne zu, wodurch jeder Sitz in einer Abo-Reihe via Platz eine Kategorie-Zuweisung besitzt, unabhängig vom jeweiligen Konzert; beteilige Klassen: *‚AboReiheSaal'*, *‚Saalplan'* mit *‚Platz'*)

Im letzten (nicht-trivialen) Beispiel helfen Ihnen die Use Cases nachzuvollziehen, wie auf der Basis der Organisationsregeln die Strukturelemente in das Gefüge eingeordnet werden können – und auf diesem Weg die Beziehungen bzw. Zuordnungen entstehen. Beachtenswert ist die – später zu kontrollierende – explizite Zuordnung der Saalpläne zu den Abo-Reihen, was im Unterschied zu ‚freien Zuordnungen' nicht unproblematisch ist: Es muss gesichert sein, dass der bereffende Saal tatsächlich auch von einem Konzert der Abo-Reihe bespielt wird und dass keine zwei Saalpläne einem Veranstaltungsort in der Abo-Reihe zugewiesen sind.

Global genutzte, schwach strukturierte und unbefristete (vgl. Abschnitt 2,1) Verzeichnisse werden auch als *Stammdaten* (auch: *Master Data*) klassifiziert. Stammdaten finden in unterschiedlichen Aufgabenbreichen Verwendung – mit der problematischen Konsequenz, dass sie oft als redundant geführte Bestände anzutreffen sind. Grundsätzlich ist aber eine redundanzfreie Datenhaltung mit zentralen Versorgungsdiensten anzustreben. Im Unterabschnitt *Redundanzfreie Daten* in Abschnitt 6.5 wird dieser Aspekt noch einmal gestreift.

Stammdaten dokumentieren, wie Organisationsstrukturen im allgemeinen Fall, *Gegebenheiten* für die Leistungserbringung, was zum statischen Aspekt des Anwendungsfeldes gehört (vgl. Abschnitt 5.5) und wo nur gelegentliche Aktualisierungen zu erwarten sind. Die Verwaltung von Strukturinformationen fällt unter die Rubrik der *Administrationsaufgaben*. Hinsichtlich möglicher Änderungen ist es vor allem bei Stammdaten wichtig, einerseits die aktuellen Informationen (mit Datum der letzten Änderung) sowie andererseits die *historisierten Informationen* zu den frühen Geltungsintervallen (mit Angabe des betr. Zeitraums) zu führen. Beispiel **Konzertagentur**: Änderungen des Namens oder der Adresse von Kunden-Stammdaten; Anpassung der Kategorie-Preise für Abonnements oder Einzelkonzerte, Änderung von Saalplänen etc.

Im Unterschied zum Struktur-Management beziehen sich Informationen zu Leistungsbereichen der beiden dynamischen Kategorien auf das *faktisches Geschehen*. Sie sind i.d.R. nur von lokalem Interesse. In der klassischen EDV mit Bandverarbeitung (Batch-Anwendungen) wurden sie früher als *Bewegungsdaten* charakterisiert.

Allgemein gelten Strukturen, die als Graphen mit unterschiedlichen Knoten- und speziellen Verbindungstypen abzubilden sind, als schwierig zu modellieren. Bei einer Vielzahl unterschiedlicher Kantentypen lässt sich eine Matrix verwenden, um die erlaubten Verbindungen zwischen den Knotentypen aufzuzeigen.

Produktionsprozesse, komplexe Dienste

Produktionsprozesse und komplexe Dienste wurden als Ablaufstrukturen charakterisiert und in der Form von Aktivitätsdiagrammen dargestellt (vgl. Abschnitt 5.3). Jedem elementaren Knoten (elementarer Dienst, Arbeitsgang, Use Case) auf der untersten Ebene der ggf. hierarchisch gegliederten Prozessstruktur wird, wie oben in Unterabschnitt *Allgemeines Vorgehen* beschrieben, eine Ziel-Klasse mit den spezifischen Attributen und Beziehungen für die korrespondierende Ergebnisdokumentation zugeordnet. Bei der Herstellung von Sachgütern verzichtet man in manchen Arbeitsgängen gelegentlich auf eine Dokumentation.

Für die Dokumentation und Steuerung der *Abläufe* von Produktionsprozessen bzw. komplexen Diensten, also des zeitlichen Zusammenhangs der Elementardienste bzw. Arbeitsgänge, bieten sich zwei Alternativen an:

1. **Direkte Ablaufdokumentation**. Die Dokumentationen der nachfolgenden Dienste knüpfen über Verweise an die Vorgänger-Dienste an. Die Entwicklung der Informationsstrukturen sollte daher entlang des Aktivitätsdiagramms, vom Startknoten bis zum Endknoten, erfolgen. Dieses Verfahren wird in der Praxis häufig angewandt; die Verweise lassen den Verlauf intuitiv nachvollziehen. Die aktuelle Zustandsinformation über eine Prozessinstanz lässt indirekt durch Verfolgen der Ablaufkette ablesen; ergänzend dazu kann im Startknoten, dem initiierenden Dienst, der den Prozess repräsentiert, ein diesbezügliches Status-Attribut gepflegt werden. Günstig ist dabei, eine generalisierte Klasse ‚Arbeitsgang‘ bzw. ‚Elementardienst‘ mit den allgemeinen Attributen zu verwenden.

Beispiel 7a. Konzertagentur – direkte Ablaufdokumentation

Der Dienstleistungsprozess *‚Telefonischer Kartenverkauf (Vorkasse)‘* wurde im Beispiel 3 des Abschnitts 5.4 (vgl. Abb. 5.8) als Ersatz für einen Produktionsprozess in unserem Anwendungsfeld vorgestellt, auf dessen Struktur in Abschnitt 4.6, Beispiel 8 (vgl. Abb. 4.28) eingegangen wurde. Hier soll die auf die Realisierung der Ablaufdokumentation eingegangen werden. Unter der Annahme, dass die Klasse *‚TelefonischeBestellung‘* für den Dienst *‚Telefonische Bestellannahme‘* bereits modelliert ist und dort die Durchführung *‚Zahlungsaufforderung versenden‘* als Status-Information festgehalten wird, erfolgt die Dokumentation von *‚Zahlungseingang erfassen‘* mit Hilfe der Klasse *‚Zahlungseingang‘*; der Zusammenhang ist auf folgende Weise modellierbar:

TelefonischeBestellung				Zahlungseingang	
		1	0..1		

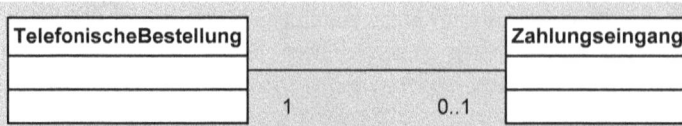

Abb. 6.6 *Klasse ‚Zahlungseingang':* Anknüpfen an die Dokumentation der Vorgängeraktivität

Der aktuelle Stand des gesamten Prozesses kann in einem (zu pflegenden) Status-Attribut in ‚*TelefonischeBestellung*' festgehalten werden.

2. **Struktur-gestützte Ablaufdokumentation (Skizze).** Grundlage dieser Entwicklungs-strategie ist die explizite Trennung von Strukturdokumentation der Dienste bzw. Produk-tionsprozesse und Dokumentation der Handlungen. Auf der übergeordneten *Meta-Ebene* werden die Aktivitätsdiagramme als Strukturdarstellung der betreffenden Produktions-prozesse und komplexen Dienste verwaltet, was nach Abschnitt 5.3 der Struktur des Anwendungsfeldes entspricht. Sie werden als Struktur-Instanzen der (Strukturtyp- oder Meta-Meta-) Klassen ‚*Produktionsprozess*', ‚*KomplexerDienst*' und ‚*Arbeitsgang*' (oder ‚*Elementardienst*') zusammen mit deren zeitlichen Nachfolge- und hierarchischen Ver-feinerungsbeziehungen im System hinterlegt – die Abbildung der *Formen* der Produkti-onsprozesse bzw. komplexen Dienste. Um die Strukturen auf der Meta-Ebene erfassen zu können, muss ein geeigneter ‚Struktur-Editor' bereit stehen, in dem die Klassen der Strukturobjekte (Meta-Objekte ‚*Produktionsprozess*', ‚*KomplexerDienst*', ‚*Arbeitsgang*' bzw. ‚*Elementardienst*', ergänzt um die hierarchischen und zeitlichen Beziehungstypen) implementiert sind[12].

Dokumentationsform der Leistungsebene: Aufbauend auf der Prozessstruktur wird für die Dokumentation der konkreten Handlungen jedem Elementarknoten (d.h. Elementar-dienst) seine Ziel-Klasse (s.o.) zugewiesen; hierzu ist die Generalisierung ‚*Arbeitsgang*' (bzw. ‚*Elementardienst*') einzubeziehen. Außerdem sind in diesem Fall die Durchfüh-rungen der Produktionsprozesse wie auch der komplexen Dienste als Objekte (Instan-zen) mit Hilfe spezialisierter Klassen im System zu führen. Die Dokumentationsobjekte aus der Ebene der konkreten Leistungserbringung (Inhaltsebene) sind zum einen auf ihre initiierenden Strukturobjekte der Meta-Ebene bezogen und bilden zum anderen die hie-rarchischen Beziehungen nach: Jedes Objekt einer Ziel-Klasse verweist auf die Instanz seines hierarchisch übergeordneten Strukturbausteins, die ihrerseits die hierarchische Prozessstruktur nachbilden. Anhand der Strukturinformationen ist das System in der La-ge, die Nutzersteuerung umzusetzen.

Aufgrund der vom System verwalteten Struktur und der für alle Handlungseinheiten ge-führten Statusinformationen ist das Geschehen rekonstruierbar. Die Dokumentation ei-nes Produktionsprozesses (bzw. komplexen Dienstes) entspricht einer Komposition mit den Klassen der der (hierarchisch) nachgeordneten Bausteine als Komponenten. Noch

---

[12] Offensichtlich handelt es sich bei der Verwaltung der Strukturen um eine Leistungseinheit der Kategorie Struktur-Management.

einmal soll darauf hingewiesen werden, dass diese Modelle als Ergebnisse des System-Designs zu verstehen sind, was über die Anforderungsanalyse hinausgeht. Die Ausführungen wollten lediglich zeigen, wie sich die Systemsteuerung auf den zuvor ermittelten semantischen Informationsstrukturen aufbauend konzipieren lässt. Für *Workflow-Managementsysteme* (WFMS) kann der zuletzt vorgestellte Ansatz verwendet werden, um die automatisierte Zuordnung der auszuführenden Arbeitsgänge bzw. Elementardienste zu den Arbeitsplätzen vorzunehmen.

Beispiel 7b. Konzertagentur – Struktur-gestützte Ablaufdokumentation

Die Alternative zur Lösung aus Beispiel 7a: Das System verwaltet die Struktur aller Produktionsprozesse und komplexer Dienste, die sich selbst rekursiv aus komplexen und elementaren Diensten bzw. Arbeitsgängen (als Komposition) zusammensetzen können. Für diesen Bereich wird eine typische Schichteneinteilung gewählt:

Oberste Ebene – Strukturtypebene (Meta-Meta-Ebene): die Verwaltung der generischen Typen ‚Produktionsprozess‘, ‚komplexer Dienst‘ und ‚Arbeitsgang‘ bzw. ‚Elementardienst‘ und der möglichen Beziehungstypen zwischen ihnen, allgemein und unabhängig vom Anwendungsfeld;

Mittlere Ebene – Strukturebene (Meta-Ebene): die Strukturen der Produktionsprozesse und komplexen Dienste des Anwendungsfeldes (als Instanzen der Typ-Vorgaben aus der Meta-Meta-Ebene); in unserem Fall handelt es sich um den Dienstleistungsprozess *‚Telefonischer Kartenverkauf (Vorkasse)‘*, der als Komposition mit den (elementaren) Diensten *‚telefonische Bestellannahme‘*, *‚Zahlungsaufforderung versenden‘* etc. und deren Abfolge-Beziehung dokumentiert wird;

Basisebene (Dokumentationsstruktur der Leistungsebene): die Dokumentationsform für die konkreten Abwicklungen von telefonischen Bestellungen für bestimmte Kunden, d.h. der Dokumentation der Dienstausführungen und deren zeitliche Abfolge (Objektebene). *Alle Bausteine der Strukturdarstellung (Meta-Ebene) sind im konkreten Einsatzfall zu instanziieren. Für die Klassen der Basisbausteine (Elementardienste) zur Dokumentation des Geschehens – die Ziel-Klassen – ist wie in Beispiel 7a zu verfahren. Alle Objekte verweisen auf Instanzen der hierarchisch übergeordneten Strukturbausteine sowie auf ihre Struktur-Elemente der Meta-Ebene. Wieder lässt sich die gesamte Dokumentation eines konkreten Dienstleistungsprozesses als Kompositionen verstehen, deren Komponenten aus den Instanzen der nachgeordneten Strukturbausteine bestehen.

Dienstleistungseinheiten

Die Struktur von Leistungsbereichen der Kategorie Dienstleistungseinheit wurde als externe Sicht auf das Leistungsangebot (im weitesten Sinne) mit Hilfe von Zustandsdiagrammen dargestellt. Die sich verschränkenden Zustände der Trägermedien und Dienstleistungsprozesse markieren die jeweiligen Nutzungsmöglichkeiten des Leistungsangebots bzw. das potenzielle Verhalten der Trägermedien und Dienstleistungsprozesse. Ein Zustandswechsel ergibt sich in manchen Fällen mit dem Beginn und Ende eines andauernden produktiven

Dienstes, in anderen Fällen durch Dienstausführungen, als Ereignisse aufgefasst, oder durch die zeitliche Beschränkung von Zuständen, was geeignete Überwachungsdienste kontrollieren müssen. Auch in dieser Kategorie gibt die Leistungsstruktur die Grundlage der Dokumentationsstruktur ab, wieder sind primär Handlungen mit ihren Zusammenhängen zu dokumentieren, ergänzt um die damit einhergehende Zustandsverwaltung der Trägermedien und Dienstleistungsprozesse mit Hilfe geeignet gewählter *Zustandsattribute* (oder expliziter Phasendokumente). Das Anwendungssystem ist dann in der Lage, die erlaubten Folgehandlungen steuernd zu unterstützen; die Steuerungsinformationen, die über die Aktivierbarkeit von Dokumentationsdiensten entscheiden helfen, sind entweder direkt im Code oder separat als abrufbare Strukturinformationen abzulegen.

Zu dokumentieren sind die Dienstleistungsprozesse mit ihren Dienstausführungen hinter den Ereignissen bzw. den andauernden (produktiven) Handlungen, wie es oben im Unterabschnitt *Allgemeines Vorgehen* vorgestellt wurde (vgl. auch Abschnitt 5.4), sowie die Ergebnisse und Beleitaktivitäten der Überwachungsfunktionen bei bedingten ereignislosen Zustandsübergängen. Außerdem sind die mit den primären Zuständen verbunden Handlungen mit den Trägermedien zu unterstützen. Dabei ist darauf zu achten, dass die durch die Dienstleistungsprozesse induzierten Zustände der Trägermedien sowie alle weiteren Zustandskorrelationen konsistent verwaltet werden. Die Beziehungen zwischen Zuständen und ihren Unterzuständen bei Verfeinerungen sollten im System hinterlegt sein.

Die zeitliche Abfolge der Handlungen (Ereignisse, Dienste) in den Dienstleistungsprozessen ist ähnlich zu gestalten wie bei Produktionsprozessen, allerdings sind gewisse Besonderheiten zu beachten. Wieder bieten sich ähnliche Alternativen an:

1. **Direkte Dokumentation**. Der Startdienst verweist auf den Kunden als Initiator des Dienstleistungsprozesses, die Dokumentationen späterer Dienste mit eigener Ziel-Klasse knüpfen über Verweise an ihre Vorgänger-Dokumente an. Im Unterschied zu Produktionsprozessen ist noch ein Bezug der Dienstleistungsprozesse zu ihren Trägermedien herzustellen, außerdem sind die Zustände (bzw. Zustandsattribute) der einbezogenen Trägermedien und deren Zusammenhänge mit ihren Dienstleistungsprozessen zu verwalten. An Hand von implementierten Verfeinerungsbeziehungen der Zustände genügt es, nur die elementaren Unterzustände (Blattebene) zu führen, um die Steuerung der Dienste zu unterstützen. Als Alternative bietet sich für Dienstleistungsprozesse die separate Dokumentation der Elementardienste und der Phasen zusammen mit ihren Beziehungen an.

2. **Struktur-gestützte Dokumentation (Skizze)**. Auf der *Strukturebene* (Meta-Ebene) sind ähnlich wie bei Produktionsprozessen die Zustandsdiagramme von Dienstleistungsprozessen und Trägermedien und deren Korrelationen (vgl. Abschnitt 5.4) abzulegen. Hierzu muss (wieder) ein geeigneter Struktur-Editor zur Verfügung stehen, dessen Klassen ,*Dienstleistungsprozess'*, ,*Verwaltungsdienst'*, *ProduktiverDienst'* und ,*Zustand'* sowie ,*Transition'* (Zustandsübergang) durch die Strukturtypebene (Meta-Meta-Ebene) vorgegeben sind. Die Instanzen dieser Klassen und deren Beziehungen bilden die Leistungsstrukturen (im Sinne des Abschnitts 5.4) ab.
   Dokumentationsform der Leistungsebene: Zur Dokumentation der Durchführung von Dienstleistungsprozessen (*Inhaltsebene*) ist ähnlich wie bei Produktionsprozessen mit

Klassen für Instanzen der Dienstleistungsprozesse und der komplexen Dienste sowie mit spezialisierten Ziel-Klassen für die Elementardienste zu verfahren. Die betreffenden Instanzen verweisen wieder auf ihre Strukturelemente in der Leistungsstruktur (Meta-Ebene) wie auch auf die jeweilige hierarchisch übergeordnete Instanz. Die Instanz eines Dienstleistungsprozesses führt den Verweis auf den betreffenden Kunden sowie aktuelle Zustandsinformationen. Außerdem sind, wie bei der direkten Dokumentation erwähnt, die Zustände der Trägermedien konsistent zu verwalten und Zustandskorrelationen (vgl. Abschnitt 5.4) automatisch zu pflegen. Es bietet sich an, ergänzend die (ggf. hierarchisch gegliederten) Phasen-Objekte der Dienstleistungsprozesse und Trägermedien mit ihren Zusammenhängen und Bezügen zu den Ereignissen bzw. andauernden Diensten sowie dem Verweis auf ihren jeweiligen Zustandsbausein in der Strukturdarstellung (Zustands-diagramm der Meta-Ebene) separat zu dokumentieren. Bei bestehenden *Zustandskorrelationen* ist darauf zu achten, dass Ereignisse (Elementardienste), die gleichzeitig Zustands-änderungen bei mehreren Objekten auslösen, nur einmal, bezogen auf ihr Ziel-Objekt, zu dokumentieren sind.

Die Umsetzung dieser Alternative verlangt allerdings nach einem geeigneten Organisationskonzept, dessen Entwicklung nicht mehr Gegenstand dieses Buches ist.

Im letzten Fall sind Dienstleistungsprozesse als Kompositionen darstellbar mit den Dokumentationen der Elementardienste sowie der optionalen Phasen als Komponenten (unter Verwendung geeigneter Generalisierungen). Beide Varianten unterscheiden sich in der Art, wie die Nutzersteuerung umgesetzt wird. Wieder soll darauf hingewiesen werden, dass das zur zweiten Variante gehörende Klassendiagramm ein Ergebnis der Design-Phase ist – eine Erweiterung des Synthese-Modells der Anforderungsanalyse um Klassen, welche die Organisation der Systemdienste unterstützen.

Beispiel 8. Konzertagentur – Klassendiagramm (Verlaufsdokumentation)

In Abschnitt 5.4 des letzten Kapitels wurde der Dienstleistungsprozess *‚Telefonischer Kartenverkauf (Vorkasse)‘* mit seinen Zuständen beleuchtet, zusammen mit den induzierten Zuständen des Trägermediums *‚Konzertkarte‘*. Bereits in den Beispielen 7a und 7b wurde dieser Prozess auf der Basis einer Aktivitätsdiagramm-Darstellung behandelt. Im Unterschied dazu soll hier das in Abb. 4.28 (vgl. Beispiel 8 in Abschnitt 4.6) modellierte Zustandsdiagramm als Basis herangezogen werden. Die Alternativen für die Verlaufsdokumentation:

Direkte Dokumentation: An die Dokumentation des initiierenden Dienstes *‚telefonische Bestellannahme‘* (Klasse *‚TelefonischeBestellung‘*; Zustand *‚bestellt‘*) mit ihren Beziehungen zum Kunden (Assoziation) und zu den bestellten Konzertkarten (Trägermedium) knüpfen wie oben die nachfolgenden Dienste schrittweise aneinander an oder schreibe bestehende Dokumente fort. Zusammen mit der Dokumentation des Dienstleistungsprozesses und seinen Dienstausführungen sind gleichzeitig die Zustände der betreffenden Konzertkarten (Trägermedien) zu aktualisieren.

Struktur-gestützte Dokumentation: Für diese Variante sind im System zunächst de Zustands-diagramme des Trägermediums und der Dienstleistungsprozesse abzulegen, ergänzt um die Korrelationen. Welche Reaktion auf welches Ereignis erfolgt, ist jetzt in dieser Strukturdar-stellung festgehalten (und nicht im Code wie in der ersten Alternative). Im Beispiel ist zuerst eine Instanz des Dienstleistungsprozesses *‚TelefonischerKartenverkauf_Vorkasse'* (Leis-tungsebene) mit dem Zustandsattribut und den Verweis(en) auf den Kunden zu erzeugen, auf das sich alle weiteren Dokumentationen wie z.B. diejenige des Dienstes *‚telefonische Be-stellannahme'* mit ihrem Bezug auf die Trägermedien (Konzertkarten) beziehen. Die Phasen der Dienstleistungsprozesse und einzelnen Trägermedien lassen sich mit Hilfe eigener Ob-jekte und Beziehungen zu den Diensten sowie ihrem Verweis auf die Knoten des betreffen-den Zustandsdiagramms separat verwalten; die Zustandskorrelationen werden auf der Meta-Ebene verwaltet, was die Maßnahmen zur Konsistenzerhaltung dieser Zustände unterstützt.

Klassendiagramm und Erhebungstechniken

Für *dynamische Kategorien* empfiehlt es sich, mit der kategorialen Strukturanalyse gleichzei-tig die dazu gehörenden Use Case-bezogene Ausschnitte des Informationsmodells zu model-lieren – als passende Dokumentationsform der Handlungen. Beide Modelle sind aufeinander bezogen: Die zeitlichen Abhängigkeiten der Handlungen schlagen sich in den Beziehungen der Informationsstrukturen nieder, was der zunächst IT-fernen Strukturdarstellung der Hand-lungen zu ihrem Recht als Baustein im Systemplan verhilft.

Nach unserer Erfahrung bieten Interviews bei dynamischen Kategorien die beste Chance, hinter die Details und die differenzierten Facetten der Leistungsstruktur zu kommen. Vor allem lässt sich damit gut klären, welche Gegenstände in die Handlungen einbezogen werden und über welche Attribute die Dokumentationsobjekte verfügen sollen. Die präzise Gestal-tung des Beziehungsgefüges ist mit Blick auf die Ausschaltung transitiver Beziehungen eher als eine Aufgabe der Nacharbeit anzusehen. Selbstverständlich sind die Modellentwürfe immer wieder einer kritischen Revision zu unterziehen (ähnlich der Entwurfsplanung eines Gebäudes). Es sollte hierbei aber nicht von einem iterativen Vorgehen gesprochen werden, weil wir mit dem Iterationsbegriff ein festes Aktivitätsmuster verbinden, wovon hier keine Rede sein kann. Ob die Dokumentenanalyse hilfreich ist, hängt von der Aussagekraft der Dokumente ab (die der Autor allgemein eher pessimistisch wertet).

Auf dem Gebiet des *Struktur-Managements* dienen die Use Cases (Anwendungsfälle) zu-sammen mit dem ggf. explizit formulierten Organisationskonzept als gute Basis. Vor allem bei Anwendungen, die als Tools charakterisiert wurden, muss der Leistungsumfang zuvor abgesteckt sein. Eine Hilfe, sich mit der Organisationsstruktur vertraut zu machen, besteht darin, die Beziehungen zwischen den Strukturelementen (einschließlich deren Multiplizitä-ten) textlich zu beschreiben; notgedrungen hat dies eine intensive Auseinandersetzung mit den Begriffen zur Folge. Deshalb wird diese Form für alle nicht-trivialen Strukturen empfoh-len. Bei neu zu entwickelnden Strukturen und vor allem bei der Entwicklung von Tools ist im Vorfeld Brainstorming zu empfehlen. Die anschließende intensive Modellierungsarbeit sollte man nicht unterschätzen. Zur Absicherung der Entwürfe können nachgeschaltete Inter-views oder ein Workshop dienen.

Nach unseren Erfahrungen ist im allgemeinen Fall kaum davon auszugehen, dass Ihr Klassendiagramm im Sinne einer souveränen ‚Entwurfsentscheidung' auf Anhieb seine optimale Form finden wird. Ein gewichtiger Grund: Die Informationsstruktur für Sonderfälle wird nicht erkannt oder nicht adäquat getroffen – oder es werden Strukturen entworfen, die eigentlich überflüssig sind. Ein bewährtes Hilfsmittel: Legitimieren Sie in Ihrem Team, was hinter Ihrem Modell (-ausschnitt) steckt, wozu Sie die Strukturen festgelegen, wo und wie die Informationen aufzunehmen sind und wozu man sie braucht. Modellieren ist in diesem Sinn als die Suche nach der optimalen Form zu verstehen: Wie am einfachsten Informationen abzulegen sind, damit sie später ihren Zweck erfüllen. Die optimale Form verzichtet auf alle überflüssigen Strukturelemente, sie hält genau die direkten Beziehungen, die in und mit den Handlungen entstehen, und die direkten Attribute, die sich explizit auf die aufzunehmenden Dokumentationsgegenstände beziehen, fest – womit sich die IT-Dienste später auch am einfachsten realisieren lassen.

6.4   Strukturoptimierung

Gute Klassendiagramme zeichnen sich durch Einfachheit aus: Zu genau denjenigen Objekten, worüber Informationen festzuhalten sind, sind die zugehörigen Klassen eingerichtet und nur diejenigen Zusammenhänge sind als Beziehungen aufgeführt, die sich mit den Handlungen durch Einbeziehungen ‚nach der Sache' ergeben (vgl. die Abschnitte 6.1 und 6.3); was weniger ästhetisch-semantische Gründe hat als vielmehr das sehr praktische Bemühen um eine effiziente und nachvollziehbare Software-Entwicklung: Die ‚richtigen' Beziehungen müssen ehedem im Code implementiert sein, weil sie die ‚Welt' wiedergegeben, so wie sie ist, außerdem lassen sich damit redundante Daten vermeiden. Die folgenden Überlegungen wollen auf weitere Redundanz-Aspekte aufmerksam machen: Die Generalisierung/Spezialisierung, als Vererbungsbeziehung zwischen Klassen zur Vermeidung redundanter Code-Teile (Attribute, Operationen), und die Klassifizierung zur Separation der allgemeinen Objekt-Aspekte von den besonderen.

Generalisierung/Spezialisierung – Strukturebene

Die Generalisierung/Spezialisierung hebt einen Zusammenhang zwischen Klassen hervor (vgl. die Abschnitte 4.1 und 4.4): Jedes Objekt einer spezialisierten Klasse ist gleichzeitig als Objekt der generalisierten Klasse zu betrachten. Wann sind solche Beziehungen bei Anwendungssystemen zu erwarten, wie fügen sie sich in die Perspektive des Abschnitts 6.1 ein?

Die Bedeutung eines Begriffs oder Klassennamens ergibt sich allgemein aus dem Nutzungskontext, wie man mit den Gegenständen, die unter den Begriff fallen, in den Diensten, Produktionsprozessen oder Dienstleistungsprozessen umgehen kann. Verschiedenartige Gegenstände, die unter unterschiedliche spezifische Begriffe fallen, können dennoch eine gemeinsame Nutzung erfahren – und sich auf diese Weise einem gemeinsamen übergreifenden, allgemeineren Begriff (als Generalisierung) unterordnen. Der generalisierten Klasse sind dabei die für den allgemeinen Kontext relevanten Attribute, Beziehungen und Methoden zugeordnet, die sie an ihre Spezialisierungen vererbt. Spezialisierungen selbst dürfen, wie in Abschnitt 4.1 ausgeführt, über weitere spezifische Attribute, Beziehungen und Methoden verfügen. Als Besonderheit ist die (eher seltene) Einschränkung von Attributwerten oder Beziehungen der Vorfahrenklasse zu nennen. Wie schon in Abschnitt 4.1 erwähnt, sollten die Nachkommenklassen einer Klasse immer disjunkt sein. In der generalisierten Klasse wird die Verwendung eines Diskriminator-Attributs empfohlen, dessen Ausprägung die Zugehörigkeit eines Objekts zur Spezialisierung angibt.

Spezialisierungen liegen auch für Ziel-Klassen von Use Cases nahe, sofern der Use Case über mehrere Bearbeitungsvarianten (vgl. Abschnitt 5.2, Unterabschnitt *Use Case-Spezifikation*) verfügt. Derartige Konstellationen markieren noch einmal die unauflösliche Verschränkung, die zwischen der Bedeutung eines Begriffs und den Umgangsmöglichkeiten mit den betreffenden Gegenständen besteht: Bearbeitungsvarianten stellen sich bei solchen Use Cases ein, in denen unterschiedlich geartete, aber zu einer Generalisierung zusammengefasste Gegenstände einbezogen werden. Einerseits steht ein Use Case mit Varianten in einem übergeordneten – allgemeinen – Zusammenhang, andererseits verlangen die Varianten aber nach unterschiedlichen spezialisierten Dokumentationsformen. Das folgende Beispiel veranschaulicht, wie spezialisierte Objekte mit Hilfe einer Generalisierung gemeinsam in einem Use Case verwendet werden und wie sich daraus die Generalisierung/Spezialisierung für die Dokumentationsform des Use Cases ergibt.

Beispiel 9. Konzertagentur – Generalisierung/Spezialisierung

Einzelne Konzertveranstaltungen wie auch Abonnements sind Leistungsangebote. Sie sind zwar von unterschiedlicher Struktur, jedoch mit den gemeinsamen (ggf. modifizierten) Diensten wie ‚*Bestellannahme'*, ‚*Zahlungsaufforderung versenden'*, ‚*Überwachen des Geldeingangs'*, ‚*Mahnen'* etc. in einen übergreifenden Handlungszusammenhang eingebunden. Deshalb liegt es nahe, die Leistungsangebote ‚*Einzelkonzert'* und ‚*Abonnement'* einer Generalisierung mit einem allgemeinen Begriff, etwa ‚*Konzertangebot'*, zu unterstellen. Mit ‚*Konzertangebot'* ist ein übergreifendes abstraktes Dienstleistungsangebot verbunden, das zwei ähnliche Dienstleistungen bzw. Dienstleistungsprozesse zusammenfasst. Die spezifischen Dienstleistungsprozesse können eigene Dienste, identische Dienste (wie z.B. die Dokumentation eines Zahlungseingangs) oder Dienste mit Varianten und ihren spezialisierten Dokumentationen (wie z.B. ‚*Bestellannahme'*) enthalten.

Auch die allgemeine Klasse ‚*Bestellung'*, die Ziel-Klasse des Use Cases ‚*Bestellannahme'*, ist hinsichtlich ihres Bezugs auf Einzelkarten bzw. Abonnements zu spezialisieren (etwa in ‚*Kartenbestellung'* und ‚*Abonnementbestellung'*). Dazu müssen unterschiedliche Varianten des Use Cases ‚*Bestellannahme'* (Elementardienst) spezifiziert werden. Für jede Alternative ergeben sich darüber hinaus noch weitere Varianten aus der Art, wie die betreffenden Dienstleistungsprozesse abgewickelt werden; hier können sich weitere Spezialisierungen einstellen, etwa wenn Bankverbindungen bei der Variante ‚*telefonische Bestellannahme (Bankeinzug)'* im Dienstleistungsprozess ‚*Telefonischer Kartenverkauf'* aufzunehmen sind (vgl. auch das Beispiel in Abschnitt 5.2, Unterabschnitt *Use Case-Spezifikation*)

Jeder Gegenstand – Objekt – einer Spezialisierung wird ausschließlich als spezifisches Objekt in den Bestand aufgenommen – was seine Entsprechung bei Objekt-orientierten Sprachen findet: die Instanziierung eines spezialisierten Objektes erfolgt exklusiv in seiner Nachkommenklasse. Entweder entspricht das spezialisierte Objekt der Dokumentation einer spezifischen Handlung, wo der Dokumentationsgegenstand später noch eine allgemeinere Nutzung erfährt, oder die Aufnahme erfolgt in einer allgemeineren Handlung, dann mit Blick auf die spätere spezifische Nutzung.

Die Spezialisierung einer Vorfahrenklasse kann, wie erwähnt, in zwei Richtungen erfolgen: als strukturelle Erweiterung der Informationsstruktur durch Ergänzung weiterer Attribute und Beziehungen oder als inhaltliche Eingrenzung von Attributwerten oder Beziehungen der Vorfahrenklasse. Die (hypothetische) Menge aller Objekte, die unter den allgemeinen Begriff fallen, wird mit den Spezialisierungen in disjunkte, homogenere Teilmengen aufgegliedert. Die Steigerung der Homogenität innerhalb der Spezialisierungen zeigt sich strukturell in ergänzenden Merkmalen (Attributen), die für den allgemeinen Fall nicht notwendigerweise zutreffen, oder inhaltlich in der Restriktion von Attributausprägungen oder der Reduktion von Beziehungen.

Die Generalisierung/Spezialisierung organisiert den gemeinsamen Teil der Informationsstrukturen aus verschiedenen nachgeordneten Klassen zentral in der Vorfahrenklasse (und nicht dezentral mehrfach mit ggf. unterschiedlichen Bezeichnern), ebenso wie die gemeinsame Funktionalität dort nur einmal implementiert wird. Der Vorteil: Änderungen in der gemeinsamen Informationsstruktur oder im gemeinsamen Code sind nur einmal an ‚ihrer‘ Stelle vorzunehmen. Den Rationalisierungseffekt, der sich mit der Reduktion der Strukturelemente (Daten, Algorithmen) einstellt, unterstützt durch die Notwendigkeit, eindeutige Bezeichner für gemeinsame Attribute und Operationen zu vergeben, sorgt für eine erhebliche Steigerung der Entwicklungsproduktivität.

Aus Gründen einer optimierten Code-Organisation ist es manchmal jenseits des Leistungskontextes ratsam, gemeinsame Strukturmerkmale (Attribute, Operationen) in einer zentralen Klasse zusammen zu fassen, etwa zur Bildung von Interface-Klassen; in diesen Fällen sprechen wir von *formal bedingter Generalisierung*. Wie in Abschnitt 4.4.3 angemerkt, sind formal bedingte Generalisierungen erst nach der sachlichen Analyse zu berücksichtigen. Eine solche Überprüfung sollte nach dem Syntheseschritt vorgenommen werden. Weniger empfehlenswert ist es, derartige Beziehungen allein aufgrund äußerlicher Ähnlichkeiten zu verwenden, ohne sachliche oder IT-bezogene Indikation im obigen Sinne. (Zur Mehrfach-Vererbung vgl. Abschnitt 4.1, Unterabschnitt *Weitere Aspekte*).

Klassifizierung – Inhaltsebene

Attribute halten quantitative oder qualitative Merkmale fest oder sie kennzeichnen Gegenstände. Mit Kennzeichnen kann eine Charakterisierung oder auch die Identifikation gemeint sein; die Modellbezeichnung etwa kennzeichnet einzelne Fahrzeuge, ohne sie zu identifizieren. Allerdings: Wenn eine Kennzeichnung keine Identifikationsfunktion von Gegenständen besitzt, legt sie damit stets Beschreibungsschema als abstrakten Gegenstand fest. Eine Modellbezeichnung identifiziert ein abstraktes Typenmodell als Strukturvorgabe, dessen Eigenschaften wie etwa Fahrzeuglänge- und Breite etc. sich auf die konkreten, danach gebauten Fahrzeug-Instanzen übertragen. Ein Attribut (oder eine Attributkombination), das (bzw. die) als nicht-identifizierende Kennzeichnung fungiert, hat eine *Klassifizierung* der Gegenstände zur Folge.

Allgemein führt die Klassifizierung zu einer disjunkten Gruppeneinteilung von Gegenständen anhand der gemeinsamen (Gruppen-) Kennzeichnung; mit der Gruppenzugehörigkeit sind bereits gewisse allgemeine Eigenschaften (als Attributwerte) festgelegt, die alle zu der Gruppe gehörenden Individuen gemeinsam besitzen. In diesen Fällen sind die Gruppen selbst als eigene Dokumentationsgegenstände, d.h. als *Gruppenobjekte*, separat in einer Klasse mit den allgemeinen Gruppenattributen zu führen; in der (bereinigten) Klasse der Individuen dürfen nur noch Attribute, die sich auf die individuellen Merkmale der Gruppenmitglieder beziehen, anzutreffen sein, ergänzt um den Verweis auf die Gruppe. Klassifizierungen dürfen sich über mehrere hierarchische Stufen erstrecken. Sofern es als nützlich gewertet wird, lassen sich die Klassen der Gruppenobjekte durch ein geeignetes Stereotyp im Klassendiagramm hervorheben.

Das Konzept der Klassifizierung, das ähnlich zu den *Powertypes* in Eriksson, H.-E.; Penker, M. [2000], p. 30f, ist, regt an, Klassen auf mögliche Gruppierungen zu untersuchen, um gemeinsame Attribute mit ihren Ausprägungen auf der höheren Gruppenebene zu separieren. Auch Gruppen-Objekte deuten auf Handlungen hin, in denen sie selbst Gegenstand der Bearbeitung sind, als Festlegungen von allgemeinen Vorgaben, mit den entsprechenden Auswirkungen auf ihre individuellen Mitglieder. Gute Modelle sind auf solche organisatorischen Optimierungen angewiesen; denn es wird einfacher, anstelle der vielen Einzelmitglieder nur *den einen* Bezugsgegenstand, die Gruppe, zu bearbeiten, zumal redundant gespeicherte Daten auf diese Weise vermieden werden. Die Lehre der *Normalformen* für relationale Datenbanken verlangt geradezu nach derartigen Separationen (vgl. auch den Unterabschnitt *Redundanzfreie Daten* in Abschnitt 6.5). Beispiel **Konzertagentur**: Die Einteilung der Konzertplätze nach der Preiskategorie als Kennzeichnung führt eine klassische Gruppenbildung durch, mit der ausschließlichen Bindung der Preise an die Preiskategorie (als Gruppenobjekt). Sind die Preise in der neuen Saison anzupassen, findet die Änderung lediglich an zentraler Stelle im Kategorie-Verzeichnis statt; alle Konzertplätze übernehmen dann automatisch die Aktualisierung.

Vergleich Generalisierung/Spezialisierung – Klassifizierung

Auf die Gemeinsamkeiten und Unterschiede von Generalisierung/Spezialisierung und Klassifizierung hat bereits Abschnitt 4.4.3 hingewiesen. Beide Ansätze heben das Allgemeine vor dem Spezifischen hervor: die *Generalisierung/Spezialisierung* akzentuiert die gemeinsame Struktur und die *Klassifizierung* die gemeinsamen Ausprägungen gewisser Objekte; beide Konzepte zielen auf Beziehungen ab, die sich als ‚… ist ein(e) …‘ charakterisieren lassen (vgl. Abschnitt 4.4.3):

- Die *Generalisierung/Spezialisierung* ist als eine Beziehung zwischen Klassen zu verstehen: Jedes Objekt der Spezialisierung ist als Objekt der Generalisierung zu betrachten. *Beispiel*: Jeder PKW *ist ein* KFZ.

Die Generalisierung/Spezialisierung konzentriert in der Vorfahrenklasse den gemeinsamen Strukturteil aus unterschiedlichen (nachgeordneten) Nachkommenklassen; jede Strukturänderung der Vorfahrenklasse überträgt sich automatisch auf alle Nachkommenklassen (sofern dort keine Revision durch Überschreiben vorgenommen wird) – ein Vorteil allgemein für das Verständnis der Zusammenhänge zwischen den Strukturen bzw. Code-Einheiten und speziell für die Wartung. Eine Nachkommenklasse *erbt die Struktur* (Attribute, Operationen) von ihrer Vorfahrenklasse, jedes Objekt der Nachkommenklasse ist immer – auch – als ein Objekt der Vorfahrenklasse zu betrachten, auch wenn es aus Sicht der Code-Organisation eindeutig nur zu seiner Nachkommenklasse gehört. Objekte aus unterschiedlichen Nachkommenklassen dürfen unterschiedliches Verhalten aufweisen. Die Generalisierung/Spezialisierung führt (im anschaulichen Sinn) zur Aufgliederung einer Vorfahrenklasse in disjunkte Nachkommenklassen, deren Objekte jeweils über dieselbe Struktur, also dieselben Attribute und Operationen verfügen; allerdings dürfen sie individuelle Ausprägungen besitzen. Als eine Beziehung zwischen Klassen (d.h. zwischen Vorfahren- und Nachkommenklasse) bildet die Generalisierung/Spezialisierung einen festen (statischen) Rahmen. Das Hinzufügen einer neuen Nachkommenklasse ist mit einfachen Mitteln im allgemeinen Fall nicht möglich; ohne Eingriff in den Code kann dies nur gelingen, falls das Anwendungssystem explizit die Attribute der neuen Nachkommenklasse als Metadaten verwaltet und lediglich Operationen für die Ein- und Ausgabe der Attributwerte benötigt werden.

- Die *Klassifizierung* ist eine Beziehung zwischen Objekten: Sie kennzeichnet die Zugehörigkeit von individuellen Objekten zu ihrem Gruppenobjekt. *Beispiel:* „Dieses Fahrzeug WO-A 1959 H *ist ein* Borgward, Typ Isabella"; „Das (andere) Fahrzeug WO-RE 842 H *ist ein* Lloyd LP 600" (vgl. auch Abschnitt 4.4.3).
Die Klassifizierung bündelt Einzelobjekte mit gemeinsamen kennzeichnenden oder qualitativen Attributausprägungen zu Gruppen – sie verdichtet den *gemeinsamen Inhalt* einzelner Objekte auf der *Instanzebene* zu Gruppenobjekten. Zusammen mit der Kennzeichnung werden alle Attribute, für welche die Gruppenmitglieder stets gemeinsame Ausprägungen besitzen, die Gruppenattribute, in einer separierten Klassenstruktur geführt, um redundante Daten der Einzelobjekte zu vermeiden. Über einfache Verknüpfungsmechanismen lassen sich die (separierten) Gruppenattribute auf die Mitglieder übertragen. Im übertragenen, nicht Struktur-bezogenen Sinn, ,*erbt' ein individuelles Objekt die Attributausprägungen* seiner Gruppe. Die Klassifizierung führt wieder zur Aufgliederung einer Klasse in disjunkte Gruppen, allerdings mit einem großen Unterschied zur Generalisierung/Spezialisierung: alle Objekte einer Gruppe übernehmen die identischen (kennzeichnenden und andere) Attributausprägungen ihrer Gruppe und über die Gruppengrenzen hinweg besitzen alle Objekte der Klasse dieselbe Struktur und dasselbe Verhalten. Die Aufnahme neuer Gruppenobjekte und neuer Gruppenmitglieder ist jederzeit ohne Code-Eingriff (dynamisch) möglich.

Beide Strukturaspekte haben die Vermeidung von Redundanz zum Ziel: die *Generalisierung/Spezialisierung* auf der Code- bzw. Strukturebene und die *Klassifizierung* auf der Instanzebene. Sofern sie nicht gezielt verwendet wird, etwa zur Absicherung gegen Systemausfälle, ist Redundanz als vermeidbares Ärgernis der Software-Entwicklung zu betrachten – ein Kunstfehler, wenn sie unerkannt bleibt. Redundanz stellt sich z.B. ein, wenn Klassen mit falsch zugeordneten Attributen versehen sind. Letztlich steckt hinter einer nicht erkannten Redundanz immer ein defizitäres Verständnis des Anwendungsfeldes; die Frage, auf welche Gegenstände sich die Informationen direkt beziehen, lässt sich in solchen Fällen nicht korrekt beantworten (vgl. auch Abschnitt 6.5). Deshalb ist die hier empfohlene Strukturoptimierung weniger der späteren Design-Phase als vielmehr der Anforderungserschließung bzw. der Analyse-Phase zuzuordnen, wo es um das Verständnis und die Aufarbeitung von Zusammenhängen geht.

Generalisierung/Spezialisierung – Missverständnisse

Auf den ersten Blick legt manche Situation eine Generalisierung/Spezialisierung nahe, ohne dass tatsächlich eine solche Strukturbeziehung substanziell angezeigt ist. Hierzu zwei Beispiele:

Rollenmissverständnis - Kloneffekt: Manche Personen oder Gegenstände nehmen in bestimmten Kontexten eine dauerhafte Rolle ein – bis auf vielleicht sehr seltene Ausnahmen mit Rollenwechsel oder mehrfacher Rollenbesetzung. Die Gefahr besteht dann, Gegenstand und Rolle zu vermischen. Beispiel **Konzertagentur**: Personen treten gewöhnlich entweder als Kunden oder als Mitarbeiter auf. Eine Spezialisierung der Klasse ‚Person' in ‚Kunde' (mit spezifischen Angaben über die Geschäftsbeziehungen) und ‚Mitarbeiter' (mit spezifischen Angaben über das Arbeitsverhältnis) liegt nahe – hat aber negative Folgen: Ohne vorherige Duplikation der Person dürfte ein Mitarbeiter nicht als Kunde auftreten und Kunden kämen nicht als Mitarbeiter in Frage. Die Lösung des Problems: ‚Person' lässt sich als Komposition (Rollenkomposition) mit den optionalen Rollenkomponenten (Komponentenklassen) ‚Kunde' und ‚Mitarbeiter' darstellen. Fällt eine Kartenbestellung an, ist sie auf die Rolle ‚Kunde' zu beziehen, eine Anstellung dagegen auf ‚Mitarbeiter'.

Eine ähnliche Situation ist anzutreffen, wenn Geschäftspartner exklusiv als Kunden oder als Lieferanten (mit Hilfe entsprechender Klassen) verwaltet werden. Auch in diesem Fall wird eine (neutrale) Klasse ‚Geschaeftspartner' mit den beiden optionalen Rollenkomponenten ‚Kunde' und ‚Lieferant' empfohlen.

Zustandsmissverständnis - Mutationseffekt: Lang andauernde Phasen verleiten gelegentlich dazu, einen Gegenstand mit seinem Zustand zu identifizieren, vor allem dann, wenn die Phase im Normalfall – aber nicht zwingend – bis zur Existenzgrenze andauert. Dann liegt das Missverständnis nahe, für die Gegenstände in dieser Phase eine Spezialisierung der Gegenstandsklasse einzurichten. Beispiel **Konzertagentur**: Eine Konzertkarte ließe sich als ‚freie-Konzertkarte' und ‚Abo-Konzertkarte' spezialisieren, was wegen der unterschiedlichen Handhabung von vornherein nicht abwegig wäre. Allerdings müsste dann eine Konzertkarte, die für eine mögliche Abonnement-Verlängerung zunächst reserviert, nach der Stornierung aber für den freien Verkauf freigegeben wurde, zuerst aus dem Bestand gelöscht und anschließend wieder als ‚freieKonzertkarte' neu geschaffen werden. Hier liegt offensichtlich wieder ein Missverständnis vor: Mit dem ‚Schnappschuss' auf den Gegenstand in einem bestimmten (längeren) Zustand ist der gesamte zeitliche ‚Entwicklungszusammenhang' verloren gegangen – der Gegenstand wurde mit seinem Zustand verwechselt. Dieser Misstand ist schnell beseitigt: durch Konzentration auf den ‚eigentlichen' Dokumentationsgegenstand, die Konzertkarte als Trägermedium der Dienstleistung, ergänzt um Zustandsinformationen und die Dokumentation der Ereignisse (Dienste). Ähnlich wie oben ließen sich die Zustände des Gegenstandes auch als temporären Rollen im Unternehmensgeschehen auffassen.

6.5   Formale Aspekte

Bisher wurden Informationsstrukturen ausschließlich aus der Struktur des Anwendungsfeldes abgeleitet. Ergänzend soll jetzt noch auf Fragen der Umsetzung eingegangen werden, wodurch die ‚von der Sache‘ her erschlossene Struktur allerdings keineswegs beeinträchtigt wird. Die folgenden pragmatischen Empfehlungen und (wissenschaftlich) anerkannten Regeln haben später positive Auswirkungen auf die Implementierung.

Identifikation der Dokumentationsgegenstände

Die Frage nach der Identifikation von Dokumentationsgegenständen ist in zweierlei Hinsicht zu klären: Datenobjekte sind im Externspeicher zu verwalten, was dort ihre eindeutige Kennzeichnung notwendig macht, und Nutzerinnen und Nutzer müssen beim Umgang mit Dokumentationsgegenständen an der Nutzeroberfläche fähig sein, diese eindeutig zu identifizieren. Attribute oder Kombinationen von Attributen, die eine Identifikationsfunktion besitzen, bezeichnet man allgemein als *Schlüssel*. Wir unterscheiden allgemein zwischen *inhaltlicher* und *technisch-formaler* Identifizierbarkeit.

Inhaltliche Identifizierbarkeit: Nutzerinnen und Nutzer müssen jeden Dokumentationsgegenstand im Bestand anhand gewisser Attributausprägungen eindeutig ausmachen können. Wenn die Kennzeichnungen oder Benennungen händisch zu vergeben sind, ist das bzw. sind die betreffende(n) Attribut(e) im (relationalen) Datenbanksystem als eindeutig (UNIQUE) zu spezifizieren, um die Einzigartigkeit der Ausprägung automatisch überwachen zu lassen bzw. ‚Doppelgänger‘ abzuweisen. Andernfalls, bei externer Vorgabe der Kennzeichnungen oder Namen (wie etwa bei Personen), ist der ‚richtige‘ Dokumentationsgegenstand an Hand einer hinreichenden Anzahl beschreibender Attribute, ggf. über eine Vorauswahl möglicher Treffer, aus dem Bestand manuell zu auszuwählen. Zu inhaltlichen Identifikationsmerkmalen zählen alle nicht vom System vergebenen eindeutigen Kennungen, wie etwa händisch vergebene Artikel-Nummern in Katalogen oder die fortlaufenden Matrikel-Nummern der Studierenden. Grundsätzlich muss man an der Nutzeroberfläche jedes Datenobjekt im Bestand eindeutig bestimmen können; anonyme Dokumentationsobjekte und Duplikate machen in operativen Systemen kaum einen Sinn – was im Einklang mit der Theorie relationaler Datenbanken steht.

Technisch-formale Identifizierbarkeit: Zur effizienten Implementierung von Beziehungen zwischen Datenobjekten im Externspeicher werden identifizierende Merkmale (Primärschlüssel; vgl. Abschnitt 6.2) benötigt. Die zuletzt angesprochenen inhaltlich bestimmten Merkmale sind für diese Aufgabe äußerst schlecht geeignet: Sie sind oft relativ lang, was die Speicherplatznutzung und Performance negativ beeinträchtigt, und sie stehen in der Gefahr, aktualisiert zu werden. Deshalb wird (wie in der Praxis üblich) empfohlen, Objekte bzw. die betreffende Klasse stets mit einer nicht-sprechenden, automatisch generierten Objekt_ID zu versehen. Solche IDs dienen ausschließlich internen Verwaltungszwecken, vorrangig als Primärschlüssel (Primary Keys) in den Relationenstrukturen der Klassen (vgl. unten den Unterabschnitt *Relationale Datenbankstrukturen*). Die IDs haben die ausschließliche Aufgabe, die Datenobjekte zu identifizieren; sie sind deshalb prinzipiell als nicht-änderbar zu behandeln, da Updates von Primärschlüsseln zu unabsehbaren Schäden im Beziehungsgefüge führen können. Ebenso gibt es kaum einen Bedarf dafür, dass Nutzerinnen oder Nutzer mit Objekt_IDs umgehen; Objekt_IDs sollten bzw. dürfen deshalb niemals nach außen hin (in der GUI) in Erscheinung treten.

Dass es während der Interviews gelegentlich zu falschen Attribut-Zuordnungen zu Klassen kommen kann, liegt auf der Hand, muss aber auch nicht dramatisiert werden. Wenn das Beziehungsgefüge zwischen den Objekten stimmt – und dieses spiegelt die Handlungen und ihre Zusammenhänge bzw. das Organisationskonzept wieder – können Sie leicht Attribute ergänzen oder entfernen und anderweitig zuordnen. So unbequem solche Änderungen sein mögen, sie greifen kaum in die Substanz des Modells ein, selbst dann nicht, wenn bereits mit der Umsetzung in den Code begonnen wurde. Das Verständnis der Dokumentationsobjekte ist wesentlich auf die Wahl der richtigen Identifikationsmerkmale angewiesen.

Das Thema ‚Identifizierbarkeit' ist in der Theorie der relationalen Datenbanken nicht immer mit glücklicher Hand behandelt worden. Bei allen Vorteilen, die mit der Akzentuierung der inhaltlichen gegenüber den vorrangig physischen Aspekten der älteren Datenbankmodelle einhergingen, wurde die Funktion des Primärschlüssels im relationalen Modell als reines Verwaltungsinstrument eher verkannt: Für das Verknüpfen von Informationen über Beziehungen zwischen Dateneinheiten (mittels Joins) spielt die inhaltliche Bedeutung der betreffenden Attribute (Schlüssel) überhaupt keine Rolle, sondern allein ihre Identifizierungsfunktion; zumal identifizierende Attributkombinationen in der Code-Gestaltung gegenüber formal eingeführten elementaren IDs wenig ästhetisch wirken und die IDs zu einem wesentlich übersichtlicheren, einfacheren Code führen.

Klassifikation von Attributen

Um die Bedeutung und Rolle der Attribute hervorzuheben, wird folgende Klassifikation vorgeschlagen:

* *Identifizierende Attribute,* weiter unterteilt nach den gerade skizzierten Aspekten in *inhaltliche* und in *technisch-formale Identifikationsattribute*; letztere dürfen niemals aktualisiert werden. Besteht die Notwendigkeit, inhaltliche Identifikationsattribute zu ändern, sind die Versionen zusammen mit ihrem Gültigkeitszeitraum zu historisieren;
* *Kennzeichnende, nich-identifizierende Attribute,* um Klassifikationen zu unterstützen;
* *Beschreibende Attribute* als direkte qualitative oder quantitative Merkmale.
* *Zustandsattribute,* um den aktuellen Zustand zu markieren; damit kann das System die Bearbeitungsschritte steuernd unterstützen, indem es jeweils nur die sinnvollen Bearbei-

tungsoptionen anbietet. Neben den Zuständen von Trägermedien und Dienstleistungen sind bei Dokumentarten, die eine längere manuelle Bearbeitung erfordern, unabhängig von dem Aspekt der Nutzerführung auch Statusinformationen über den Bearbeitungsstand einzubeziehen, wie z.B. ,offen', ,in Arbeit', ,abgeschlossen' etc..

- *Abgeleitete Attribute,* die algorithmisch aus anderen Daten ermittelt werden, wie berechnete Angaben (z.B. Rechnungssumme) oder von anderen Objekten übertragene Attribute (z.B. die Artikel-Nummern in den Bestellpositionen). Das Aktualisieren abgeleiteter Attribute an der Nutzeroberfläche ist zu unterbinden (READ-ONLY; vgl. Abschnitt 6.6, Unterabschnitt *Dynamische Leistungskategorien*).

Attribute sollten stets genau einer der genannten Arten zugeordnet sein, woraus sich unmittelbar ihr Zweck und die Aufgabe der betreffenden Algorithmen ablesen lassen.

Relationale Datenbankstrukturen

Ohne Schwierigkeiten lassen sich die nach unserem Verfahren erzeugten Klassendiagramme in relationale Datenbankstrukturen übertragen. Diese Aufgabe geht zwar über das Gebiet der Anforderungsaufbereitung hinaus, das Ergebnis zeigt jedoch beispielhaft, wie sich die Modelle ohne Bruch in Systemstrukturen transformieren lassen.

Verfahren: Jeder Klasse wird eine Relationenstruktur (Tabelle) mit den jeweiligen Attributen und mit einem (formalen, nicht-sprechenden) Identifikationsattribut (ID) als Primärschlüssel zugewiesen; lediglich im Fall einer Generalisierung/Spezialisierung besteht die Wahl zwischen unterschiedlichen Transformationsalternativen (s. unten). Schon im Klassendiagramm ist auf formal korrekte Strukturen zu achten, also auf Klassen mit direkten Attributen (im Sinne der Normalformenlehre). Beschreibende Attribute, die sich nur indirekt auf die Objekte der Klasse beziehen – wenn Attribute einer anderen Klasse über eine Beziehung übertragen werden –, sollten nur auf der Basis einer explizit formulierten Legitimation mitgeführt werden (vgl. unten die Anmerkungen zur Normalformenlehre im Unterabschnitt *Redundanzfreie Daten*).

Objekt-Beziehungen in relationalen Datenbanken

Das vorgeschlagene Modellierungsverfahren (vgl. Abschnitte 6.1 und 6.3) führt zu Klassendiagrammen mit ausschließlich binären 1:n-Beziehungen zwischen den Objekten vom Typ Assoziation, Aggregation oder Komposition, was die direkte Transformation in Relationenstrukturen erlaubt. 1:n-Beziehungen sind mit Hilfe von Fremdschlüsseln, d.h. Verweisen auf Primärschlüssel der referenzierten Relationen (vgl. Abschnitt 6.2, Unterabschnitt *Existenzabhängigkeit*) nach folgender Regel umzusetzen: Die Objekte der ,n-Seite' verweisen über den Fremdschlüssel auf den Primärschlüssel ihres eindeutig bestimmten Beziehungspartners auf der ,1-Seite'. Beispiel **Konzertagentur**: ,Kunde' und ,Bestellung' stehen in einer 1:n-Beziehung zueinander; in der der Klasse ,Bestellung' zugeordneten Relation ist die ID der Kundenrelation (dort: Primärschlüssel) als Fremdschlüssel mitzuführen.

Transformation von Generalisierungs-/Spezialisierungsbeziehungen

Klassen, die über eine einstufige Generalisierung/Spezialisierung zusammenhängen, lassen sich auf unterschiedliche Weise in Relationenstrukturen überführen:

Alternative 1 – puristische Lösung. Jeder Klasse wird eine *eigene* Relationenstruktur zugewiesen, sofern sie über eigene spezifische Attribute verfügt. Die Objekte und Objektteile bzw. Tabellenzeilen werden über eine übergreifendes ID (Identifikationsattribut als Primärschlüssel) im Datenbestand identifiziert; die Ausprägungen dieser ID sind für die Generalisierungsrelationen (der Vorfahrenklasse) zu erzeugen und anschließend in den jeweiligen Spezialisierungsrelation (der Nachkommenklasse) zu verwenden. Informationen über ein Objekt aus einer Spezialisierung sind in diesem Ansatz verteilt auf zwei Relationen: auf die Relationen der Generalisierung (mit dem allgemeinen Strukturteil und dem Diskriminator) sowie der betreffenden Spezialisierung (mit den spezifischen Attributen). Das Zusammenführen aller Attributausprägungen aus Generalisierung und Spezialisierung wird unter Verwendung des Diskriminators, der auf die jeweils relevante Spezialisierungsrelation verweist, mittels eines Joins über die gemeinsame ID realisiert.

Alternative 2 – pragmatische Lösung. Falls weder Performance- noch Speicherplatzgründe dagegen sprechen, empfiehlt es sich, eine gemeinsame *übergreifende* Relationenstruktur für die Generalisierung und ihre Spezialisierungen zu verwenden. Empfohlener Aufbau: Zuerst die gemeinsamen Attribute der Generalisierung einschließlich ID und Diskriminator, anschließend blockweise nacheinander die Attribute der spezialisierten Klassen, mit den Attributen der am schwächsten besetzten Spezialisierung am Schluss. Im konkreten Fall belegt ein Objekt die gemeinsamen Attribute (Generalisierung) sowie diejenigen seiner Spezialisierung; alle anderen Spezialisierungsattribute, die ungenutzt bleiben müssen, belegt das Datenbankmanagementsystem automatisch mit einem speziellen *Nullwert* (mit einer speziellen Codierung). Bei einem Zugriff auf ein Objekt ist anhand des Diskriminators der Zugriff auf den zugehörigen Attributabschnitt vorzunehmen.

Alternative 3 – heterogene Lösung. Für den gelegentlichen Fall von großen Datenmengen mit schlecht ausbalancierten Spezialisierungen, wenn eine oder einige der Spezialisierungen mit wenig Attributen über einen sehr großen Anteil an der Gesamtzahl der Objekte verfügen, andere mit vielen Attributen dagegen nur einen geringem Anteil an der Gesamtzahl besitzen, empfiehlt sich ein dritter Weg: Die Objekte aller ‚schmalen' Spezialisierungen werden nach der Alternative 2 in einer gemeinsamen, den Generalisierungteil umfassenden Basisrelation (mit ID, dem Diskriminator und den Spezialisierungs- und den Generalisierungsattributen) verwaltet. Dort sind im allgemeinen Bereich der Generalisierung auch die Eintragungen der Objekte aus den restlichen ‚breiten' Spezialisierungen zu finden, für deren spezifische Attribute jeweils eine eigene Relation nach Alternative 1 eingerichtet wird.

Diese alternativen Transformationen lassen sich sukzessiv auf Vererbungshierarchien mit mehr als zwei Ebenen übertragen.

Anmerkung: Die Alternative mit separaten Spezialisierungsrelationen ohne gemeinsame Basisrelation für die Generalisierung, wo die Attribute der Vorfahrenklasse jeweils in alle Spezialisierungen übernommen werden, ist nicht zu empfehlen.

Abstraktes Beispiel

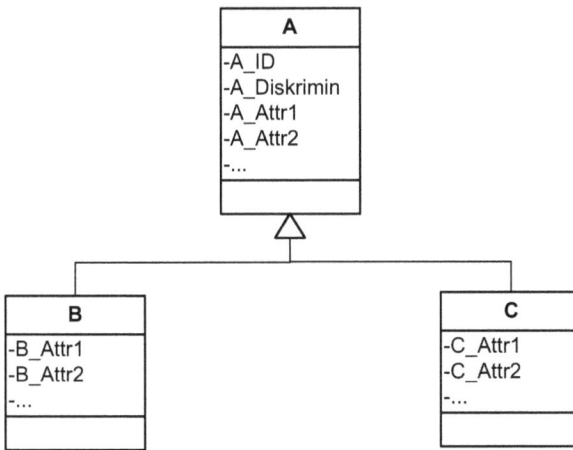

Variante 1 *mit 3 separaten Relationen:*

A(A_ID, A_Diskrimin, A_Attr1, A_Attr2, ...)

B(A_ID, B_Attr1, B_Attr2, ...)

C(A_ID, C_Attr1, C_Attr2, ...)

Variante 2 *mit übergreifender Relation:*

A(A_ID, A_Diskrimin, A_Attr1, A_Attr2, ..., B_Attr1, B_Attr2, ..., C_Attr1, C_Attr2, ...)

Variante 3 *mit 2 Relationen:*

A(A_ID, A_Diskrimin, A_Attr1, A_Attr2, ..., B_Attr1, B_Attr2, ...)

C(A_ID, C_Attr1, C_Attr2, ...)

Abb. 6.7 *Transformation von Generalisierungs-/Spezialisierungsbeziehungen in Relationenstrukturen*

Bemerkung: Bei allen aufgeführten Varianten geben *Views* – angepasste Datensichten auf den Bestand – Mittel an die Hand, mit denen eine einheitliche Sicht auf alle Attribute einer spezialisierten Klasse (zusammen mit den geerbten Attributen der Vorfahrenklasse) ermöglicht wird.

Welche Alternative im konkreten Fall zu wählen ist, hängt von der Abschätzung des Platzbedarfs bzw. der Zugriffszeiten ab. Anhand eines geschätzten Mengengerüsts und der technischen Kenndaten der Hardware lässt sich eine begründete Entscheidung treffen.

Redundanzfreie Daten

Informationen unkontrolliert oder unwissentlich an mehreren Orten zu speichern oder sie allgemein mehrfach zu führen, kann mit Nebeneffekten verbunden sein wie: Aktualisierungen sind nur an einer der Stellen zu finden, Neuzugänge werden nicht überall eingefügt etc. Die Konsistenz des Datenbestandes ist dann gefährdet. So stehen z.B. übergreifende Artikel-Informationen in einem größeren Unternehmen, von vielen Unternehmensbereichen benutzt, in der Gefahr, dass die Anwendungssysteme für Vertrieb, Kostenkalkulation, Produktion etc. diese Daten jeweils separat für sich verwalten. Bei gewachsenen Anwendungssystemen ist mit derartigen Zuständen zu rechnen, bei Neuentwicklungen sind sie unbedingt zu vermeiden. Die Beseitigung bestehender Redundanzen erfordert oft einen größeren Aufwand, weil System-Eingriffe dabei nicht zu vermeiden sind. Natürlich kann die kontrollierte redundante Datenhaltung eine äußerst nützliche Hilfe sein, so etwa zur Performance-Steigerung durch Reduktion von Externspeicher-Zugriffen oder zur Absicherung der Systemverfügbarkeit in verteilten Umgebungen.

Für das Auftreten ungeplant redundanter Informationen kommen zwei Ursachen in Frage:

- *Mehrfache Stammdatenhaltung.* Anwendungssysteme aus separaten Bereichen stehen, wie erwähnt, in der Gefahr, übergreifende Stammdaten mehrfach eigenständig zu führen. Während der Modellierung ist nach gemeinsam genutzten Informationen Ausschau zu halten. Für Stammdaten, die bereits in anderen Systemen anzutreffen sind, sollten bei vertretbarem Aufwand entsprechende Schnittstellen eingerichtet werden (was durch eine sog. Service-orientierte Architektur stark begünstigt wird).
  Andererseits kann es sinnvoll sein, zur Unterstützung der Ausfallsicherheit von Systemen Stammdaten an verschiedenen Stellen gezielt mehrfach zu halten, etwa mit Hilfe verteilter Datenbanksysteme. Die redundante Datenhaltung wird hierbei automatisch organisiert, so dass die angedeuteten Missstände sich nicht einstellen können.
- *Defizitäre Attributzuordnungen.* Nicht nur das unkontrollierte mehrfache Speichern von Dokumentationsobjekten an verschiedenen Stellen ist zu vermeiden, sondern auch die Mehrfachspeicherung von Attributwerten im selben Bestand. Mit einem solchen Effekt ist zu rechnen, wenn einer Objektart, also einer Klasse, die falschen Attribute – irrtümlich – zugeordnet wurden. Die Theorie relationaler Datenbanken zeigt mit der *Normalformenlehre* auf, nach welchen formalen Kriterien Attribute an ihre ‚richtige' Stelle, d.h. in die ‚richtige' Klasse bzw. Relationenstruktur, zu positionieren sind. Am Ende führt die konsequente Beachtung der Normalformen zu einem einfachen, leicht einsichtigen Schluss (vgl. Kent, W. [1983]): Ein Attribut ist genau derjenigen Klasse zuzuordnen, auf deren Objekte es sich *direkt* bezieht. Fehlerhafte Attributzuordnungen können sich über Beziehungen einschleichen. *Beispiel*: Die Bezeichnung eines Konzerts und das Datum sind gewiss sinnvolle Informationen zu einer Konzertkarte, die man im Bestand der Karten mitführen könnte. Diese Angaben betreffen jedoch nur mittelbar die einzelnen Karten – es handelt sich um direkte Angaben über das betreffende (eindeutig bestimmte) Konzert, wo sie (redundanzfrei) abzulegen sind; über eine Verknüpfung (Join) lassen sich diese Angaben auf die Konzertkarten übertragen. (Zur Normalformenlehre vgl. Elamasri, R.; Navathe, S.B. [2000], Kap. 14; Kemper, A.; Eickler, A. [2008], Kap. 6.)

- Bei der Vorstellung der *Klassifizierung* wurde auf folgende Konstellation hingewiesen: In manchen Beständen lassen sich die individuellen Objekte an Hand einer (nicht-identifizierenden) Kennzeichnung in disjunkte Gruppen aufgliedern, wobei gewisse Attribute weniger auf die Individuen als vielmehr auf die Gruppe bezogenen sind (vgl. Unterabschnitt *Klassifizierung – Inhaltsebene* in Abschnitt 6.4). Als Beispiel wurde die Einteilung von Konzertplätzen in Preiskategorien genannt; eine Preiskategorie überträgt dabei ihren Preis auf die ihr zugeordneten Karten. Für die redundanzfreie Datenhaltung ist es notwendig, Gruppeninformationen, mit der Gruppen-Kennzeichnung als inhaltlichem Schlüssel, in einer eigenen (Gruppen-) Klasse zu separieren, was in der Datenbanktheorie einem Normalisierungsschritt entspricht.

Allerdings sollte man die Normalformenlehre nicht als dogmatisches Instrument missbrauchen. Denormalisierungen, also die Verletzung von Normalformen, sind gezielt und sinnvoll anwendbar, um Datenzugriffe zu reduzieren bzw. Joins zu vermeiden, etwa wenn in mehrstufigen hierarchischen Strukturen neben dem Fremdschlüssel auf die direkt übergeordnete Ebene noch weitere Fremdschlüssel geführt werden, die auf höhere Ebenen verweisen. Redundante Fremdschlüssel sind immer dann unproblematisch, wenn Änderungen der Beziehungen auszuschließen sind, etwa bei Kompositionen. Im allgemeinen Fall, wenn Updates redundanter Daten möglich sind, muss das System deren Auswirkungen automatisch überwachen und für einen stets konsistenten Datenbestand sorgen.

6.6   Graphische Nutzeroberflächen

An Hand der Use Cases führt das in Abschnitt 6.3 beschriebene Verfahren Schritt für Schritt zu den Informationsstrukturen zur Dokumentation der Dienstausführungen. Auf den Klassendiagramm-Ausschnitten der Use Cases aufbauend sind die dazugehörenden Graphischen Oberflächen (auch: Graphische Nutzeroberflächen; engl.: Graphical User Interface; GUI) zu spezifizieren. Hierbei ist zu unterscheiden, ob die Systemdienste Leistungsbereiche der dynamischen Kategorien oder (statische) Organisationsstrukturen unterstützen.

Dynamische Leistungskategorien

Elementardienste – Use Cases – entsprechen in den beiden dynamischen Kategorien Produktionsprozess und Dienstleistungseinheit Handlungen zur Erbringung der Leistungen; sie stehen in der Form von Prozessen, den Produktionsprozessen und Dienstleistungsprozessen, untereinander in einem Zusammenhang. Für die dazu gehörenden Dokumentationsdienste bieten sich Formular-basierte Nutzeroberflächen an. Zu jedem Use Case mit eigener Ziel-Klasse (vgl. Abschnitt 6.3, Unterabschnitt *Allgemeines Vorgehen*) ist zu fragen, an welches andere Dokument im Rahmen des jeweiligen Prozesses angeknüpft wird, welche (materiellen oder immateriellen) Gegenstände in die Durchführung der Handlung einbezogen werden und welche Attribute, darunter ggf. auch Stellen für Vermerke anschließender Dienste, vorzusehen sind. Die an die Use Cases gebundenen lokalen Klassendiagrammausschnitte (vgl. Abschnitt 6.3) zeigen auch, wie die Nutzeroberflächen aufzubauen sind: Sie versorgen die Nutzerinnen und Nutzer mit den notwendigen Informationen über die vorausgegangenen Schritte, an die angeknüpft wird, und erlauben, die relevanten Attributwerte und die zur Herstellung der im Modell aufgezeigten Beziehungen aufzunehmen; außerdem unterstützen sie im konkreten Fall nur die aktuell sinnvollen Handlungen.

Graphische Nutzeroberflächen entsprechen in diesen Fällen ‚elektronischen Formularen' (vgl. Abschnitt 2.2) mit hierarchisch verschachtelten Bearbeitungsflächen (engl.: Forms), die jeweils einen Aspekt dokumentieren, ergänzt durch Befehlstasten (Controls). Zur Dokumentation des betreffenden Aspekts im Einsatzfall umfassen die Bearbeitungsflächen die Eingabefelder der Attribute sowie Listen mit der Möglichkeit, die einzelnen Listeneinträge zu bearbeiten, ergänzt um relevante Informationen über vorausgegangene Handlungen. Für die relevanten Use Cases ergeben sich dann folgende Zusammenhänge zwischen der ‚reinen' Informationsstruktur der Ziel-Klasse (als Klassendiagrammausschnitt) und der Graphischen Oberfläche des Dokumentationsdienstes (vgl. auch den Unterabschnitt *Klassifikation von Attributen* in Abschnitt 6.5):

- Die Attribute der Ziel-Klasse entsprechen den elementaren *Eingabefeldern* der Graphischen Oberfläche; Attribute für spätere Vermerke müssen bis zum Erreichen des entsprechenden Standes (Zustandes des Prozesses) ausgeblendet werden.
- Relevante Informationen über vorausgegangene Schritte, also von Objekten aus Klassen, an welche die Ziel-Klasse über eine Assoziation direkt oder indirekt anknüpft, sind als nicht-editierbar (READ-ONLY) auszugeben.
- Die Ausgabe von abgeleiteten Attributen kann in manchen Fällen hilfreich sein. Klassisches Beispiel: Bei telefonischen Bestellungen ist die Ausgabe der Gesamtsumme, ein berechnetes Attribut, eine hilfreiche Information für Kunden. Ein abgeleitetes Attribut ist als nicht-editierbar (READ-ONLY) auszuweisen.
- Entspricht die Ziel-Klasse einer (ggf. mehrstufig hierarchischen) Komposition, Typ 1:n, so sind die Komponenten als Liste zu führen. Verweisen die Komponenten auf andere Objekte, werden die Referenzen aufgelöst und durch inhaltliche Identifikationsattribute sowie ggf. weitere Attribute ersetzt. Es ist ein geeignetes Verfahren zur Bearbeitung der Listenelemente (Aufnahmen, Update, Löschen) anzubieten.
- Für das Einbeziehen eines Objekts in die Dienst-Dokumentation ist das betreffende Objekt in einer Übersichtsliste zu markieren und zu übernehmen, etwa via Drag&Drop – was symbolisch das Einbeziehen des betreffenden Gegenstandes in die Handlung nachbildet.

Beziehungen im Klassendiagramm sind in den abgeleiteten Datenbankstrukturen als Verweise mittels Fremdschlüssel-Primärschlüssel-Beziehungen, die als formale IDs geführt werden, implementiert (vgl. Abschnitt 6.5); diese technisch-formalen Identifikationsmerkmale sind, wie bei Listen erwähnt, in der Graphischen Nutzeroberfläche durch die zugehörigen inhaltlichen Identifikationsattribute und ggf. durch weitere beschreibende Attribute zu ersetzen.

Während der Aufarbeitung der Leistungsstrukturen kann parallel zur ausschnittsweisen Modellierung des Klassendiagramms bereits die spätere Oberfläche skizziert und mit den Betroffenen abgestimmt werden. Dieses Vorgehen ist vor allem in den Interviews zur Aufarbeitung der Leistungsstruktur sehr empfehlenswert: Die Interviewpartner und -partnerinnen gewinnen mit der Oberflächenskizze einen konkreten Eindruck davon, wie das Produkt sie später unterstützen wird – was der Bereitschaft zur intensiven Mitarbeit durchaus förderlich ist.

Mit fortschreitender Analyse und ihren Detailbetrachtungen besteht für alle Seiten die Gefahr, das Ganze aus dem Auge zu verlieren. Dass die abstrakten Strukturdarstellungen tatsächlich mit den Gegebenheiten (oder den simulierten zukünftigen Verhältnissen) des Anwendungsfeldes in Einklang stehen, ist dann gelegentlich nicht mehr sofort und leicht einsichtig. Der schnell gezeichnete ‚Skizzenentwurf‘ der Systemoberfläche während der Interviews verankert den Systemplan im Anwendungsfeld und festigt bei den Gesprächspartnern das Vertrauen in das Gelingen des Projekts – er stärkt die Bereitschaft zum Durchhalten und zerstreut Zweifel an der Sinnhaftigkeit einer systematischen Systemplanung.

In geeigneter Form ist für jeden Use Case die Struktur der Graphischen Nutzeroberfläche mit dem (ggf. hierarchisch verschachtelten) Aus- und Eingabebereich sowie den Befehlstasten vollständig zu spezifizieren (vgl. Abschnitt 7.3, Unterabschnitt *Gesamtspezifikation*).

Struktur-Management

Für Organisationsstrukturen mit komplexem Beziehungsgefüge ist die Darstellung der Zusammenhänge mit Hilfe Formular-basierter Nutzeroberflächen oft unzureichend. Zur Visualisierung des Zusammenhangs in solchen Strukturen, die oben auch als Pläne charakterisiert wurden, bietet sich eher eine Darstellungsform als (mathematischer) Graph an, mit den entsprechenden Möglichkeiten zur Bearbeitung der Knoten und Beziehungskanten in der Struktur. Beispiel **Konzertagentur**: Selbst für einfache Strukturen wie Saalpläne ist eine graphische Darstellung kaum zu umgehen. Für Hierarchien liegt die Darstellung als Baumstruktur mit Hilfe von Treeviews auf der Hand, etwa bei Organigrammen. Die Knoten selbst eines Graphen bzw. die Elemente des Gefüges sind mit Hilfe Formular-basierter Nutzeroberflächen (oder Bearbeitungsflächen) zu verwalten.

6.7 Anmerkungen

Dieses Kapitel wollte vor allem mit den Abschnitten 6.1 und 6.3 ein Verfahren zur systematischen Entwicklung der Informationsstrukturen vorstellen, einschließlich ihrer internen Implementierung als Datenbankstrukturen und ihrer externen Implementierung als Graphische Oberflächen. Absicht war es, die Strukturen als *Strukturen in einem Kontext* zu begreifen, der ihnen Halt und Sinn gibt. Eine besondere Bedeutung wird dabei den Beziehungen zwischen Objekten beigemessen. Eigenständige Beziehungen als (relativ) losgelöste und dokumentierbare Betrachtungsgegenstände gibt es nicht – Beziehungen sind lediglich unter dem untergeordneten Aspekt des Verweisens interpretationsfähig. Deshalb haben Instanzen von Assoziationen (bezeichnet im UML-Standard als ‚Link‘, vgl. OMG [2010], ch. 7.3.3, in der Literatur als ‚Verknüpfungen') für uns keinen Sinn. Beziehungen sind als (gerichtete) Verweise eines Dokumentationsgegenstandes auf einbezogene Objekte zu verstehen.

Ein Beispiel für ein Vorgehen, das auf einen Kontextbezug verzichtet, ist der in Abschnitt 6.2 erwähnte Universalrelationen-Ansatz zur Spezifikation von relationalen Datenbankstrukturen. Der Ansatz neutralisiert am Anfang jeglichen Bedeutungskontext, indem er die Zusammenhänge auf eine Menge einzelner formaler Struktureigenschaften, die funktionalen Abhängigkeiten, reduziert. Über Fremdschlüsselbeziehungen werden Zusammenhangsfragmente später rekonstruiert. Das Problem dabei? Man kann sich niemals sicher sein, ob tatsächlich auch alle Abhängigkeiten abgefischt wurden. Wenn Gestaltungselemente aus ihren Kontextbezug gelöst werden, ist der Weg, Sinnbezüge wieder herzustellen, sehr mühsam, wenn nicht sogar unmöglich; man beraubt sich der Möglichkeit, die Frage nach dem wozu beantworten zu können und letztlich auch der Legitimation der Ergebnisse.

Dennoch ist das theoretische Gerüst des Universalrelationen-Ansatzes, die Normalformenlehre mit ihren Einsichten in formale Strukturgesetze, eine wertvolle und unverzichtbare Stütze für den souveränen relationalen Datenbankentwurf, was nicht im Widerspruch zu unserem Standpunkt steht. Zumal die Datenbanktheorie mit einem interessanten Ergebnis aufwartet: Das Ergebnis des Universalrelationen-Ansatzes, die Menge der ermittelten Relationenstrukturen, ist im allgemeinen Fall nicht eindeutig – was kaum zufrieden stellend sein kann. Die praktische Anwendungsentwicklung ist auf Einsichten in theoretische Strukturzusammenhänge angewiesen, ähnlich wie die Planung eines Gebäudes auf die Statik, wo die Verselbständigung allerdings auch zum Problemfall werden dürfte.

Der hier vorgetragene Ansatz bezieht generell alle Überlegungen und Aktivitäten auf ihrem Kontext und weiß alle Abstraktionen in diesem Kontext verankert, was als unabdingbare Prämisse in angewandten Disziplinen wie der Software-Entwicklung angesehen wird. Er ist der von Edmund Husserl initiierten phänomenologischen Richtung verpflichtet, die in ihrer erkenntnistheoretischen Auseinandersetzung den reflektierten Kontextbezug – in letzter Instanz ist es stets der Bezug auf das Subjekt – eingefordert und die Haltlosigkeit bei Zusammenhangsverlust offen gelegt hat. Erst das Interesse des Subjekts, seine erwähnte intentionale Einstellung (vgl. Abschnitt 2.4), vermag alle Aktivitäten und Betrachtungen auf einen Sinn hin auszurichten. Als Rahmen wird der Leistungskontext des Unternehmens angenommen. Und Leistungen entstehen konkret durch Handlungen und in Handlungszusammenhängen.

Anwendungssystemen wird in dieser Perspektive die Rolle des Unternehmensgedächtnisses primär für den operativen Betrieb zugewiesen (vgl. Kapitel 2). Ihre Aufgabe besteht hauptsächlich in der Dokumentation der Leistungserbringung – für die Leistungserbringung. Informationen haben keinen Sinn, wenn sie nicht in Handlungen benutzt werden und wenn niemand ein Interesse daran hat. Alle Informationen über Gegenstände sind nur in dem Maße wertvoll, wie sie in diese Handlungen einbezogen werden. Bereits der Begriff eines Gegenstandes vermittelt seinen Nutzungshorizont. Ohne das Wissen um den Gesamtzusammenhang wird der Informationsbegriff in unserem Bereich sinnlos. Damit wird indirekt den dynamischen Leistungskategorien ein Vorrang eingeräumt, die statische Kategorie Struktur-Management ist dagegen als unterstützend und deshalb nachgeordnet einzustufen.

Bei den dynamischen Leistungskategorien wurden die Elementardienste (Use Cases) im Rahmen der arbeitsteiligen Leistungserbringung als kleinste eigenständig ausführbare Handlungseinheiten mit einem definierbaren Zwischenstand angenommen. Das Zusammenspiel dieser Dienste in ihren zeitlichen Abhängigkeiten wurde als *Struktur des Anwendungsfeldes* verstanden. Anwendungssysteme stellen zur Ausführung der Elementardienste die dafür notwendigen Informationen bereit und halten das Ergebnis fest – so dass nachfolgende Dienste später über den Leistungsstand hinreichend informiert sind und daran anknüpfen können. Informationen ermöglichen auf diese Weise die arbeitsteilige Leistungserbringung und geben über die Dokumentation ein Scharnier ab, das den Zusammenhang zwischen den Diensten herstellt und deshalb ihren Sinn vermitteln hilft.

In der statischen Kategorie *Struktur-Management* etablieren Verwaltungsdienste eine Organisationsstruktur; sie fügen Elemente in die Struktur ein und stellen ein Beziehungsgefüge her.

Für die maschinelle, effiziente Verarbeitung setzen Anwendungssysteme eine feste Form der Informationen voraus, was jedoch die Gleichförmigkeit des zu dokumentierenden Geschehens zur Bedingung hat: Nur Handlungen, die immer wieder nach einem festen Schema verlaufen, lassen sich mit einer festen Struktur vollständig erfassen, andernfalls ist dafür eine freie Form zu wählen. Zur Darstellung der Struktur eines Anwendungsfeldes bzw. der darin enthaltenen Leistungsbereiche hat das vorausgegangene Kapitel 5 Kategorien zusammen mit ihren Beschreibungsmitteln (der UML) angeboten. Dieses Kapitel gründet schließlich die Informationsstrukturen auf der Struktur des Unternehmensgeschehens, was zu nachvollziehbaren Ergebnissen führt; ein eher intuitives Vorgehen ohne eine (ggf. auch alternative) Bezugsbasis bzw. ohne Einbettung in einen Zusammenhang muss auf die begründete Rückführung und damit auf Möglichkeit von Kontrollen notgedrungen verzichten.

Rückblickend sind Kapitel 2 und 5 als Vorarbeiten zu verstehen, die eine Perspektive sowie adäquate Beschreibungsmittel für die Strukturgestaltung eines Anwendungsfeldes liefern wollten, auf deren Grundlage sich dann die Informationsstrukturen nachvollziehbar, zielgenau und sicher entwickeln lassen.

Auf den ersten Blick vermittelt das Modellieren der Informationsstrukturen entlang der Use Cases den Eindruck einer Bottom Up-Strategie (vgl. Abschnitt 6.3), wie in Maciaszek, L.A. [2005], p. 158, zu Recht angemerkt wird. Allerdings sind bei unserem Vorgehen Use Cases weniger als lose Sammlung aufzufassen, vielmehr weisen sie Einsatzsituationen aus, die im Rahmen eines kategorisierten Leistungsbereichs als Dienste untereinander in einem engen Zusammenhang stehen. Zwar lassen sich Use Cases auch nutzen, um eine erste Annäherung an ein Anwendungsfeld zu ermöglichen, ihre Bedeutung gewinnen sie aber erst als Bausteine eines Leistungsgefüges, was sich als Top Down-Zugang verstanden wissen will, mit den Informationsstrukturen als nachgeordnetem Aspekt. In Analogie zur Structured Analysis (vgl. DeMarco, T. [1979]), wo Datenpakte als Schnittstellen zwischen Systemfunktionen aufgefasst werden, lassen sich auch hier Informationen als Schnittstellen oder als Teil der Schnittstellen zwischen Use Cases auffassen. Dann dürfte es allerdings schwer fallen, ein

Verständnismuster für die hierarchische Aufgliederung eines Informationsgefüges zu erzielen. Bildlich: Ein Gebäude lässt sich hierarchisch in Ebenen und Räume aufgliedern; für die Schnittstellen, die Treppen und Türen, ist dies wenig sinnvoll, sie richten sich nach den Elementen, die sie verbinden.

Die Struktur eines umfassenden Anwendungsfeldes findet noch auf folgende Weise ihre Parallele in der Struktur des Anwendungssystems: Einheiten der Kategorie Struktur-Management spiegeln, wie erwähnt, den statischen Aspekt des Anwendungsfeldes wider; die statische Strukturen lassen sich am besten durch die Struktur der betreffenden Informationen, also durch UML-Klassendiagramme, beschreiben. Die dazugehörenden Systemkomponenten stützen sich primär auf diese Diagramme ab und spiegeln den statischen Teil der Systemarchitektur wider. Ähnlich korrespondieren Leistungsbereiche, die einer der beiden dynamischen Kategorien zuzuordnen sind, im Anwendungssystem mit Komponenten, für die vor allem Steuerungsaspekte zu berücksichtigen sind, im Code – dem dynamischen Teil der Systemarchitektur. Als adäquate Beschreibungsmittel wurden dazu in Abschnitt 5.4 die Zustandsdiagramme genannt.

Anforderungen?

Als elektronisches Unternehmensgedächtnis bieten Anwendungssysteme bestimmte Dokumentationsdienste *für* und *über* die Handlungen und die dort involvierten Gegenstände an, angereichert durch Rechen- und Steuerungsleistungen. Natürlich lassen sich Anforderungen auch in natürlicher Sprache formulieren, ggf. nach einem vorgegebenen Schema. Unter Beachtung der in Abschnitt 3.1 erläuterten Schwierigkeiten, die mit Textexpositionen von Anforderungen verbunden sind, sowie der an sich ,barocken Natur' textueller Vorgaben, schlagen wir, vergleichbar zu den Planungsaktivitäten im Bauwesen, zwei Schritte vor: Die (eher vage) textuelle Vorgabe mit der Benennung des Bedarfs, als Umriss und Abgrenzung des zu unterstützenden Anwendungsfeldes; und schließlich das Erarbeiten eines präzisen Plans des zu bauenden Systems – was als Anforderungen hier verstanden wird. Die Systemdienste sind auf die Elementardienste des Anwendungsfeldes (Use Cases) bezogen und basieren vorrangig auf den Informationsstrukturen, die sich selbst von der Struktur der Handlungen im Anwendungsfeld ableiten. Um die Informationsstrukturen zielgenau spezifizieren zu können, muss zunächst verstanden sein, worüber und wozu die Informationen zu verwalten sind. In diesem Sinne ist das Verständnis der zu unterstützenden Handlungen für eine zielstrebige und ökonomisch begründbare Entwicklungsstrategie, die sich stets des Systemnutzens gewiss ist, unabdingbar.

Anforderungen halten die Vorgaben und Erwartungen an das zukünftige System fest: *Was* es tun soll bzw. muss, *wie* und *womit* es dies tun soll und *in welcher Weise* es zu gestalten und zu bauen ist (vgl. Abschnitt 2.3). Was solche Systeme allgemein leisten sollen, haben wir durch die Frage, *wozu sie genutzt werden*, zu klären versucht und als Antwort auf die Hilfssekretärsparallele verwiesen – Anwendungssysteme als Dokumentationsdienste für die Leistungserbringung. Weshalb die Dokumentationsform zu ermitteln und in Konsequenz die Form der Leistungserbringung zu klären und darzustellen ist. Zusammengefasst: **Die präzisen sachlichen Anforderungen an ein Anwendungssystem ergeben sich mit der katego-**

rialen Strukturanalyse aus der Struktur des Anwendungsfeldes und den Informationsstrukturen der Dokumentationsgegenstände und ihren Zusammenhängen (Beziehungen). Die Informationsstrukturen selbst gründen in der Struktur des Leistungsgefüges,
aus der sich auch die Steuerung der zu unterstützenden Handlungen ableiten lässt. Die
kategoriale Strukturanalyse führt zu einem eindeutig nachvollziehbaren Bauplan des Systems.

Wie in der Hochbau-Architektur schließt gute Entwicklungsarbeit das Erkunden und Erschließen der Kundenwünsche und -bedürfnisse mit ein. Ähnlich wie dort umfasst sie auch
die ansprechende Gestaltung der Fassade, der (Nutzer-) Oberfläche, die qualitativ nur so gut
sein kann, wie der Kontext ihrer Nutzung berücksichtigt wurde und darüber hinaus weiteren
ästhetischen Kriterien zu genügen hat.

6.8   Zusammenfassung

Mit dem Modellieren von Beziehungen wollte dieses Kapitel aufzeigen, wie sich die Struktur
des Informationsgefüges systematisch aus der Struktur des Anwendungsfeldes, nachvollziehbar und nachprüfbar, Schritt für Schritt entwickeln lässt. Zunächst gibt Abschnitt 6.1 die
Perspektive vor, wonach die Beziehungen zwischen Objekten stets in Handlungen hergestellt
werden – sie geben das Einbeziehen von Objekten in die Handlungen wieder und sind als
Verweise zu verstehen. Abschnitt 6.2 interpretiert die in Abschnitt 4.4.2 vorgestellten Beziehungsarten und geht auf weitere Aspekte wie Existenzabhängig näher ein. Abhängig von der
Kategorie des Leistungsbereichs zeigt Abschnitt 6.3 auf, wie Klassendiagramme im Entwicklungsabschnitt Design erweitert werden können, um auch den Aspekt der Steuerung mit
einzubinden.

Abschnitt 6.4 behandelt die Strukturoptimierung von Klassendiagrammen durch das Einbeziehen von Klassenbeziehungen mittels der Generalisierung/Spezialisierung und durch das
Extrahieren von Gruppenobjekten. Abschnitt 6.5 thematisiert formale Aspekte, zu denen die
Identifizierbarkeit von Dokumentationsgegenständen und Datenobjekten, die Klassifikation
von Attributen und die Transformation von Klassendiagrammen in relationale Datenbankstrukturen zählen; außerdem wird das Redundanzproblem in Datenbeständen beleuchtet.
Angelehnt an die mit Hilfe der Use Cases ermittelten Ausschnitte der Informationsstrukturen
wurde in Abschnitt 6.6 die Präsentationsform der Dokumentationsdienste (externe Struktur
der Dokumentationsobjekte) als Graphische Nutzeroberflächen kurz gestreift.

7 Requirements Management

Bisher stand die Frage im Mittelpunkt, was unter sachlichen (funktionalen) Anforderungen an ein zu bauendes Anwendungssystem genau zu verstehen ist und wie diese zu erschließen und dazustellen sind. Die Modelle zielen allein auf die Substanz der Anforderungen ab; unberücksichtig blieb dabei die Organisation der Anforderungen. Auf diesen Aspekt, wie eine umfassende Dokumentationsform aussehen sollte, welche Kriterien an Anforderungen bisweilen anzutreffen sind und wie mit sachlichen Anforderungen im Entwicklungsprozess umzugehen ist, geht dieses Kapitel näher ein.

7.1 Lastenheft, Pflichtenheft

Jedem Entwicklungsprojekt haftet zu Beginn etwas Ungewisses an: Zum einen scheint oft nur ein relativ vages Ziel auf, zum anderen ist noch offen, welche Hürden auf dem Weg zum Ziel zu überwinden sind. Dennoch ist es aus nahe liegenden Gründen unumgänglich, zwischen Auftraggeber und Auftragnehmer eine initiale Vereinbarung mit dem Projektrahmen und mit gewissen Randbedingungen zu vereinbaren. Während sich der englische Sprachraum auf *ein* zentrales Dokument, die *Software Requirements Specification,* stützt, finden bei uns zwei unterschiedliche Dokumentenarten Verwendung:

Lastenheft: Das Lastenheft spezifiziert die Vorgaben des Auftraggebers; es ist als Teil einer Ausschreibung zu betrachten. Mit Blick auf die in Abschnitt 2.3 aufgeführte Klassifikation von Anforderungen umfasst dieses Dokument die *qualitativen* (nicht-funktionalen) *Anforderungen* (B) sowie alle unverzichtbaren *Rahmenbedingungen* (C). Im Bereich der dynamischen Leistungskategorien *Produktionsprozess* und *Dienstleistungseinheit* ist das Anwendungsfeld eindeutig abzustecken; hinsichtlich der zu realisierenden Funktionalität sind grobe Erwartungen zu formulieren. Im Falle einer Tool-Entwicklung (Struktur-Management) sollte das Organisationskonzept mit den unterstützenden Diensten grob umrissen werden.

Pflichtenheft: Das Pflichtenheft spezifiziert das Lösungskonzept des Anbieters/Auftragnehmers unter Bezugnahme auf das Lastenheft, falls vorhanden, und ist Teil des Angebots bzw. Bestandteil des Projektvertrags. Wo im Lastenheft Rahmenbedingungen fehlen, sind ggf. entsprechende Festlegungen bzw. Präzisierungen vorzunehmen. Sofern sinnvoll, können etwa bei Tool-Entwicklungen alternative Lösungskonzepte (Angebote) formuliert werden; wie in Abschnitt 5.5 erwähnt, lassen Entwicklungen in der Kategorie Struktur-Management, insbesondere von Tools, die größten Lösungsmöglichkeiten zu. In diesem Bereich ist es notwendig, die vorgesehene Organisationsstruktur mit ihrer Funktionalität in Textform genauer festzulegen. In manchen Fällen, vor allem bei internen Entwicklungsprojekten, ist es wichtig, zwischen *Muss-Kriterien* (unbedingt zu erfüllen), *Soll-Kriterien* (Umsetzung ist beabsichtigt, aber nicht verpflichtend), *Kann-Kriterien* (umzusetzen, sofern im Projekt die Kapazitäten vorhanden sind) und *Abgrenzungskriterien* (explizit nicht umzusetzen) zu unterscheiden. (Ein Vorschlag zur Gliederung des Lastenhefts bzw. Pflichtenhefts findet sich in Schienmann, B. [2002], S. 141 ff, wobei wir jedoch das Klassendiagramm aus nahe liegenden Gründen nicht als Bestandteil des Pflichtenhefts sehen.)

Trotz gewisser Unwägbarkeiten sind die hier skizzierten Aspekte als notwendige Vereinbarungen anzusehen, ohne die ein Projektauftrag nicht erfolgreich zu erfüllen ist. Hinsichtlich der *sachlichen* Anforderungen kann das Pflichtenheft vor allem bei dynamischen Leistungskategorien kaum eine umfassende Spezifikation bieten – weil diese als ein Teilergebnis des zu vereinbarenden Projektes zu betrachten sind. *Sachliche* Anforderungen sind ähnlich wie im Hochbau als Bauplan zu verstehen; sie sind wie dort das Ergebnis einer aufwändigen Erschließungsarbeit, nicht aber vorweg bereits Teil eines Projektvertrags. Eher schon lassen sich in der Kategorie Struktur-Management manchmal relativ eindeutige Anforderungen formulieren. Der undifferenzierte Umgang mit ‚Anforderungen' kann zu Irritationen führen, sofern der substanzielle Unterschied zwischen Projekt-neutralen (qualitativen Anforderungen, Rahmenbedingungen) und Projekt-spezifischen (sachlichen) Anforderungen, der eigentlichen Funktionalität, unberücksichtigt bleibt.

Eine schwer zu beantwortete Frage betrifft vor allem bei internen Entwicklungsprojekten den optimalen Zeitpunkt, wann das Pflichtenheft abzufassen ist. Eine hinreichende Systemvorstellung als Voraussetzung für ein präzises Lösungskonzept ist erst nach zeitintensiven und aufwändigen Analyseaktivitäten möglich – was (auch internen) Kunden nicht immer einsichtig sein muss. Umgekehrt bergen Pflichtenhefte, die sich auf oberflächliche Analysen stützen, die Gefahr von Fehlkalkulationen, wo der Analyse- und Entwicklungsaufwand entweder deutlich überschätzt oder zumeist unterschätzt wird. Der letzte Fall resultiert dann i.d.R. in der Implementierung einer Hilfslösung mit nachgeschalteten Ergänzungsaufträgen. Im Sinne einer wirtschaftlichen Anwendungsentwicklung wäre es jedoch sehr wünschenswert, wenn beide Seiten, Auftraggeber und Auftragnehmer, über ein hinreichend solides Verständnis der Anwendungssysteme verfügen würden, mit Einsichten in ihren Nutzen und in den Sinn der Erschließungstätigkeiten, begleitet von einer angemessenen Wertschätzung der dafür erforderlichen Anstrengungen. Bis zur ‚kulturellen Wende', mit der ein konstruktives Verhältnis zwischen IT-Dienstleister und IT-Leistungsnehmer anzustreben wäre, ist derzeit die Entscheidung, wann und mit welcher Präzision Pflichtenhefte zu erstellen sind, hauptsächlich von der individuellen Erfahrung der Entwickler und Entwicklerinnen abhängig, was als suboptimal gelten muss.

7.2   Qualitätskriterien

Manche Schwierigkeiten und Unsicherheiten im Umgang mit sachlichen Anforderungen und ihrem Niederschlag im Lastenheft bzw. Pflichtenheft rühren wohl daher, dass ein einheitliches Verständnis des Begriffs ‚Anforderung' nicht gegeben ist. Bereits unser Bereich zeigt, dass erhebliche Unterschiede zwischen Anforderungen an Tools und Anforderungen an Anwendungssysteme in den dynamischen Leistungskategorien bestehen. Umso mehr sind essenzielle Unterschiede zu erwarten, wenn man Software-Produkte aus sehr verschiedenen Sparten einbezieht. Es scheint, dass übergeordnete, neutrale Vorgaben in den Dokumenten DIN 69901-5 (Begriffe) der Brisanz, die hinter diesem Problemfeld steckt, nicht unbedingt gerecht werden; denn es ist sehr fraglich, ob Anforderungen an Embedded Systems, an die technische Anlagensteuerung in der Industrie oder an Systeme in der Telekommunikation über hinreichend viele Gemeinsamkeiten mit Anforderungen an betriebliche Anwendungssysteme verfügen; zumindest wäre eine (auch ansatzweise) Legitimation dafür, dass allgemeine übergreifende Verständnismuster in der Software-Entwicklung tatsächlich erfolgreich und nützlich sein können, sehr hilfreich.

Ähnlich allgemein sind die Empfehlungen der IEEE [1984] gehalten, wo die Phasen *Requirements Elicitation* (Anforderungserhebung), *Requirements Analysis* (Analyse der Anforderungen), *Requirements Specification* (Anforderungsspezifikation) und *Requirements Validation* (Wertung der Anforderungen) iterativ zu durchlaufen sind. Absicht dieses Ansatzes ist es wohl, das Erschließungsverfahren einem Prozess der Anforderungsoptimierung mit Hilfe dieser Schritte zu unterwerfen. Die Frage nach einem eindeutigen Inhalt der Schritte – was mit den Aktivitäten konkret gemeint ist und wie ihr Ergebnis auszusehen hat – lässt sich damit allerdings kaum zufrieden stellend beantworten. Unklar bleibt dabei, ob und worin ein Unterschied zwischen Dokumentation und Spezifikation von Anforderungen besteht bzw. wie sich Erhebung und Analyse auf der einen Seite und Spezifikation auf der anderen voneinander trennen lassen: Eine Anforderungserhebung ohne Dokumentation ist ein Phantom und eine Analyse kann man nur durchführen, wenn der zu analysierende Gegenstand fixiert ist und vorliegt.

Dass die Forderung, Entwicklungsergebnisse wie etwa Anforderungen auch zu formulieren und zu dokumentieren, immer wieder erhoben wird, ist an sich schon sehr bemerkenswert. Dieses für die Software-Entwicklung beispielhafte Phänomen lässt sich als Verlegenheit deuten: Es drückt die Unsicherheit aus, mit welchem Inhalt, in welcher Form und zu welchem Nutzen solche Dokumente zu erstellen sind.

Ein Qualitätsmerkmal, dem sich die Literatur gern widmet, ist die ‚*Vollständigkeit* von Anforderungen‘. Ohne eine explizit ausgewiesene Basis, auf der sich die Vollständigkeit messen lässt, ist die Forderung nach Vollständigkeit lediglich ein gut gemeinter Appell. Wie stellt man sie fest? Hier sei noch einmal die in Kapitel 3 erwähnte Frage nach der Anzahl der unentdeckten Ruinen (Leffingwell, D., Widrig, D. [2000]) erwähnt. Derartige Rahmenempfehlungen verleiten dazu, von der Kernfrage, wozu die einzelnen Schritte im Entwicklungsprozess dienen und wie ihre Ergebnisse später konkret genutzt werden, eher abzulenken. Sie stehen in der Gefahr, mangels einer Perspektive für eine konkrete Umsetzung übergangen zu werden. Anders verhält es sich, wenn die Einsicht in die Zusammenhänge von der Sache her und die innere Notwendigkeit solcher Handlungen und Dokumente erkannt ist, weil sie nützlich und deshalb sinnvoll – und am Ende selbstverständlich sind.

Die Frage nach der *Vollständigkeit* der sachlichen Anforderungen bedeutet für unseren Ansatz, ob die Organisation der betreffenden Leistungserbringung mit Hilfe der kategorialen Strukturanalyse vollständig dargestellt ist: ob alle Handlungen (d.h. Use Cases, Elementardienste) mit ihren Modalitäten erfasst, die zeitlichen Abhängigkeiten zwischen den Handlungen als Produktions- bzw. Dienstleistungsprozesse stimmig wiedergegeben und die Informationsstrukturen zu den Handlungen adäquat bestimmt sind. Es ist offensichtlich, dass Vollständigkeit hier in dem Sinne zu verstehen ist, dass sich die antizipierten Strukturannahmen im Austausch mit den fachlich Verantwortlichen immer wieder bewähren – was letztlich davon abhängt, wie sensibel sich die Entwickler-Seite auf das Anwendungsfeld einstellt und wie gut sie sich mit der Fachseite auch auf der menschlichen Ebene verständigen kann.

Die Aspekte *Vollständigkeit* und *Validierung* fallen in dieser Hinsicht zusammen. *Separate* Phasen zur Kontrolle der *Vollständigkeit* und *Validierung*, wie sie die Literatur oft empfiehlt, werden als wenig hilfreich eingestuft. Vielmehr wird davon ausgegangen, dass die Strukturdarstellung des Anwendungsfeldes einer permanenten (selbst-) kritischen Überprüfung zu unterziehen ist, bis sich im Analyse-Team und in der Auseinandersetzung mit der Fachseite die Überzeugung der evidenten Stimmigkeit einstellt. Dass es kein objektives Verfahren geben kann, um einen Konsens zwischen Menschen herzustellen, liegt auf der Hand. Dennoch bedeutet das subjektive Moment keine Legitimation für freie, beliebige Modelle, wie es auch nicht als Mangel zu sehen ist. Entscheidend ist vielmehr, dass alle Beteiligten eine klare Vorstellung und Anschauung des Gegenstands ‚Anforderung' teilen. Kapitel 8 geht auf das wissenschaftliche Selbstverständnis mit dem Ideal eindeutiger, nachvollziehbarer Resultate noch näher ein.

Ähnlich kritisch ist die Forderung nach *Konsistenz* einzuschätzen, sofern die Konsistenzbedingungen nicht evident oder explizit formuliert sind. In unserem Fall ist darauf zu achten, dass die zu unterstützenden Handlungen stets einem kategorisierten Leistungsbereich zugewiesen sind und eine eindeutig festgelegte Dokumentationsform besitzen.

Das explizite Einfordern von Qualitätskriterien wie Vollständigkeit, Verständlichkeit, Konsistenz etc. ist nicht ohne Pferdefuß. Warum? Weil es sich um Selbstverständlichkeiten handelt. Offensichtlich deuten sie darauf hin, dass sie in unserem Bereich wohl nicht immer erfüllt sind. Statt des Appells ist aber eher die – offene – Frage interessant, auf welchem Weg und mit welchen Mitteln sie sich als ‚offensichtlich' ergeben. Inkonsistenz kann nur auftreten, wenn ein Sachverhalt oder Zusammenhang aus unterschiedlichen Perspektiven dargestellt wird – wozu es einen Anlass bzw. Vorteil geben muss.

7.3   Verwaltung von Anforderungen

Einige organisatorische Fragen sind bereits mit der Vorstellung der Erschließungstechniken (Kapitel 3) angesprochen worden. Für alle gestalterischen Tätigkeiten ist, wie erwähnt, eine ständige kritische Überprüfung der Konzepte und Modelle im Analyse-Team als selbstverständlich anzusehen, auch um eine Konsensfindung zu fördern. Der effiziente Umgang mit den sachlichen und qualitativen Anforderungen erfordert ein Organisationskonzept, für das folgende Aspekte Berücksichtigung finden sollten:

- *Identifikation, Status und Referenzen.* Die Gesamtdokumentation der Anforderungsspezifikation (s.u. den Unterabschnitt *Gesamtspezifikation*), deren Teile und Modellausschnitte sollten jeweils um folgende Verwaltungsinformationen ergänzt werden: einer ID zur eindeutigen Identifikation bzw. einer eindeutigen Bezeichnung, dem Status-Attribut (mit Ausprägungen wie z.B. ‚offen'; ‚in Arbeit', ‚akzeptiert/abgenommen'; ‚revidiert'), dem dazugehörenden Datum und Verweisen auf den Autor, ggf. auf den bzw. die Revisor(en) sowie auf eingebundene Personen und andere Quellen etc.
- *Priorisierung.* Die sich aus den Anforderungen ergebenden Entwicklungsaktivitäten sind einer Priorisierung zu unterziehen, um ein geordnetes Vorgehen zu ermöglichen (vgl. auch Abschnitt 3.3). Generell sind die sachlichen Anforderungen bzw. die betreffenden Strukturfragmente hinsichtlich ihrer Implementierungsreihenfolge zu gewichten. Insbesondere lassen Tool-Entwicklungen, wie erwähnt, oft größere Gestaltungsfreiräume zu, so dass es mit Blick auf die begrenzten Zeit- und Finanzbudgets sinnvoll ist, Alternativen zu konzipieren und die jeweiligen Features einer Priorisierung zu unterziehen. Als Entscheidungshilfe kann eine Nutzwertanalyse bzw. Kosten-Nutzen-Analyse dienen. Im Bereich dynamischer Leistungskategorien sind aus ersichtlichen Gründen zuerst die Komponenten des unterlegten Struktur-Managements (z.B. Stammdatenverwaltung oder Verzeichnisse) zu implementieren.
- *History.* Auch Modelle und andere Anforderungsspezifikationen unterliegen i.d.R. gewissen Änderungen; dazu ist eine Versionierung mit Versionenverwaltung vorzusehen, aus der sich erkennen lässt, welche Vorgänger-Nachfolger-Beziehungen zwischen den Dokumenten bestehen.

Traceability und Umsetzung der Anforderungen

Der Verwaltungsaspekt *Traceability* (Nachvollziehbarkeit, Verfolgbarkeit) bezeichnet die Möglichkeit, *Zusammenhänge*, in denen die einzelnen Anforderungen stehen, in der Dokumentation des gesamten Entwicklungsprozesses nachvollziehen zu können. In dieser Hinsicht ist interessant zu erfahren,

- woher eine Anforderung stammt, welche organisatorische Einheit, welche Nutzerrolle und welcher Ansprechpartner bzw. -partnerin zu nennen ist,
- wie Anforderungen untereinander zusammenhängen,
- wo sich Anforderungen im System-Design, im Code sowie im Testplan niederschlagen.

Die am Markt verfügbaren *Requirements Engineering-Tools*, die Traceability unterstützen, verwenden die Textform zur Anforderungsspezifikation. Für den in diesem Buch vertretenen Ansatz sind folgende Zusammenhänge offensichtlich: Alle Use Cases führen zu *Testfällen*; für jeden Use Case sind Tests hinsichtlich der Funktionsweise seiner Nutzeroberfläche und deren Komponenten durchzuführen (Basis: Use Case-bezogene Klassendiagrammausschnitte). Darüber hinaus ist das dynamische Verhalten entsprechend der zeitlichen Abhängigkeiten der Dienste zu überprüfen (Basis: Ausschnitte aus der Darstellung der Leistungsstruktur). Umfassender wird der Themenbereich Testen in Maciaszek, L.A. [2005], ch. 9, behandelt.

Was das Design betrifft, drängt sich die Bündelung der Systemdienste für die jeweiligen Leistungsbereiche zu *Komponenten* geradezu auf: Systemdienste werden zu einer Einheit zusammengefasst, wenn sie in einem engeren Zusammenhang untereinander stehen; dies betrifft den Datenaustausch zwischen diesen Diensten, noch mehr aber das Verhalten der Leistungen bzw. der Leistungserbringung. Primär ist hierbei der Zusammenhang der Handlungen bzw. ihrer Dokumentationsdienste ein entscheidendes Kriterium für die Bildung von Komponenten, wozu die drei Leistungskategorien entsprechende Orientierungshilfen liefern.

Wie sich die Systemdienste später implementieren lassen und in welcher Weise sich Technologiekonzepte wie die Service-orientierte Architektur oder Web-Services dabei einbeziehen lassen, lässt sich leicht erahnen. Aspekte der Nutzersteuerung wurden bereits in Abschnitt 6.3 angeschnitten. Allerdings bedarf eine durchgängige Entwicklungs- und Teststrategie einer umfassenderen separaten Darlegung, die dem Aspekt der Schnittstellen ein besonderes Gewicht einzuräumen hat (vgl. etwa das Buch Siedersleben, J. [2004]).

Verantwortung

Im Analyse-Team sollte stets eine Person die Rolle des *Chef-Planers* bzw. der *Chef-Planerin* einnehmen, wobei diese Funktion Projekt-bezogen ausgelegt sein kann. Der Chef-Planer trägt inhaltlich und formell die gesamte Verantwortung für die Anforderungsdokumentation, insbesondere für die Qualität der qualitativen Anforderungen und der Modelle. Er bzw. sie ist die ‚Schnittstelle‘ des Teams zu allen anderen an der Systementwicklung beteiligten Personen und Teams, vor allem was die Aufnahme von extern angeregten Anforderungen und die Nachbesserungswünsche betrifft. Zu den Aufgaben zählen darüber hinaus: Planung und Koordination der Team-Aktivitäten, Initiieren und aktive Unterstützung des Abstimmungsprozesses im Team und der Modellbesprechungen, Vertretung des Teams in Entscheidungsgremien und übergeordneten Veranstaltungen wie Workshops, Transfer der Erschließungsergebnisse zu anderen an der Entwicklung beteiligten Einheiten. Es liegt auf der Hand, welche hohen Erwartungen hinsichtlich der persönlichen und fachlichen Qualitäten der oder die Chef-Planer bzw. Chef-Planerin zu erfüllen hat, ähnlich wie sie etwa von einem Chef-Architekten bzw. einer Chef-Architektin in einem komplexen Planungsprojekt im Hochbau erwartet werden (vgl. auch Leffingwell, D.; Widrig, D. [2000], Ch. 18).

Vorgehensvorschläge

Im Zusammenhang mit den allgemeinen Qualitätskriterien wurde oben das von der IEEE [1984] vorgeschlagene Verfahren, das sich auf die Phasen *Requirements Elicitation, Requirements Analysis, Requirements Specification* und *Requirements Validation* stützt, kritisch kommentiert. Nach unserem Verständnis ist die Anforderungserschließung als Such- und Gestaltungsprozess zu begreifen, bei dem zunächst der unvoreingenommene Blick auf das Anwendungsfeld, die Neugierde und die Bereitschaft, sich auf ein unbekanntes Leistungsgeschehen einzulassen, gegeben sein müssen. Vor allem ist das Modellieren des Anwendungsfeldes als ein kreatives Nach-Gestalten der Leistungsstrukturen aufzufassen, wo die Entwürfe so lange zu verbessern sind, bis sich im Team nach kritischen Revisionen schließlich die Sicherheit einstellt, die Form optimal getroffen zu haben. Wie die Ausführungen der Kapitel

5 und 6 zeigen wollten, lässt sich eine anschauliche Vorstellung der unterstützenden Dokumentationsdienste und ihrer Nutzeroberflächen unmittelbar aus den Leistungsstrukturen gewinnen – eine Konsequenz des Verständnisses der Handlungen und ihrer Zusammenhänge. Diese Vorgehensweise würden wir nicht als iterativ oder agil charakterisieren, da es sich keineswegs um einen anreichernden approximativen Prozess handelt; vielmehr ist ein Erkenntnisprozess anzunehmen, bei dem mit sprunghaften Einsichten zu rechnen ist. Während die Spezifikation von Anforderungen in der Literatur bisweilen als Erarbeiten eines Lösungsraumes aufgefasst wird, verstehen wir diese Aufgabe primär als Gewinnung von Einsichten in anonyme, tagtäglich als selbstverständlich gelebte Ordnungen, was sich kaum mit der Vorstellung eines Prozesses mit operationalisierbaren Schritten in Einklang bringen lässt. Vorausgesetzt werden dabei relativ stabile Leistungsstrukturen, gelegentliche Anpassungen und Optimierungen nicht ausgeschlossen, sofern sie sich rechnen. Wie Unternehmen auf der Basis volatiler Strukturen erfolgreich steuerbar sein können, müsste erst noch einer ausführlicheren und überzeugenden Darlegung unterzogen werden.

Umgang mit Nachbesserungen

Auf die Frage nach den wichtigsten Störfaktoren im gesamten Entwicklungsprozess wurde in der Studie (Studie Worms [2005]) mit deutlichem Abstand an erster Stelle ‚ständig ändernde Anforderungen‘ genannt, was leicht nachvollziehbar ist. Der Umgang mit *Änderungen von Anforderungen* macht deshalb ein geregeltes Verfahren unumgänglich. Mit Blick auf die Auswirkungen von Änderungen lassen sich vier Phasen für die Anforderungsdokumentation festlegen: *Phase 1*: Erschließungsphase, *Phase 2*: Umsetzen der Anforderung im System-Design, *Phase 3*: Implementierung und Test, *Phase 4*: Realisierte Anforderungen: Einsatzphase des Systems. Während sich Änderungen in den Phase 1 relativ einfach einarbeiten lassen, ist mit wachsendem Phasenfortschritt ein steigender, zum Teil erheblicher Mehraufwand zu erwarten. Insbesondere bei der Tool-Entwicklung ist mit nachträglichen Ideen zu rechnen, deren Implementierung den Rahmen der Verhältnismäßigkeit leicht sprengen kann. Deshalb wird empfohlen, ein *Requirements Board* (oder: *Requirements Change Control Board*) mit Vertretern aus unterschiedlichen Bereichen einzurichten und ein verbindliches *Verfahren* für die Verfolgung von Änderungsvorschlägen festzulegen. Änderungsvorschläge sind dem *Requirements Board* über den Chef-Planer (als ‚Single Channel‘; vgl. Leffingwell, D.; Widrig, D. [2000], p. 373) einzureichen, das eine Bewertung der Relevanz, der Kosten, der Dringlichkeit bzw. der Priorität vorzunehmen hat. Ideal wäre ein System, das über geeignete Dokumentations- und Kommunikationsdienste verfügt und das auf die Anforderungsdokumentation zugreifen kann, um den Abstimmungsprozess über die Wertung von Nachträgen zu unterstützen. Erst nach Freigabe und Priorisierung der Anpassungsvorschläge ist die Implementierung vorzunehmen. Wenn Nutzer ihre neuen Anforderungen in einer der späteren Phasen direkt und unkoordiniert an das Entwicklungsteam durchreichen dürfen, kann dies den Projekterfolg empfindlich stören.

Gesamtspezifikation

Ein umfassendes Anwendungsfeld wird sich aus mehreren kategorisierten Leistungsbereichen zusammensetzen, für deren Strukturerschließung dieses Buch Orientierungshilfen und Anleitungen gegeben möchte. Obwohl sich der Ansatz als top-down-orientiert versteht, wurde bisher noch nicht darauf eingegangen, wie das ,Ganze', das Anwendungsfeld, im Zusammenhang seiner Leistungsbereiche abzubilden ist. Mit der *Structured Analysis* (vgl. DeMarco, T. [1979]) und ihren Datenflussdiagrammen wurde bereits ein (reiner) Top-down-Ansatz verfolgt, bei dem die übergeordneten Funktionen eines Anwendungssystems über den Austausch von Informationspaketen in Beziehung zueinander stehen, ergänzt um die Möglichkeit, höhere Funktionen hierarchisch schrittweise zu verfeinern. Ähnlich wäre auch hier ein Gesamtzusammenhang darzustellen, der die *übergeordneten kategorisierten Leistungsbereiche* eines Anwendungsfeldes über den Leistungstransfer in ihren Zusammenhang setzt. Die Leistungsbereiche ließen sich dabei hinsichtlich ihrer Kategorie markieren, etwa unter symbolischem Bezug auf die am Bauhaus orientierten geometrischen Grundelemente und ihrer Grundfarben (vgl. das Buch-Cover): Rechteck für Struktur-Management als tragende Basis, Kreis für Dienstleistungseinheiten mit ihrem oft permanenten Angebot und Dreieck für Produktionsprozesse. Eine nähere Behandlung des Themas Kartographie ist an dieser Stelle nicht beabsichtigt.

Für die umfassende Gesamtdokumentation der Anforderungen (Anforderungsspezifikation) wird unter Berücksichtigung der oben skizzierten Verwaltungsaspekte folgender Aufbau empfohlen:

- Einleitung mit der Umgrenzung des Anwendungsfeldes, der Motivation und dem Ziel des Projektes; andere Autoren widmen diesem Thema ein eigenes Dokument, die *Systemvision* (vgl. Leffingwell, D.; Widrig, D. [2000], Ch. 17).
- *Stakeholder-Übersicht*: Organisationseinheiten und Personen, die mit der Entwicklung und dem späteren Einsatz des Systems etwas zu tun haben, insbesondere die verantwortlichen Projektmitglieder und Ansprechpartner.
- *Vorgehensplan* zur Anforderungserschließung.
- Aufgliederung des Anwendungsfeldes in kategorisierte *Leistungsbereiche* (ggf. graphisch dargestellt).
- Für Anwendungsfelder mit *Formular-basierten Nutzeroberflächen* der Systemdienste (Schwerpunkt: dynamische Leistungskategorien und einfaches Struktur-Management): Strukturdarstellung des Anwendungsfeldes (Modelle; vgl. Abschnitte 5.3 und 5.4), ergänzt um die relevanten Bereiche des Struktur-Managements.
- Für Bereiche der Kategorie *Struktur-Management mit Graphen-Strukturen* (Entwicklung von Tools): Beschreibung des Organisationskonzeptes.
- Liste aller *Use Cases*, thematisch gegliedert gemäß der Aufgliederung des Anwendungsfeldes. Je Use Case:
  - Spezifikation mit *Beschreibung, Nutzerrolle, Ansprechpartner* bzw. *Referenzen* und, sofern erforderlich, *Modalitäten* (nach Abschnitt 5.2);
  - Angabe des *Ziel-Dokuments* (nach Abschnitt 6.3) mit Angabe der *Zugriffsart* (d.h. erzeugend bzw. Status-ändernd);

- Für Use Cases mit neu zu erzeugendem, eigenem Ziel-Dokument: Assoziierte *Informationsstruktur* (*relevanter lokaler Klassendiagramm-Ausschnitt;* vgl. Abschnitt 6.3) mit Liste der *Attribute;*
- ggf. *Skizze der GUI;*
- ggf. Angabe der *Hilfsfunktionen;*
- *Bemerkungen.*
- Das gesamte *Klassendiagramm* (Synthese der lokalen Ausschnitte)
- *Prioritätenbewertung* (Dienste).
- *Qualitative Anforderungen*
- *Rahmenbedingungen*
- *Glossar*
- Anhang mit
  - *Requirements Board (Mitglieder)*
  - *Lastenheft*
  - *Pflichtenheft*
  - *Konzepte (sofern nicht im Hauptteil aufgeführt)*
  - *Protokolle*
  - *Weitere Quellen*

8 Wissenschaftliches und methodisches Selbstverständnis

Software-Entwicklung und speziell die Anforderungserschließung verstehen sich allgemein als ‚Engineering' – aber was zeichnet sie als wissenschaftliche Disziplin aus? In den Unternehmen weiß die Praxis der Software-Entwicklung bisweilen geschickt zu verbergen, in welcher Weise sie ein ‚rationales' Vorgehen verfolgt und welche wissenschaftlichen Ergebnisse dabei genutzt werden – sehr im Unterschied zu anderen klassischen, auf den Naturwissenschaften gründenden Engineering-Disziplinen. Im Bereich der wissenschaftlichen Auseinandersetzung kann im Software Engineering oder Requirements Engineering kaum von einem ‚Kanon' der grundlegenden Fachbegriffe, denen eine präzise Bedeutung unterlegt ist, bzw. von einer gemeinsamen, zwingend einzuhaltenden Forschungsperspektive gesprochen werden. Die vorhandene Literatur weist diesbezüglich auf Defizite der Wissenschaftlichkeit hin (vgl. z.B. Broy, M. [2006], p. 29); für den Bereich der Embedded Systems wird dort die Verwendung *formaler Modelle* (ibid. p. 33) empfohlen.

8.1 Standortbestimmung

Der hier präsentierte Ansatz versteht das *Requirements Engineering für Anwendungssysteme* als Angewandte Wissenschaft, deren Fundamente zuerst einmal zu bestimmen sind. Eingespannt zwischen die beiden Bezugsfelder *Softwaretechnik* und *Unternehmensgeschehen/Einsatzgebiet*, gilt es zunächst einmal den primären Bezug zu bestimmen: entweder versteht sich das Requirements Engineering als Disziplin, die sich mit der zentralen Frage befasst, wie sich die Mittel der Software-Technologie organisieren lassen, um sie souverän zum Einsatz bringen zu können, das Einsatzgebiet selbst dabei als nachrangig bewertend – oder als Disziplin, die ihre Herausforderung in der Bewältigung des Einsatzgebietes sieht, mit dem nachgeordneten Aspekt des Mitteleinsatzes. Die hier vertretene Auffassung legt ihren Schwerpunkt eindeutig auf die zweite Alternative: **Requirements Engineering wird als Aufgabe verstanden, die Einsatzsituation der Anwendungssysteme als Rahmenbedingung der Systemplanung und -implementierung systematisch zu klären, um darauf aufbauend die Softwaretechnik für das Anwendungsfeld zielgenau dienstbar zu machen.**

Angewandte Wissenschaften widmen sich einem zu erschließenden Bezugsfeld, das sie als *gegeben* anzuerkennen haben. Ungeachtet ihrer Perspektive und ihrer Ziele ist eine Angewandte Wissenschaft stets auf die Anknüpfung an eine zu erfassende ,*Lebenswelt*' (nach E. Husserl) als ihrem Forschungsgebiet – hier: das Anwendungsfeld – angewiesen. Der wissenschaftlich-methodische Zugriff setzt voraus, dass zuvor die Verständnisbasis abgeklärt wurde: Dort gebräuchliche Begriffe müssen in ihren Zusammenhängen erhellt werden, um auf diesem Wege eine Vereinbarung ihrer Bedeutung zu erarbeiten; eine untergeordnete Rolle kommt dabei den begrifflichen Fixierungen durch Definitionen zu. Ziel der wissenschaftlichen Anstrengungen ist es dann, das Allgemeine im Besonderen zu erkennen; es gilt, Gesetzmäßigkeiten oder Zusammenhänge im Bezugsfeld aufzuzeigen, um auf diese Einsichten gegründet mit den Gegebenheiten auf ,rationale' Weise umgehen zu können. Aufgrund der Einsichten wird das Verhalten des Bezugsfelds transparent und abschätzbar, wenn nicht sogar kalkulierbar. Die Auseinandersetzung mit den Gegebenheiten setzt allerdings voraus, dass die Annahmen und Voraussetzungen zuvor einem expliziten Geltungsnachweis unterzogen wurden.

Kritik

Wenn auch die Begeisterung über die Objekt-orientierte Technologie und Software-Konzeption vor allem mit Blick auf die Implementierungsaspekte leicht zu teilen ist, so wurden für die Anwendungsentwicklung anfangs Analogien zwischen Einsatzgebieten und Software-Systemen unterstellt, die einer kritischen Überprüfung kaum standhalten: die Gegenstände des Anwendungsfeldes würden in der gleichen Weise interagieren wie es ihre Abbilder, die Software-Objekte im Anwendungssystem, tun. Im Beispiel am Schluss des Abschnitts 4.7 lässt sich diese Analogie keineswegs nachvollziehen – was ihrer Legitimation den Boden entzieht (vgl. auch die dort zitierte Kritik in Sommerville, I.; Sawyer, P. [2006], p. 327). In unserem Bereich interagieren bis auf wenige Ausnahmen nur Subjekte im Rahmen ihrer Handlungen.

Die kritische Einstellung gegenüber dogmatisch und bürokratisch ausgelegten Verfahren in der Software-Entwicklung, die im ,*Agilen Manifest*' (*Manifesto for Agile Software Development*; vgl. http://agilemanifesto.org/) zum Ausdruck kommt, lässt sich leicht nachvollziehen und teilen. Allerdings bleibt offen, warum etwa 'funktionierende Software' und eine ,umfassende Dokumentation' als entgegenstehende Pole verstanden werden – und nicht als eine sich gegenseitig stützende Einheit; denn Dokumentation muss nicht prinzipiell als ,Post festum-Dokumentation' zu verstehen sein, sie ist als Entwurfsplan eine beachtliche Hilfe, um die Systemdienste zielgerichtet implementieren zu können. Unklar bleibt auch, warum ,Individuen und Interaktionen' den ,Prozessen und Werkzeugen' gegenübergestellt sind; gute, einsichtige und verbindliche Prozesse und Werkzeuge können Individuen bei ihren Interaktionen unterstützen und einem Verfahren sogar Orientierung geben, sofern alle Beteiligten von der „inneren Notwendigkeit" und dem Zweck der Schritte überzeugt sind. Interessant wären auch Einsichten in die Vorteile der 12 *agilen Prinzipien*, wobei allerdings eine Qualifikation als Prinzip wohl nur noch einen beschränkten Spielraum für eine Legitimation zulässt.

Problematisch ist auch eine ungeprüfte Anlehnung an andere erfolgreiche Wissenschaften. Ein Vorgehen, das sich auf eine *theoretisch-formale, axiomatische Grundlegung* stützt, kann nur dann als legitim gelten, wenn seine Eignung zuvor als evident nachgewiesen wurde.

Systeme mit physikalisch-technischen Komponenten etwa lassen sich oft adäquat mit einem formalen, auf Logik und mathematischen Strukturen basierenden Kalkül beschreiben. Was für die klassischen Ingenieurwissenschaften geeignet ist, muss in anderen Bezugsfeldern aber keineswegs angemessen sein. Für ein sozioökonomisches Bezugsfeld wie z.B. das Einsatzgebiet von Anwendungssystemen, in dem handelnde Menschen den Mittelpunkt bilden, stellen wir einen primären Zugang mit formalen Mitteln in Frage: Formale Mittel greifen nicht, weil Subjekte unverfügbar sind und sich ihre Belange damit nicht fassen lassen. Wenn die Eigenart des Subjekts ignoriert wird, droht im Extremfall eine Perspektive, in der Menschen nur noch als – fehleranfällige, defizitäre und deshalb am besten durch Automaten zu ersetzende – Endstellen der Software-Systeme aufgefasst werden. Ob sich mit dieser Einstellung erfolgreich Anwendungsentwicklung betreiben lässt, ist eher fraglich.

8.2 Grundeinstellung

In einer anderen Perspektive lassen sich Anwendungssysteme als Hilfsmittel der im Einsatzgebiet handelnden Menschen verstehen, denen es um andere Dinge als um die Bedienung solcher Systeme geht. Das Aufzeigen von Zusammenhängen im Bezugsfeld kann unter dieser Perspektive auch ohne ein formal-mathematisches Korsett gelingen – und es kann vielleicht nur *so* gelingen. Im Vergleich zu den Naturwissenschaften muss man die mangelnde Exaktheit nicht als Defizit beklagen, sie ist wegen der unfassbaren Dimensionalität des Untersuchungsgebiets gerade das Spannende daran. Rationales Vorgehen heißt dann, Zusammenhänge als evident aufzuzeigen. Wer sich in einem derartigen Bezugsfeld bewegt und dessen Zusammenhänge ignoriert, läuft Gefahr, an den tatsächlichen Gegebenheiten, der Realität, vorbei zu steuern.

Diese Auffassung kann man teilen oder natürlich auch ablehnen. Im Sinne einer Angewandten Wissenschaft wäre allerdings zu fordern, dass jeder Ansatz seine grundlegenden Begriffe und Annahmen sowie die konkreten Ziele unmissverständlich klarlegt. Auch wenn Modelle im traditionellen Software Engineering eine wichtige Rolle spielen, ein eindeutiger Modellbegriff – was das Modell bedeutet, welche Anschauung damit verbunden ist, wozu es verwendet wird – ist gelegentlich nicht leicht oder nicht eindeutig auszumachen.

Unser Ansatz stützt sich auf einen Zugang, der sich an der *Phänomenologie Edmund Husserls* orientiert. Zur Klärung der Verständnisbasis greift er auf die phänomenologische Reduktion zurück; dieses auf Edmund Husserl zurückgehende Verfahren hinterfragt alle Annahmen und Wertungen des Betrachtungsfeldes und setzt ihre Geltungen (vorübergehend) außer Kraft – bis auf jene resultierende zentrale Einsicht, deren Infragestellung eine weitere Auseinandersetzung mit dem Betrachtungsgegenstand sinnlos machen würde. Letztlich wird unter der Annahme, dass Menschen ihrer Umwelt nicht gleichgültig gegenüber stehen, sondern eine grundsätzlich intentionale Einstellung dazu haben, damit ein Klärungsprozess vollzogen, der das Subjekt in das Zentrum rückt und sein Verhältnis zu seiner Umwelt, zur Sache, zu bestimmen versucht. In unserem Ansatz führt die phänomenologische Reduktion zu dem zentralen *konstituierenden Leistungsbegriff*, an dem alle weiteren Schritte auszurichten sind. Bei aller inhärenten Unschärfe ist ‚Leistung' derjenige Leitbegriff, um den keine Annäherung an unser Aufgabengebiet, die Anwendungsentwicklung, herumkommt. Informationen sind folglich stets in diesem Kontext und deshalb auch zielgerichtet auf das Subjekt hin zu verstehen: als Informationen *über* gewisse Gegenstände und *für* gewisse Absichten; sie kennzeichnen das unverzichtbare und festzuhaltende Wissen über die Begebenheiten und relevanten Gegenstände in der Leistungserbringung.

Die konkreten Leistungen werden als das tragende Fundament der Unternehmen und folglich auch der von ihnen zu finanzierenden Entwicklung von Anwendungssystemen gesetzt. Eine Leistung ist dabei als Ergebnis einer sinnvollen, von Menschen mit einer gewissen Absicht ausgeführten Handlung aufzufassen, das für Andere einen Nutzen stiftet; und umgekehrt gewinnt eine Handlung nur dann einen Sinn, wenn ihr Beitrag zur Leistungserbringung ersichtlich ist. Dass in wenigen vollständig reglementierten Fällen auch Automaten solche Handlungen ausführen können, wird als sekundär betrachtet; denn ohne einen Bezug auf ihren Ursprung mit dem Subjekt im Zentrum wären diese Aktivitäten als sinnlos einzustufen, weshalb wir sie lediglich als Surrogate betrachten. Darauf bezogen lässt sich die Rolle der Anwendungssysteme fixieren: Sie stellen im Rahmen der Leistungserbringung Informationen für Handlungen bereit und dokumentieren deren Durchführung (Hilfssekretärperspektive; vgl. Abschnitt 2.2). Anwendungssysteme zu verstehen bedeutet demnach, die Handlungen und ihren Dokumentationsaspekt zu begreifen. Mit dem Abschluss der Anforderungsanalyse ist auf dieser Verständnisbasis dann eine eindeutige und nachvollziehbare Vorgabe für die Anwendungsentwicklung zu erwarten, die präzise bestimmt, mit welcher Dokumentationsform und unter welchen Bedingungen die Handlungen zu unterstützen sind.

Die verwendeten Modelle zielen auf die (graphische) Darstellung von Zusammenhängen im Einsatzgebiet ab: als zeitliche Zusammenhänge von Handlungen bei dynamischen Leistungskategorien und als Zusammenhänge von Elementen eines Organisationsgefüges im Struktur-Management – auch im Organisationsgefüge der dauerhaft zu verwaltenden Informationen über das Unternehmensgeschehen, dem Informationsmodell. Dieser Modellbegriff betont weniger den Reduktionseffekt der Realität, vielmehr treten hier Modelle als Hilfsmittel auf, die gewisse Zusammenhänge zur Anschauung bringen wollen. Der Einsatz der Modelle verfolgt einen einfachen Zweck: Zum einen helfen sie, die (im vollständigen Sinn an sich unfassbare) Realität, für uns die Einschränkung auf die Erbringung der Leistungen, hinsichtlich gewisser Aspekte durchschaubarer und begreifbarer zu machen, und zum anderen sind sie für die Anwendungsentwicklung sehr nützlich, indem sie exakt die zu implementierenden Systemdienste mit den dabei zu berücksichtigenden Zusammenhängen markieren.

Alles, was mit Modellen dargestellt wird, gewinnt seinen Wert und seine Bedeutung ausschließlich aus seinem Bezug auf das Leistungsgefüge mit seinen Handlungszusammenhängen: die Handlungen, ihre Abhängigkeiten wie auch die Beziehungen zwischen Informationsobjekten, die durch das zu dokumentierende ‚Einbeziehen' von (materiellen oder immateriellen) Gegenständen oder Personen in die Handlungen bzw. durch das Einfügen von Elementen in ein Organisationsgefüge entstehen. So sind für uns zunächst Aktivitäten an sich kaum von Interesse – es sei denn, dass es sich um originär von Menschen auszuführende Handlungen dreht, die einen Beitrag zur Erbringung der Unternehmensleistungen liefern (Macro-Ebene); oder es sind algorithmische Schritte des Systems, um bestimmte Handlungen zu unterstützen (Micro-Ebene). Ähnlich ist der Einsatz von Zustandsdiagrammen an sich kaum relevant. Erst ihre Interpretation als Strukturaussagen über das Anwendungsfeld – und ihr daraus abgeleiteter Nutzen für die System-Implementierung – lässt ihnen einen Geltungsanspruch als Hilfsmittel für die Software-Entwicklung zukommen. Zustände zeigen für die Erbringung von Dienstleistungen wie kaum ein anderes Mittel auf, in welchen Situationen welche Handlungen und welcher Umgang mit Trägermedien sinnvoll sind – und deshalb vom System unterstützt werden müssen. Als evident wird dabei vorausgesetzt, dass die Informationen selbst als unabdingbare Notwendigkeit dafür anzusehen sind; hierzu wurde in Abschnitt 6.7 auf die Schnittstellenfunktion von Informationen zwischen den Handlungen hingewiesen, was die Handlungszusammenhänge von separat ausgeführten Handlungen überhaupt erst ermöglicht.

Absicht dieses Weges ist es, die Nachvollziehbarkeit aller Darstellungen unmissverständlich im Anwendungsfeld, in der ‚Lebenswelt‘, zu gewährleisten. Das Verständnis der Modelle jenseits ihres Leistungsbezugs wäre in diesem Ansatz als Bruch zu werten. So wird etwa die Empfehlung, die Kandidaten für Beziehungen in Klassendiagrammen an Hand von Verben in Textbeschreibungen zu identifizieren, als nicht überzeugend gewertet. Mit der Offenlegung unserer Perspektive und Kriterien, nach denen die Modellbildung zu gestalten ist, sollte einem wissenschaftlichen Umgang Genüge geleistet werden. Wissenschaftlich bedeutet in diesem Zusammenhang, dem Ideal der Eindeutigkeit der Ergebnisse möglichst nahe zu kommen. Deshalb geht es weniger darum, *dass* Anleitungen für gewisse Analyseaktivitäten empfohlen werden, sondern es geht um die Vorgabe von Orientierungslinien und Kriterien dafür, *wie* die Modellierungsaktivitäten zu welchem Zweck auszuführen sind, um nachvollziehbare und bewertbare – beherrschbare – Ergebnisse zu erzielen.

Sachliche Anforderungen sind nach dieser Einstellung allein auf die Struktur des Anwendungsfeldes gegründet; ob die Struktur bereits gegeben und als optimal bewertet ist oder ob es sich um eine optimierte bzw. geplante Struktur handelt, ist dabei unwesentlich. Es liegt in der Natur der Sache, dass die Analyse gewachsener Strukturen auch Schwachstellen zu Tage treten lässt, die entsprechend zu beheben sind. Die Spezifikation der Leistungsstruktur erfolgt ohne jegliche Einflüsse der späteren Entwicklungs- und Basissysteme. In diesem Sinne sind sachliche Anforderungen, wie in Abschnitt 7.1 erwähnt, kaum als Spezifikation des Lösungsraumes, sondern als Klärung der anonymen Struktur des Anwendungsfeldes aufzufassen. Je nach technischer Auslegung (Client-Server-Anwendung, Web-Anwendung, Einsatz von Web-Services etc.) sind darauf aufbauend dann Konzepte für die betreffende Code-Organisation festzulegen (vgl. hierzu z.B. Siedersleben, J. [2004]).

Den Zusammenhang zwischen der Leistungserbringung in Unternehmen und der Informationstechnologie aufzuklären, ist ein Anliegen dieses Buches. Die Rolle der Anwendungssysteme, ihre für Menschen dienende Funktion transparent und verständlich zu machen, sollte nicht nur deren zielgenaue Entwicklung unterstützen, sondern auch einen Beitrag zur besseren Verständigung zwischen Fachabteilung und IT-Abteilung leisten. Nur dann wären hinreichend gute Randbedingungen dafür gegeben, Software-Entwicklung mit einer rationalen, nüchternen Vorgehensweise zu betreiben, die um den Nachweis ihrer Nützlichkeit und Wirtschaftlichkeit nicht verlegen ist und sich ihrer Wertschätzung gewiss sein kann.

9 Anmerkungen zur Literatur

Eine umfassende Würdigung der Literaturquellen, die sich mit den Themenbereichen Requirements Engineering, (Geschäfts-) Prozesse, Dienstleistungen befassen, kann im Rahmen dieses Buches kaum vorgenommen werden; dennoch soll auf einige Werke punktuell (und stark verkürzt) zum Abgleich eingegangen werden.

9.1 Literatur der Wirtschaftswissenschaften

Mit der Analyse von Leistungsstrukturen wird wirtschaftswissenschaftliches Terrain betreten. Der hier gewählte Ansatz fühlt sich allerdings nicht im strengen Sinn der Perspektive dieses Wissenschaftsbereichs verpflichtet. Er verfolgt ausschließlich die Absicht, Anleitungen für eine zielsichere und effiziente Anwendungsentwicklung zu liefern. Die hierzu gewählte Perspektive muss deshalb nicht notwendigerweise a priori kongruent sein mit derjenigen einer anderen Wissenschaft, die ihren eigenen Zweck verfolgt.

Anwendungssysteme liefern, wie ausgeführt, unterstützende Hilfsdienste an den Schnittstellen in der arbeitsteiligen Leistungserbringung (vgl. Abschnitt 6.7). Ihre Konzeption wird deshalb hauptsächlich den Zusammenhang der verschiedenen Leistungsstellen – also die Beziehungen zwischen ihren Handlungen – in den Mittelpunkt stellen: Das System soll steuernd ausschließlich die sachlich sinnvollen Handlungen unterstützen und in jeder dieser Einsatzsituationen exakt die relevanten Informationen bereitstellen bzw. anfallende Informationen zur Dokumentation aufnehmen. Deshalb gilt das primäre Interesse dieses Buches den Strukturen der Leistungserbringung, die es im konkreten Fall aufzudecken gilt, und weniger den unterschiedlichen Charakteristika von Dienstleistungen oder der Frage, wie sich Dienstleistungen präzise begrifflich fassen und ausdifferenzieren lassen. In Abschnitt 8.1 wurde gefordert, für die *Lebenswelt* des Bezugsfeldes erst einmal die Verständnisbasis abzuklären, die über die Bedeutungen und Zusammenhänge der Begriffe zu erschließen ist.

Bezüglich des Begriffs *Dienstleistung* lässt sich an die in Abschnitt 2.1 zitierte Charakterisierung nach Rück, H.R.G. [1995] (nahezu vollständig) anknüpfen. Der dort betonte Aspekt des externen Bezugs, der mit dem Entziehen der ‚freien Disponierbarkeit‘ des Dienstleistungsanbieters einhergeht, entspricht in unserer Perspektive der Kundenschnittstelle mit den externen Diensten der Dienstlistungseinheiten. Ähnlich steht das *Uno-Actu-Prinzip der Dienstleistungsproduktion,* die *Simultaneität von Produktion und Absatz* (vgl. Maleri, R.; Frietzsche, U. [2008], S. 53; Corsten, H.; Gössinger, R. [2007], S. 27), das sich aus dem Zusammenwirken mit den Kunden ergibt, in unseren Überlegungen mit dem Aspekt der externen Steuerung der Dienste (im Kern) in Einklang. In der wirtschaftswissenschaftlichen Literatur findet der letztere Aspekt auch als Integration *externer Produktionsfaktoren* (vgl. Maleri, R.; Frietzsche, U. [2008], S. 19) seine Berücksichtigung. Als gemeinsam ist ebenfalls der Nutzenaspekt hervorzuheben, ebenso wie die Betonung der *Immaterialität* von Dienstleistungen und der Unfähigkeit ihrer Pufferung: In unserer Sicht sind Dienstleistungen grundsätzlich als zielgerichtete Handlungen für bestimmte Leistungsnehmer (externe Dienste) aufzufassen, was wesensmäßig immateriell und einmalig ist (auch wenn materielle Trägermedien dabei eine Rolle spielen können). Handlungen sind stets als Handlungen des Subjekts, das sich intentional verhält, zu verstehen, auch wenn sie durch Maschinen substituiert sein können, wie etwa beim Abwickeln des Geldtransfers durch Bankautomaten. In dem hier betrachteten Kontext interessieren vor allem solche Bündel von Handlungen, welche mit ihrem aufeinander abgestimmten Zusammenspiel die Aufrechterhaltung des Dienstleistungsangebots über die Zeit ermöglichen, weil Anwendungssysteme, wie oben erwähnt, auf die Schnittstellen dieser Handlungen abzielen. *‚Dienstleistung‘* wird hier weniger als isolierte Leistung mit ihrem Bezug zum Leistungsnehmer verstanden, sondern sie erschließt sich aus dem Zusammenhang einander unterstützender und z.T. gegenseitig bedingender Handlungen (als externe und interne Dienste), ähnlich wie in Rück, H.R.G. [1995] ausgeführt.

Unser Dienstleistungsbegriff muss an einer Stelle allerdings von seinem Gebrauch in den Wirtschaftswissenschaften abweichen: Aus nahe liegenden Gründen werden dort Dienstleistungen vorrangig aus der Perspektive ihres Absatzes untersucht, weshalb sie in der Literatur unter der Alternative ‚make or buy‘ bzw. ‚Dienstleistung – Eigenleistung‘ (vgl. Abschnitt 2.1, Fußnote 2 in Unterabschnitt *Produktionsprozesse, Dienstleistungseinheiten und Struktur-Management*) hauptsächlich als *Dienstleistungen für den fremden Bedarf* externer Marktteilnehmer verstanden werden (vgl. Maleri, R.; Frietzsche, U. [2008], S. 35, wo aber auch der Hinweis auf die Diskussion *interner* Dienstleistungen in der Literatur Erwähnung findet). Für die Entwicklung von betrieblichen Anwendungssystemen spielen dagegen nur die zu unterstützenden Handlungen, ihre zeitlichen Abhängigkeiten und die Veranlassung ihrer Aktivierung die entscheidende Rolle. Dabei ist es von untergeordneter Bedeutung, ob die Inanspruchnahme externer Dienste von unternehmensexterner oder -interner Seite erfolgt: Allein die relative oder absolute organisatorische Unabhängigkeit von beauftragender und vollziehender Leistungs- bzw. Organisationseinheit ist für unsere Belange zu unterstellen. Für die externen, teilweise automatisierten und von den Leistungsnehmern initiierten Dienste, wie etwa Reservierungen von Ressourcen, ist es nicht entscheidend, ob ihre Aktivierung intern im Unternehmen oder von unternehmensexterner Seite erfolgt. Aus diesem Grunde würde die Angleichung des Dienstleistungsbegriffs an seinen wirtschaftswissenschaftlichen Gebrauch zu einem Zwiespalt führen, was der Sache der Systementwicklung nicht dienlich wäre.

Ergänzend ist noch zu erwähnen, dass der Begriff ‚*Leistungsobjekt*‘ in den Wirtschaftswissenschaften jenen Gegenstand meint, an dem die Dienstleistung vollzogen wird, was hier als Dokumentationsaspekt zu beachten, aber lediglich von nachgeordnetem Interesse ist.

Der *Prozessbegriff* mit dem Unterlegen einer – eher vagen oder präzise gefassten – Ablaufstruktur kann als Gemeinsamkeit der wirtschaftswissenschaftlichen Literatur (vgl. Wilhelm, R. [2007], Kap. 1) und diesen Ausführungen angesehen werden, ebenso der Output-Bezug, der in diesem Ansatz aber auf Produktionsprozesse einzuschränken ist. In seinen für das Business Reengineering grundlegenden (und spannenden) Werken stützt sich Michael Hammer (vgl. z.B. Hammer, M. [1996]) auf Prozesse als den zentralen Säulen der Unternehmen, wobei sich Prozesse durch ihre fundamentale Ausrichtung auf Kunden, für die ein ‚Ergebnis von Wert' zu liefern ist, auszeichnen. Der in diesem Buch benutze Leistungsbegriff mit seinen Bezugsebenen lehnt sich an das Verständnis von Michael Hammer, das der Reflexion und der individuellen Einstellung der Mitarbeiterinnen und Mitarbeiter ein besonderes Gewicht beimisst, an. Auch in diesem Buch soll – mit einem ähnlich zusammenfassenden Blick für die konkrete Leistungserbringung und deren Ausrichtung auf Kunden – das Identifizieren und Benennen von wertschöpfenden Leistungsbereichen mit ihren zusammenhängenden Handlungen im Zentrum stehen. Während Michael Hammer die Auswirkungen seines betriebswirtschaftlich apostrophierten Ansatzes auf die Rolle der Mitarbeiterinnen und Mitarbeiter, auf das Unternehmensverständnis und schließlich auf die Gesellschaft ausleuchtet, beziehen sich die Betrachtungen hier lediglich auf die Struktur und Natur möglicher Leistungsbereiche. Anstelle der dort genannten Prozess-Profis sind hier Dienstleister als Handelnde in einem kooperativen Arbeitsverbund und mit einem nicht notwendigerweise so umfassenden Verantwortungshorizont zu setzen. Statt eines ständigen Anpassungsdrucks wird hier den eingeübten Strukturen, der Routine, eine positiv bestimmende Funktion eingeräumt, sofern sie reflektiert und als bewährt erkannt sind; Strukturänderungen sind dabei natürlich nicht ausgeschlossen, jedoch aber eher als singuläre Eingriffe zu verstehen.

Eine für unsere Fragestellung essenzielle, weil mit unterschiedlichen Konsequenzen behaftete begriffliche Unterscheidung zwischen Produktions- und Dienstleistungsprozessen ist dem Verfasser aus der breiten wirtschaftswissenschaftlichen Literatur über Geschäftsprozesse nicht bekannt.

9.2 Literatur über Requirements Engineering

Bereits 1995 hat **Michael Jackson** *Software Requirements & Specification: A lexicon of practice, principles and prejudices* veröffentlicht (Jackson, M. [1995]). Das Buch enthält in lexikalischer Ordnung interessante und weitsichtige Ausführungen zu Stichworten aus dem Themenbereich der Anforderungen. Michael Jacksons Einfluss auf die Anwendungsentwicklung sollte nicht unterschätzt werden; mit der *Jackson Structured Programming* (JSP) ist in den frühen Jahren der Batch-Verarbeitung ein revolutionärer Weg mit einer erfrischenden Perspektiverweiterung beschritten worden.

Eines der ersten Werke, die sich umfassend mit den Facetten des Requirements Engineering befassen, ist *Requirements Engineering. A good practice guide* von **Ian Sommerville** und **Pete Sawyer** (Sommerville, I.; Sawyer, P. [2006], Reprint der Auflage von 1998). Das Buch orientiert sich u.a. an den von der IEEE (vgl. Abschnitt 7.2) vorgegeben Phasenabschnitten *Requirements Elicitation*, *Requirements Analysis*, *Requirements Specification* und *Requirements Validation*, ergänzt um weitere Aspekte. Es führt i.W. eine umfangreiche Sammlung von kommentierten *Guidelines* (Leitlinien) zu den Verfahrensschritten auf. Strukturierte Modelle werden als Ergänzung zu den textuell formulierten Anforderungen empfohlen.

Ein anderes Buch, das als frühes Standardwerk gelten kann, ist *Mastering the Requirements Process* von **Suzanne und James Robertson** (Robertson, S., Robertson, J. [1999]). Datenflussdiagramme (Structured Analysis) veranschaulichen die Aktivitäten im Requirements Engineering; speziell wird der Volere-Prozess (Volere Requirements Process Model, © Atlantic Systems Guild) beschrieben, begleitet von einem Spezifikationsschema für Anforderungen, das *Volere Requirements Specification Template* (© Atlantic Systems Guild). Insbesondere werden nicht-funktionale Anforderungen ausführlich behandelt.

Das Buch von **Dean Leffingwell** und **Don Widrig** *Managing Software Requirements. A unified Approach* (Leffingwell, D.; Widrig, D. [2000]) geht in einem unterhaltsamen Stil umfassend und facettenreich auf die unterschiedlichsten Aspekte des Themengebiets Requirements Engineering ein, mit vielen Episoden und Anmerkungen ‚aus dem Leben‘. Die Business Cases zielen (eher beiläufig) auf die Handlungsebene ab, welche in unserer Perspektive *die* zentrale Rolle einnimmt. Den Rahmen der Ausführungen geben 6 Team Skills ab, die selbst in einzelne Kapitel mit spezifischen Themen untergliedert sind. Umfassend wird auf den Kontext der Anforderungserschließung, der Erhebungstechniken, Anforderungsspezifikation u.a. eingegangen.

In *Business Modeling with UML, Business Patterns at Work* wenden **Hans-Erik Eriksson** und **Magnus Penker** (Eriksson, H.-E.; Penker, M. [2000]) ähnlich wie in diesem Ansatz die Darstellungsmittel der UML zur Modellierung von Geschäftsprozessen (Aktivitätsdiagramme) und Ressourcen (Zustandsdiagramme) an, wobei Erweiterungen aus den *Eriksson-Penker Business Extensions* einbezogen werden. Das Buch umfasst eine Reihe von *Business Patterns* (Resource, Rule, Goal und Process Pattern), was mit unserem Ansatz an Hand der Kategorien zu modellieren wäre.

Ein Buch aus der Sicht und mit den Erfahrungen eines Praktikers ist *Kontinuierliches Anforderungsmanagement* von **Bruno Schienmann** (Schienmann, B. [2002]). Es werden ausführlich organisatorische Aspekte dargelegt und Anforderungsarten aufgefächert. Für das Business Engineering zur Abstützung der Anforderungsgewinnung wird das Rahmenkonzept von ARIS mit den Ereignisgesteuerten Prozessketten (EPKs) benutzt. Das Buch legt u.a. Gliederungsvorschläge für Lasten- und Pflichtenheft vor und gibt einen Überblick über angebotene Werkzeuge für das Requirements Engineering.

Chris Rupp und die **SOPHIST GROUP** (Rupp, Chr. et al [2004]) stellen in *Requirements Engineering und -Management* das SOPHIST Regelwerk, das nach eigenen Angaben auf dem Metamodell der Sprache des Therapieansatzes Neuro-Linguistisches Programmieren (NLP) basiert, mit 25 Regeln sowie einem Satz von Anforderungsschablonen vor.

Requirements Analysis and System Design von **Leszek A. Maciaszek** (Maciaszek, L.A. [2005]) stützt die Spezifikation von Anforderungen auf die UML, allerdings unter Einbeziehung von Implementierungsaspekten. Das Buch bietet ein PCMEF-Framework (presentation, control, mediator, entity, foundation) an mit einer hierarchischen Schichtenstruktur. Viele interessante Aspekte, die über den Rahmen dieses Buches hinausgehen, werden behandelt.

Klaus Pohl (Pohl, K. [2007]) gründet seine Ausführungen in *Requirements Engineering: Grundlagen, Prinzipien, Techniken* auf das ‚Requirements-Engineering-Rahmenwerk‘ mit dem Systemkontext und den vier Facetten (Gegenstandsfacette, Nutzungsfacette, IT-Systemfacette und Entwicklungsfacette), den fünf Requirements-Engineering-Aktivitäten (Kernaktivitäten: Dokumentation, Gewinnung, Übereinstimmung; Querschnittsaktivitäten: Validierung, Management) und den Anforderungsartefakten Ziele, Szenarien, Lösungsorientierte Anforderungen. Das Buch enthält ein umfassendes wissenschaftliches Quellenverzeichnis zum Thema Requirements Engineering.

Christof Ebert behandelt in *Systematisches Requirements Management – Anforderungen ermitteln, spezifizieren, analysieren und verwalten* (Ebert, C. [2010]) umfassende Fragestellungen wie z.B. Projekt-, Risiko- und Produktmanagement. Außerdem wird auf die Werkzeugunterstützung eingegangen. Das Buch folgt im Kern der Einteilung ‚Anforderungen ermitteln – Anforderungen spezifizieren und validieren – Anforderungen analysieren und vereinbaren – Anforderungen kontrollieren und verfolgen'.

Die zitierten Werke behandeln vor allem Anforderungen an allgemeine Software-Systeme. Oft liegt den Ausführungen ein Orientierungsschema zugrunde, das die Unternehmensziele (und ggf. deren Formulierung) als Basis annimmt, die in eine Systemlösung zu überführen sind. Der Ansatz dieses Buches verzichtet darauf, Unternehmensziele als Faktoren in die Systementwicklung einzubeziehen. Zum einen stützt sich die Anforderungsanalyse hier auf den zentralen Leistungsbegriff, dessen Inhalt allein vom Auftraggeber zu bestimmen ist. Zum anderen schränkt er sich auf die Entwicklung von Anwendungssystemen ein, wo, bis auf die Entwicklung von Tools, kaum Freiräume für Zielformulierungen bestehen: die Systeme müssen solide gebaut werden, sodass sie durch die optimale Bereitstellung und Erfassung von Informationen die ‚eigentliche' Leistungserbringung unterstützen (Hilfssekretär-Perspektive; vgl. Abschnitt 2.2). Lediglich im Bereich der Entwicklung von Tools sind gewisse Freiräume für das Formulieren der System-Features oder einer System-Vision gegeben; diese Aufgabe wird als Zusammenspiel zwischen Marketing, Unternehmensmanagement und Requirements Engineering aufgefasst. Ansonsten sind die mit der Anwendungsentwicklung verfolgten Ziele als so selbstverständlich zu betrachten, wie es sich ähnlich mit den Zielen für den Bau eines Gebäudes verhält: *Das Herstellen eines Produkts, das seinen genuinen Zweck optimal erfüllt.*

Anhang
Erhebungstechniken – Überblick

Anhand eines „Steckbriefs" werden die in Abschnitt 3.2 beschriebenen Erhebungstechniken zusammengefasst:

Bezeichnung der Erhebungstechnik	
Ziel	Was ist der Nutzen, was soll erreicht werden?
Voraussetzungen	Welches Wissen über das Anwendungsfeld wird vorausgesetzt?
Wann?	Für welches Stadium der Anforderungsanalyse eignet sich diese Technik am besten?
Aktivitäten	Was ist zu tun?
Vorbereitungen	Was ist im Vorfeld zu tun?
Durchführung	Welche Organisationsaspekte sind zu beachten?
Dauer	Welcher Zeitraum ist zu veranschlagen?
Wer?	Welcher Teilnehmerkreis (außerhalb des Analyse- bzw. Entwicklungs-Teams) ist anzusprechen?
Bemerkung	

Dokumentenanalyse	
Ziel	Vertraut machen mit dem Anwendungsfeld (Konzepte, Handlungen, Vokabular, Komplexität); ggf. Abgleich bzw. Kontrolle der anderweitig gewonnen Einsichten.
Voraussetzungen	Keine
Wann?	Frühes Stadium der Anforderungsanalyse, ggf. auch begleitend zu anderen Aktivitäten (Interviews)
Aktivitäten	Sammeln von Themen; Gewinnen von groben Einsichten in das Anwendungsfeld; als Vorbereitung für Interviews oder Brainstorming
Vorbereitungen	Dokumentenanfrage rechtzeitig starten.
Durchführung	-
Dauer	-
Wer?	-
Bemerkung	In manchen Fällen wenig effizient; nur mit beschränktem Aufwand sinnvoll. *Empfehlung:* nicht zuviel in die Analyse von Altsysteme investieren

Brainstorming	
Ziel	Stichpunkte zum Anwendungsfeld bzgl. Handlungen, Rollen etc.; erste qualitative Anforderungen und Rahmenbedingungen; Protokoll mit grober Gliederung der zu erschließenden Struktur des Anwendungsfeldes; offene Fragen; Basis für die Planung der nächsten (intensiveren) Aktivitäten (z.B. Interviews)
Voraussetzungen	Grobe Vorstellungen (ggf. durch Dokumentenanalyse gewonnen)
Wann?	Frühes Stadium der Anforderungsanalyse
Aktivitäten	Sammeln von Stichpunkten und Gewinnung eines Überblicks – wer tut was? – mit nachgeordneten Aspekten und Randbedingungen? grobe (hierarchische) Gliederung der Aspekte
Vorbereitungen	Reservieren geeigneter Räumlichkeiten und Medien zur Dokumentation der Arbeitsergebnisse; ggf. Festlegen der Moderatorenrolle(n)
Durchführung	(ggf. wechselnde) Moderation mit Animation
Dauer	ca. halber Tag
Wer?	Gruppen mit homogener Interessenslage aus der/den Fachabteilung(en), spätere Systemadministration
Bemerkung	

Interviews

Ziel	Präzises Erschließen der Anwendungsfeldstruktur (sachliche Anforderungen) und der qualitativen Anforderungen; Protokoll (ähnlich wie bei Brainstorming), TODO-Liste, Liste Offener Fragen, Glossar; während der Nachbereitung der Interviews: Modell-Erstellung
Voraussetzungen	Überblick über das Aufgabengebiet, nach Möglichkeit gut gegliedert
Wann?	zentrales, entscheidendes Stadium
Aktivitäten	Frage nach den Leistungen, Handlungen und ihren Modalitäten; Erarbeiten der (Sinn-) Zusammenhänge im Anwendungsfeld bzw. seinen Leistungsbereichen; Aufdecken der Strukturen, Kategorisieren von Handlungszusammenhängen als Prozess, Dienstleistungsmanagement oder Struktur-Management; Bestimmung des Dokumentations- und Informationsbedarfs für die einzelnen Handlungen; ggf. Skizze der Art der Unterstützung und der äußeren Gestaltung des Systems (GUI)
Vorbereitungen	Abstecken des Themas; gute Vorbereitung;
Durchführung	flexibles Eingehen auf die Bedürfnisse der Fachseite; gelegentliche ‚Bewährungsprobe' bereits erarbeiteter Strukturen; empfohlen: Stichpunkte mit Kennzeichnung zu vertiefender Themen. *Gefahr:* sich in Details verlieren; Aufbereitung des Interviews mit zeitnahem Protokoll
Dauer	vorrangig Gesprächspartner aus der/den Fachabteilung(en); je nach Relevanz ggf. Mitglieder der Leitungsebene oder der weitere Interessierte und Betroffene
Wer?	Jeweils kleine Adressatengruppe, vorrangig aus der Fachabteilung
Bemerkung	

Workshop

Ziel	Konsensfindung bzw. verbindliche Abstimmung über Ziele, Vorgehen bzw. Lösungen; Protokoll.
Voraussetzungen	hervorragende Aufarbeitung der Strukturen des Anwendungsfeldes; genaue Abgrenzung der offenen, noch zu besprechenden Themen; klares Konzept mit Alternativen und Entscheidungspunkten
Wann?	je nach Themenschwerpunkt: spätes Stadium der Anforderungsanalyse (Verabschiedung des Produktkonzepts) oder mittleres Stadium (z.B. Abstecken des Einsatzgebiets bzw. der technolog. Randbedingungen)
Aktivitäten	Vorstellung des Lösungsansatzes bzw. des Grobrahmens; verbindliche Konsensfindung und Abstimmung über Anforderungen; Auf-

	nahme von Verbesserungsvorschlägen; definitive (u.U. abschließende) Entscheidungen über die Gestaltung des Produktes bzw. Festlegen von Randbedingungen; intensive Nachbereitung
Vorbereitungen	Reservieren geeigneter Räumlichkeiten und Medien zur Präsentation der Vorschläge; Agenda mit Tagungsprogramm; sehr intensive Vorbereitung
Durchführung	Vorstellen der Konzepte mit anschließenden Diskussionsrunden;
Dauer	1 bis 2 Tage
Wer?	Vertreter und Vertreterinnen mit Entscheidungs- bzw. Beratungskompetenz aus allen Interessengruppen, die von der Einführung des Produktes tangiert sind: Fachseite (Nutzung), Systemadministration, Datenschutz, Mitarbeitervertretung, Wartung, Management
Bemerkung	

Fragebogen	
Ziel	Erheben von Standard-Aspekten
Voraussetzungen	Fest abgesteckter Kontext der Fragen
Wann?	abhängig vom Bezug
Aktivitäten	Erhebung qualitativer Anforderungen (gutes Hilfsmittel, Projektübergreifend einsetzbar); Wertung von Alternativvorschlägen, etwa hinsichtlich des Leistungsumfangs oder zur Bestimmung der Basistechnologie; weniger gut für die Erschließung der sachlichen Anforderungen geeignet
Vorbereitungen	Aufwändige Erstellung des Fragebogens, ggf. Wiederverwendung; vorbereitende Einstimmung der Adressaten
Durchführung	-
Dauer	-
Wer?	Verantwortliche der Fachabteilung oder Systemadministration
Bemerkung	Geeignet für Standardaspekte (qualitative Anforderungen)

Als weniger geeignete Technik eingestuft: *Beobachtungen, Prototyping, Rollenspiele, Drehbüchern (Storyboards), Use Cases.*

Literaturverzeichnis

Balzert, H. [2001]: *Lehrbuch der Software-Technik.* Spektrum Akademischer Verlag, Heidelbrg, Berlin 2001 (2. Aufl.)

Beck, K.; Cunningham, W. [1989]: *A Laboratory for Teaching Object-Oriented Thinking.* OOPSLA '89'Conference Proceedings, p. 1–6; vgl. auch http://c2.com/doc/oopsla89/paper.html#cards

Broy, M. [2006]: *Requirements Engineering as a Key to Holisitic Software quality.* In: A. Levi et al (Hrsg.): *Computer and Information Sciences – ISCIS 2006. 21th International Symposium, Istanbul, Turkey, November 1–3, 2006. Proceedings.* LNCS 4263, p.24–34, Springer Verlag, Berlin, Heidelberg u.a. 2006.

Chen, P. P.-S. [1976]: *The Entity Relationship-Model – toward a unified view of data.* ACM Tran.on Database Systems 1 (1976), 9–36

Corsten, H; Gössinger, R. [2007]: Dienstleistungsmanagement (5. Aufl.). R. Oldenbourg Verlag, München, 2007.

DeMarco, T. [1979]: *Structured analysis and system specification.* Yourdon Press, Upper Saddle River, NJ, 1979

Ebert, Chr. [2010]: *Systematisches Requirements Engineering und Management.* dpunkt.Verlag, Heidelberg, 2010 (3. Aufl.)

Elamasri, R.; Navathe, S.B. [2000]: *Fundamentals of Database Systems.* Addison-Wesley, Reading, 2000 (3rd ed.)

Eriksson, H.-E.; Penker, M. [2000]: *Business Modelling with UML. BusinessPattern at Work.* John Wiley & Sons, Inc., Ney York u.a., 2000

Gaitanides, M. [1983]: Prozeßorganisation – Entwicklung, Ansätze u. Programme prozeß-orientierter Organisationsgestaltung. Vahlen, München, 1983.

Hammer, M. [1996]: *Beyong Reengineering.* HaperCollins Publishers, NewYork, 1996. Dt. Übersetzung: *Das prozesszentrierte Unternehmen – Die Arbeitswelt nach dem Reengineering.* Camups Verlag, Frankfurt/Main, NewYork, 1997.

Harel, D. [1987]: *Statescharts: a visual formalism for complex systems.* Science of Computer Programming 8 (1987), 231 – 274.

IEEE [1984]: *IEEE Guide to Software Requirements Specification*, ANSI/IEEE Std 830-1984, IEEE Press, Piscataway, New Jersey, 1984.

Jackson, M. [1995]: *Software Requirements & Specification a lexicon of practice, principles and prejudices.* Addison Wesley, Harlow, 1995

Jacobson, I. [1997]: *Object-Oriented Software Engineering. A Use Case Driven Approach.* acm Press, Addison-Wesley, Harlow, 1997

Kemper, A.; Eickler, A. [2008]: *Datenbanksysteme – Eine Einführung.* Oldenbourg Verlag München, Wien 2008 (8. Aufl.)

Kent, W. [1983]: *A simple guide to five normal forms.* Comm. ACM 26 (1983),120–125

Kosiol, E. [1962]: *Organisation und Unternehmung.* Gabler Verlag, Wiesbaden, 1962

Kruchten, Philippe [1999]: *Der Rational Unified Process . Eine Einführung.* Addison-Wesley, München, 1999

Leffingwell, D.; Widrig, D. [2000]: *Managing Software Requirements. A unified Approach.* Addison-Wesley, Boston, 2000

Maciaszek, L.A. [2005]: *Requirements analysis and system design.* Pearson Education Limited, Harlow, England, 2005 (2. Aufl.)

Maleri, R.; Frietzsche, U. [2008]: *Grundlagen der Dienstleistungsproduktion.* Springer-Verlag, Berlin, Heidelberg, 2008 (5. Aufl.)

Oesterreich, B. [2009]: *Analyse und Desin mit UML 2.3. Objektorientierte Softwareentwicklung.* (9. Aufl.). R. Oldenbourg Verlag München, Wien 2009.

OMG [2010]: *OMG Unified Modelling Language (OMG UML) Superstructure, Version 2.3.* http://www.omg.org/spec/UML/2.3/Superstructure/PDF/

OMG [2011]: *Business Process Model and Notation BPMN (Vesion 2.0),* http://www.omg.org/spec/BPMN/2.0/

Pohl, Klaus [2007] *Requirements Engineering: Grundlagen, Prinzipien, Techniken* dpunkt.Verlag, Heidelberg, 2008,

Pohl, Klaus; Rupp, Chris [2009]: *Basiswissen Requirements Engineering.* dpunkt.verlag, Heidelberg, 2009

Robertson, S.; Robertson, J. [1999]: *Mastering the requirements process.* Addison-Wesley, London, 1999 (2. Aufl. 2008)

Rumbaugh, J. et al [1991]: *Object-oriented Modeling and Design.* Pentice Hall 1991. (deutschsprachige Ausagbe: Rumbaugh, J. et al [1993])

Rumbaugh, J,. et al [1993]: *Objectorientiertes Modellieren und Entwerfen.* Carl Hanser Verlag, München Wien, 1993.

Rupp, Chris; Sophist Group: *Requirements Engineering und -Management.* Hanser, München 2001. (2. Aufl. 2009)

Rück, H.R.G. [1995]: Dienstleistungen – ein Definitionsansatz des „Make or buy"-Prinzips, in: Dienstleistungsmarketing. Konzeptionen und Anwendungen, hrsg. von M. Kleinaltenkamp, Wiesbaden, 1995, S. 1–31.

Rück, Hans R.G. [2000]: *Dienstleistungen in der ökonomischen Theorie.* Deutscher Universitäts-Verlag, 2000

Scheer, A.-W. [1998]: *ARIS - Modellierungsmethoden, Metamodelle, Anwendungen.* Springer Verlag, Berlin, Heidelberg u.a., 1998.

Schienmann, B. [2002]: *Kontinuierliches Anforderungsmanagement.* Addison-Wesley, München 2002.

Shlaer, S., Mellor, S.J. [1990]: *Object Life Cycles: Modeling the World in States.* Engelwood Cliffs, New Jersey: Yourdon Press 1990

Siedersleben, J. [2004]: *Moderne Software-Architektur.* Dpunkt.verlag, Heidelberg 2004

Sinz, E. J. [1988]: *Das Strukturierte Entity-Relationship-Modell (SER-Modell).* Angewandte Informatik 30 (1988), 191–202

Sommerville, I.; Sawyer, P. [2006]: *Requirements Engineering. A good practice guide.* John Wiley & Sons, Chichester, 2006 (Neuauflage)

Stachowiak, H. [1973]: *Allgemeine Modelltheorie.* Springer Verlag, Wien 1973.

Studie Worms [2005]: *Requirements Engineering.* Studie an der Fachhochschule Worms, H. Schwinn (Autor), Worms, 2005.

Wilhelm, R. [2007]: *Prozessorganisation* (2. Aufl.). R. Oldenbourg Verlag, München, 2007.

Personenverzeichnis

Balzert, H. 125

Beck, K. 36

Broy, M. 175

Chen, P. P.-S. 55

Corsten, H. 181

Cunningham, W. 36

DeMarco, T. 92, 161, 172

Ebert, C. 185

Eickler, A. 156

Elamasri, R. 156

Eriksson, H.-E. 148, 184

Frietzsche, U. 181, 182

Gaitanides, M. 28

Gössinger, R. 181

Hammer, M. 183

Harel, D. 73, 75

Husserl, E. 27, 160, 176, 177

Jackson, M. 183

Jacobson, I. 53

Kemper, A. 156

Kent, W. 156

Kosiol, E. 28

Kruchten, Ph. 87

Leffingwell, D. 34, 44, 83, 167, 170, 171, 172, 184

Maciaszek, L.A. 121, 161, 169, 184

Maleri, R. 181, 182

Mellor, S.J. 73

Navathe, S.B. 156

Oesterreich, B. 52

Penker, M. 148, 184

Pohl, K. 22, 184

Robertson, J. 184

Robertson, S. 184

Rück, H.R.G. 8, 9, 11, 87, 97, 181, 182

Rumbaugh, J. 73, 76

Rupp, Chr. 22, 184

Sawyer, P. 80, 176, 183

Schapp, W. 27

Scheer, A.-W. 95

Schienmann, B. 166, 184

Shlaer, S. 73

Siedersleben, J. 170, 179

Sinz, E.J. 129

Sommerville, I. 80, 176, 183

Stachowiak, H. 77

Widrig, D. 34, 44, 83, 167, 170, 171, 172, 184

Wilhelm, R. 182

Stichwortverzeichnis

Ablaufschema, vgl. auch Ablaufstruktur 8
Ablaufstruktur 8, 185
Actor 53
Aggregation 58, 109, 128
Akteur 53, 84
Aktivität 67
Aktivitätsdiagramm 67, 88
Anforderung 2, 20, 77
   qualitative 23
   sachliche 26, 56, 126, 181
   nicht-funktionale 23
   funktionale 22
Anforderungen
   Änderungen 43, 173
   Organisation 167
   Priorisierung 171
   Qualitätskriterien 169
   Spezifikation 25, 174
Anforderungsanalyse 9, 67
Anwendungsfall, vgl. auch Use Case 53
Anwendungsfalldiagramm, vgl. auch Use
   Case-Diagramm 52
Anwendungsfeld 6, 167, 181
   Struktur 11, 79, 120, 164, 181
Anwendungssystem 16, 119, 163, 179
Arbeitsgang 7, 83
ARIS 96, 186
Assoziation 57, 130, 162
Assoziationsklasse 62, 134
Attribut 47, 126
   Gruppen- 150
   Klassifikation 155
   Status- 141
   Zustands- 155
Batch-Anwendung 112, 113, 141
Beobachtung 44

Bewegungsdaten 141
Beziehung 57, 126, 128
   binäre 61
   in relationalen Datenbanken 133, 156
   Kardinalität 60
   multiple 63
   Multiplizität 60
   rekursive 63
   Restriktion 64
   Typ 1:n, n:m 61
Brainstorming 36
CRC-Karten 36
Datenbank, relationale 150, 155
Dienst 7, 82
   Begriff 14
   Dokumentations- 16
   elementarer 7
   externer 8, 97, 112
   im Aktivitätsdiagramm 67
   im Struktur-Management 114
   interner 8
   IT- 16, 112
   komplexer 7, 88, 93
   produktiver 98, 112
   Verfeinerung 93
   Verwaltungs- 10
Dienstleistung 8, 110
Dienstleistungseinheit 8, 11, 83, 97, 160
   Informationsstruktur 143
Diskriminator 50, 148
Dokumentenanalyse 34
Domain 6
Domäne 6
Einschränkung
   einer Beziehung 64
   von Wertebereichen 148

Elementardienst 7, 82, 84
    als Use Case 84, 126
    in Dienstleistungseinheiten 101, 144
    in Produktionsprozessen 88, 160
EPK 96, 186
Ereignis 70, 101, 144
Ereignisgesteuerte Prozessketten, vgl. auch
    EPK 96
Existenzabhängigkeit 59, 116, 131
Formular 18, 136, 160
Fragebogen 41
Generalisierung 50, 148
Generalisierung/Spezialisierung 65, 147, 156
Glossar 43, 175
Gruppenobjekt 116, 150
Historisieren (Daten) 140
History (Zustandsverfeinerung) 75
Identifizierbarkeit 153
Informationsmodell, vgl. auch
    Informationsstruktur 34
Informationsstruktur 56, 80, 127, 164
Integrität, referenzielle 59, 133
Interviews 37
Klasse 47, 56, 126
    abstrakte 50
    Komponenten- 59, 131
    Nachkommen- 50, 148
    persistente 51
    transiente 51
    Vorfahren- 50, 148
    Ziel- 136, 141, 160
Klassendiagramm 55, 125, 134, 175
Klassenmodell, vgl. auch Klassendiagramm
    55
Klassifizierung 66, 150
Komponente 58, 129
Komposition 59, 129
    rekursive 63
Lastenheft 24, 167, 175
Lebenswelt (E. Husserl) 178, 183
Leistung (Begriff) 13, 28, 120, 180
Leistungsbereich 8, 82, 174
Leistungskategorie 11
    dynamische 18, 29, 115, 160
    statische 10, 29, 115

Macro-Ebene 52, 88, 181
Merkmal, vgl. auch Attribut 47
Micro-Ebene 52
Modell 26, 77, 120, 180
Normalformen 150, 159
Pflichtenheft 24, 167, 175
Phänomenologie 27, 179
Phase 70, 100, 152
    induzierte 100
    primäre 100
Plan 10, 80, 114
Produkt 13
Prototyping 45
Prozess
    Dienstleistungs- 9, 83, 98, 143
    Geschäfts- 11, 185
    Produktions- 7, 10, 14, 83, 88, 141
    Herstellungs- 7
Rahmenbedingungen 24, 167, 175
Reports 119
Requirements Board 173
Requirements Specification 167
Rolle (Beziehungen) 61
Rollenaggregation 50, 66
Rollenkomposition 152
Rollenspiel 45
Schlüssel 153
    Fremd- 156, 161
    Primär- 154, 161
Spezialisierung 50, 149
Stakeholder 21, 40, 174
Stammdaten 140, 158, 171
Statechart, vgl. auch Zustandsdiagramm 52
Steuerung (Dienste) 7, 83, 97, 111
    extern 11
    intern 8, 11
Storyboard 45
Struktur-Management 10, 83, 114, 161
    Informationsstruktur 138
Synthese (Klassendiagramm) 136
Szenarien 36
Taxonomie 50
Tool (Entwicklung) 116, 146
Traceability 171
Trägermedium 98, 143, 181

Transaktion 83, 136
Transition 71, 109
Use Case 84, 159, 175
   Begriff 53
   Beziehungen zwischen 54
   im Struktur-Management 117, 138
   in Dienstleistungseinheiten 113
   in Produktionsprozessen 96, 141
   Spezifikation 87
   Varianten 87
   zugeordnete Informationsstruktur 128, 136, 146
Use Case-Diagramm 53, 84
   Dienstleistungseinheiten 113
   Produktionsprozesse 96
   Struktur-Management 85, 118
Use Case-Modell, vgl. auch Use Case-Diagramm 53
Validierung (Anforderungen) 96, 170
Vererbung 47, 65, 157

Mehrfach- 50
Verfolgbarkeit 171
Verhalten 70, 101, 172
Views 158
Vorgang 7
Wächterbedingung 71, 102
Wissenschaft, Angewandte 177
Workshop 39
Ziel-Klasse 136, 141, 160
Zugriffskonflikt (Dienstleistungsprozess) 100, 106, 111
Zustand 70, 101, 120
   induzierter 101, 144
   Korrelation 109, 145
   primärer 101
   Übergang 71
   Überlagerungen 105
   Unterzustand 73
   Verfeinerung 73, 106
Zustandsdiagramm 70, 98, 143